Friedhelm Maurer (Hg.)

Salz der Erde, Licht der Welt

Die bleibende Bedeutung der Volkskirche

Mit 17 Farbabbildungen evangelischer Kirchen in Deutschland

Bibliografische Information der Deutschen Nationalbibliothek

Die Deutsche Nationalbibliothek verzeichnet diese Publikation
in der Deutschen Nationalbibliografie; detaillierte bibliografische Daten
sind im Internet über http://dnb.d-nb.de abrufbar.

© 2023 by **cmz**-Verlag
An der Glasfachschule 48, 53359 Rheinbach
Tel. +49-2226-912626, info@cmz.de

Schlußredaktion:
Clemens Wojaczek, Rheinbach

Satz
(Adobe Garamond Pro 11 auf 14,5 Punkt)
mit Adobe InDesign CS 5.5:
Winrich C.-W. Clasen, Rheinbach

Papier (Offset 120g/m²):
Igepa, Brwinów / Polen

Umschlagfoto
(Evang. Pfarrkirche (1914–1918), Dickenschied / Hunsrück):
Friedhelm Maurer, Gemünden

Umschlaggestaltung:
Lina C. Schwerin, Hamburg

Gesamtherstellung:
Bookpress.eu, Olsztyn / Polen

ISBN 978-3-87062-365-4

001–600 • 20231202

www.cmz.de

www.pfarrverein-rheinland.de

Tafel 1:
Evangelische Christuskirche (1954), Bonn-Bad Godesberg

Inhalt

Vorwort

»Ihr seid das Salz der Erde. Wenn nun das Salz nicht
mehr salzt, womit soll man salzen? Es ist zu nichts mehr
nütze, als dass man es wegschüttet und lässt es von den
Leuten zertreten. Ihr seid das Licht der Welt. Es kann
die Stadt, die auf einem Berge liegt, nicht verborgen sein.
Man zündet auch nicht ein Licht an und setzt es unter
einen Scheffel, sondern auf einen Leuchter, so leuchtet es
allen, die im Hause sind. So lasst euer Licht leuchten vor
den Leuten, damit sie eure guten Werke sehen und euren
Vater im Himmel preisen.« (Mt 5,13–16)

In dieser Gleichnisrede Jesu aus der Bergpredigt wird die
christliche Gemeinde ins Bild gesetzt über ihre Identität und
über ihren Auftrag in dieser Welt. Hier haben wir den hermeneutischen Schlüssel zum Verständnis von Kirche.

Doch offensichtlich entfernt sich die Kirche immer wieder
von dem, was sie sein soll und sein kann. Kirchengeschichte
ist die Geschichte, wie die Botschaft des Evangeliums von der
jeweiligen Institution Kirche entweder zum Leuchten gebracht
oder leider auch verdunkelt worden ist. Wenn das Evangelium
nicht mehr zur Sprache gebracht und gelebt wird, ist Reformation notwendig.

Martin Luther übersetzte Matthäus 5,13 richtig: »wenn nun
das Salz dumm wird«. Dieses Wort μωρανθῇ im griechischen
Urtext gehört zu der Wortgruppe, die den Mangel an Wissen,
Urteilskraft, Einsicht und Vernunft ausdrückt.[1] In der revidier-

---

[1] Theologisches Begriffslexikon zum Neuen Testament, hg. v. LOTHAR
COENEN, Bd. 2, Wuppertal ²1979, S. 1373.

ten Lutherbibel, so auch wieder in der neuen Ausgabe von 2017, wurde übersetzt: »wenn nun das Salz nicht mehr salzt«. Man fiel leider hinter den Text zurück, der in seiner paränetischen Ausdeutung von der Bildebene gleich zur Sachebene wechselt, um kein Missverständnis aufkommen zu lassen, worum es in diesem Gleichnis Jesu geht.

Auch wenn man nun bei der Übersetzung das Reizwort *dumm* scheut und »politically correct« formuliert: »ein Salz, das nicht mehr salzt«, bleibt es dabei: Wo die Nützlichkeit verloren geht, verliert sich die Bedeutung. Am Ende steht die Entsorgung: »Es ist zu nichts mehr nütze, als dass man es wegschüttet und lässt es von den Leuten zertreten«. Dieses Urteil Jesu klingt hart, ist heute aber längst überfällig: Vieles, was in den letzten Jahren geredet und geschrieben wurde zur Zukunftsfähigkeit der Kirche, war schlichtweg dumm.

Das Nachdenken über die Kirche muss mit der Gottesfurcht beginnen, die der Anfang der Erkenntnis ist. So lehrt uns die Weisheit Israels in der Bibel an vielen Stellen (Spr 1,7 u.a.m.). Auch das Nachdenken und das Schreiben über die Kirche muss dessen eingedenk sein, dass wir alle Gefahr laufen, wie es der Psalmbeter nüchtern ausspricht: »wir bringen unsere Jahre zu wie ein Geschwätz« (Ps 90,9).

Wir sind nicht die Herren der Kirche, sondern der Herr und das Haupt ist Jesus Christus. Kirche ist damit also nicht das Subjekt, das sich im Sinne der Tradition und der Katholizität als einzig autorisierte Auslegerin der Heiligen Schrift verstehen darf. Es bedarf des Wirkens des Heiligen Geistes, der wirkt, wo er will (Joh 3,8), auch außerhalb der verfassten Kirche.

Das Nachdenken über Jesu Christi Kirche ist ein sehr komplexes Unterfangen.

Rudolf Bohren hat Recht, wenn er bei der »Schwierigkeit zu sagen, was Kirche sei«, an ein Wort von Karl Barth erinnert und es folgerichtig auch auf die Kirche bezieht: »Wir sollen als Theologen von Gott reden. Wir sind aber Menschen und können als solche nicht von Gott reden. Wir sollen Beides, unser sollen und unser Nichtkönnen, wissen und eben damit Gott die Ehre geben.«[2]

Alle Betrachtungsweisen, ob dogmatisch, soziologisch oder politisch, bleiben Stückwerk. Dessen sind wir uns bewusst. So versuchen wir in unseren Beiträgen im wahrsten Sinne »ein Stück weit« systematisch-theologisch, kirchengeschichtlich und praktisch-theologisch zu reflektieren, wie Volkskirche zu verstehen ist. Wir nehmen dabei vor allem die Entwicklung in den letzten Jahrzehnten in den Blick: von der Ekklesiologie zur Kirchentheorie, von der Institution zur Organisation. Offensichtlich wurde die Ekklesiologie immer mehr vergessen und mit ihr die Christologie – die Trinitätslehre und die Pneumatologie, wie die Eschatologie ohnehin.

Geschwätz kann wortreich und durchaus eloquent daherkommen. Fand es nicht auch Niederschlag in unzähligen »Papieren« zu den »Struktur- und Reformprozessen«?

Unternehmensberater, Organisationsentwickler, Werbetexter wurden zu Rate gezogen – doch offensichtlich nicht mit dem gewünschten Erfolg: Menschen treten weiter aus der Kirche aus, die Kirche verliert Mitglieder und sie verliert immer mehr an Bedeutung in der Gesellschaft. Die Evangelische Kirche im Rheinland zählt Ende 2022 noch 2.266.794 Mitglieder, gegenüber dem Vorjahr bedeutet das einen Mitgliederschwund von 69.175 Menschen, entspricht 3 %.[3]

---

2   KARL BARTH: Das Wort Gottes als Aufgabe der Theologie, in: ders.: Das Wort Gottes und die Theologie, 1924, zitiert nach: RUDOLF BOHREN: Ekklesiologie, S. 31, Anm. 16.

3   Vgl. die EKD-Statistik mit den Zahlen zum 31.12.2022, in: IDEA Nr.11 vom 15.3.2023, S.5.

Die Sanierungskonzepte der Berater gingen einher mit
Personalreduzierung, die vor allem Pfarrerinnen und Pfarrer
betraf, die doch als Theologinnen und Theologen für die Verkündigung des Evangeliums von elementarer Bedeutung sind.
Mit programmatischen Papieren sollen seit Jahrzehnten nicht
nur Pfarrerinnen und Pfarrer, sondern alle Mitarbeitenden in
der Kirche von oben, top down, auf Kurs gebracht werden, was
zur Folge hat, dass dieser Stress zur Ermüdung führt. Wie viele Projekte und Modelle sind bereits gescheitert und sang-und
klanglos verschwunden, ohne dass bislang einmal Rechenschaft
verlangt wurde, welche Zeit, wie viel Kraft und eben auch wie
viele Finanzmittel die mit großem Aufwand betriebenen Verän-
derungsbestrebungen verschlungen haben.

Jetzt scheint eine neue Stufe der Reformbemühungen erreicht: Mit einem verzweifelten Versuch, das eingefahrene
System zu erhalten, das zu hinterfragen unerwünscht ist, verabschiedet man sich von der Vorstellung, Volkskirche zu sein.
Gleichzeitig erhöht man noch einmal kirchenintern den Druck,
endlich Konzepte, die von Kirchenleitungen erdacht werden,
»umzusetzen«. Es sei genug diskutiert worden, heißt es, nun gelte es, die »Lösungsräume« zu betreten. In diesem Sinne liegt nun
2023 ein weiteres Papier zur Bearbeitung vor, das Positionspapier
»E.K.I.R.2030. Wir gestalten ›evangelisch rheinisch‹ zukunftsfähig«.

Doch wir wollen nicht unkritisch die vorgegebenen Strategien und Konzeptionen »umsetzen«, wir wollen umfassend
diskutieren und hinterfragen. Als Vorstand des Evangelischen
Pfarrvereins im Rheinland nehmen wir uns des Themas der Zukunft unserer Kirche an. Während sich die Pfarrvertretung in
unserer Kirche mehr oder weniger um das Tagesgeschäft dienst-
rechtlicher Fragen betreffs des Pfarrberufes kümmert, sehen
wir unsere Aufgabe darin, in theologischer Grundsatzarbeit die

Entwicklung unserer Kirche zu reflektieren und dabei die Rolle des Pfarramtes und des Pfarrberufes in der gesamtkirchlichen Verantwortung zu betrachten. Als Rheinischer Pfarrverein sind wir dabei auch mit unseren Freundinnen und Freunden aus den Pfarrvereinen ganz Europas im Gespräch, die in der Konferenz Europäischer Pfarrvereine organisiert sind.

Neue Narrative gehen seit vielen Jahren in unserer Kirche um: »Leuchtfeuer«, »Hinaus ins Weite«, »Lobbyistin der Gottoffenheit«, »Teamplayerin«, »Agentin des Wandels«, »rheinisch-evangelisch« ... Wir fragen: Warum meint die Kirche, wie alle Welt, die mit vielfältigen, von immer neuen Interessen geleiteten Narrativen unterwegs ist, nun auch neue Narrative erfinden zu müssen, statt auf die starken Narrative ihrer biblischen Tradition zu vertrauen? Die Narrative in Jesu Gleichnissen können allemal am besten die Komplexität und die Tiefe der Wirklichkeit von Kirche und Welt erfassen und uns in der rechten Weise ins Bild setzen und unser Leben interpretieren. In der Kirche scheint man nicht mehr an die großen biblischen Erzählungen zu glauben.

Die neuen Narrative, ob auf EKD-Ebene oder landeskirchlicher Ebene formuliert, bringen herzlich wenig. Mit der Rede von »Aufbruch« und »Transformation« verbunden, gelingt es ihnen nicht, Menschen zu begeistern. Im Gegenteil, von vielen Menschen wird diese Rede als langweiliges Geschwätz erlebt. Die Kirche des Wortes ist zu einer Kirche der Inflation von Wörtern geworden.

Daher rufen wir unsere Kirche zur Sache auf, zur Besinnung auf ihre Substanz, auf das ihr Eigene und Besondere. Wir tun es im Leiden an der Kirche und in der Liebe zur Kirche. Dieses Buch ist als Streitschrift im besten Sinne gedacht, woraus sich manche zugespitzten Formulierungen in unseren Beiträgen erklären und verstehen lassen.

Volkskirche ist für uns ein positiver Begriff. Er ist freilich nicht vor falschem Verständnis und vor Missbrauch geschützt. Ein markantes Beispiel aus der Geschichte ist die sogenannte Glaubensbewegung »Deutsche Christen«, die vor neunzig Jahren eine im Volkstum wurzelnde Kirche wollte und sich gleichschalten ließ mit der braunen nationalsozialistischen Ideologie. Diese Bewegung griff gemeinsam mit dem NS-Staat massiv bei den Kirchenwahlen ein, um Mehrheiten zu organisieren, so dass dann bibeltreue Gemeindeleitungen abgewählt wurden. Die Erfahrungen im »Kirchenkampf« in der NS-Zeit verdeutlichen: Gerade in der »Volkskirche« muss es um die wahre Kirche gehen als die Bekennende Kirche. Sie wendet sich je und je an das eigene Volk, aber zugleich immer an das Volk im etymologischen Sinn als die »Vielen«, das heißt: an die vielen unterschiedlichen Menschen in allen Völkern. Nationalismus bleibt eine Gefahr. Der Blick in die Welt zeigt, wie heute in vielen Staaten eine totgeglaubte Ideologie wieder eingezogen ist. Volkskirche hat den Auftrag zur Ideologiekritik, zum Widerstand gegen menschenfeindliche Ideologien, ob sie nun von rechts oder links kommen.

Es kommt in einer richtig verstandenen Volkskirche wahrhaftig nicht auf große Zahlen und auf Mehrheiten an. Es kommt nicht auf Macht an. Es geht vielmehr um die geistliche Qualität von Kirche, in der Bibel »Vollmacht« genannt. Auch als »Minderheit« kann die Kirche mitten im Volk, einem sehr bunten Volk, allen Menschen etwas geben: das Evangelium in Wort und Tat.

Viele der Kirche Fernstehende, auch viele, die sich als nichtreligiöse Menschen verstehen, wissen durchaus um den Wert der Kirche und möchten sie in der Gesellschaft nicht missen als eine bedeutende Kraft, die Moral- und Wertvorstellungen allgemeingültig formulieren kann.

Die neuerlichen Versuche, in einem religiösen Mix eine allgemein akzeptierte »Volksreligion« zu schaffen, lehnen wir aber ab. Diese Versuche haben keine Verheißung, ebenso die Versuche, die Kirche ›attraktiver« zu machen. Oft sind es gerade diese Versuche, die Menschen von der Kirche wegtreiben, diese Anbiederungen, um ja nicht anzuecken und unbedingt geliebt zu werden. Im Neuen Testament wird gemahnt, sich nicht dem Geist der Zeit anzuschließen, sondern sich Gottes Heiligem Geist zu öffnen (Eph 5,1ff). Durch Gottes Geist wird die Kirche von innen heraus erneuert, nicht von oben, ihrer Leitung, nicht von unten, ihrer Basis. Bei der geistlichen Erneuerung helfen die Kategorien von »oben« und »unten« wenig.

Wir leben im 21. Jahrhundert nach Christi Geburt. Auch heute kann und darf es nicht um die Kirche als Selbstzweck gehen, nicht um eine Kirche, die nur sich selbst thematisiert, sich um sich selbst dreht. Es kann und darf nicht um eine Kirche der Verwalter und Funktionäre gehen, die sich selbst genügt. Sondern es muss um die Kirche gehen, die reformatorisch minimal und schlicht beschrieben werden kann in ihrem Wesen und ihrer Funktion: als *creatura verbi*, als Schöpfung des Wortes Gottes, mit dem wunderbaren Auftrag, Menschen das Evangelium zu verkündigen, die frohe Botschaft. Die Verkündigung ist ihr Auftrag, bis das Reich Gottes in Herrlichkeit und Vollendung kommt. In dieser evangelischen Verkündigung wird die Kirche schön. Und Kirche ist dort, wo sie schön ist, ein Vorschein künftiger Herrlichkeit.

In den gegenwärtigen weltweiten existenziellen Krisen wächst das Bedürfnis der Menschen nach Glaube und Zuversicht. Es wächst ein großes Bedürfnis nach Transzendenz als einem Ausweg aus dem Gefängnis einer rein an materiellen Werten orientierten Welt. In all den Verrohungen der Zeit wächst die Sehnsucht nach wahrer Schönheit. Kirche kann schön sein. In der ökologischen Krise, in der Wahrnehmung des Klimawandels und seiner schlimmen Folgen, wächst und verbreitet sich in unserer Zeit das Bewusstsein von einer vergehenden Welt und von der Notwendigkeit einer Neuschöpfung. Im Blick auf diese, nur von Gott selbst zu realisierenden Neuschöpfung, hat Kirche ihre besondere Bedeutung, eine »noachitische Funktion«[4], wie Rudolf Bohren in seiner Ekklesiologie schreibt. Kirche wird zu einer Arche Noah in der Apokalypse (vgl. Gen 6,5ff). Es wächst damit die Chance der Kirche Jesu Christi, als geistliche Heimat weltweit von vielen Menschen entdeckt zu werden.

Wir befinden uns heute zweifellos an einer Zeitenwende[5]. In der Geschichte gab es solche Zeitwenden immer wieder. Dann wurde von der »Stunde Null« gesprochen wie zuletzt in der Situation nach dem Zweiten Weltkrieg. In einer Zeitenwende wird auch wieder nach der Kirche gefragt. Dann ist die Kirche gefragt. Genauer: Ihre Inhalte sind gefragt. Zeitenwende ist Gelegenheit und Grund, nach der größten Zeitenwende in der Geschichte zu fragen, nach dem »Zenit der Zeiten«[6], nach dem Narrativ von Weihnachten, von Gottes Kommen in die Welt.

Schließlich: Die Kirche will geglaubt werden. Im apostolischen Glaubensbekenntnis, dem Dokument christlicher Freiheit und Geborgenheit, steht sie bekanntlich im dritten Artikel. »Wir glauben die Kirche, indem wir an Gott glauben, und damit verändern wir die Kirche und uns selbst«[7], schreibt Rudolf

---

4   RUDOLF BOHREN: Ekklesiologie, S. 260.
5   Zeitenwende« wurde zum Wort des Jahres 2022 gekürt. Russlands brutaler Krieg gegen die Ukraine wurde als Zeitenwende in der Geschichte des europäischen Kontinents erlebt.
6   Evangelisches Gesangbuch, Lied 409, 4.
7   RUDOLF BOHREN: Ekklesiologie, S. 215.

Bohren im Wissen um die Schwierigkeit zu sagen, was Kirche sei, und Harald Grün-Rath ergänzt: »Kirche glauben heißt, sie als Werk und im Werk Gottes sehen«[8].

Wir glauben an die Kirche, und wir glauben nicht an das Ende der Volkskirche, wenn man sie denn so versteht: als Werk Gottes und nicht als unser Werk, das wir mit unseren Strategien und Konzeptionen machen. Aus Dankbarkeit, dass es die Kirche gibt, ja aus Liebe zur Kirche, klagen wir und sagen: Nicht bloße Reformen sind notwendig, sondern eine tiefgreifende Reformation der Kirche an Haupt und Gliedern ist angesagt. Eine Neubesinnung in der Stunde Null in einer als Zeitenwende erlebten Zeit.

Es braucht die großen Narrative, die Narrative, die tragen. Nur die Narrative, die uns richtig ins Bild setzen, bewahren uns vor Geschwätz und Kitsch, vor Nutzlosigkeit und Bedeutungslosigkeit. Es sind schlicht die biblischen Narrative aus dem Alten und dem Neuen Testament, die gepredigt werden wollen. Aus solcher Predigt des Wortes Gottes heraus aktualisiert sich je und je eine evangelisch-ökumenische Kirche für alles Volk dieser Erde, die darin ihre Katholizität gewinnt. »Evangelisch« ist nicht konfessionalistisch zu verstehen, sondern als »dem Evangelium gemäß«. Wo Evangelium ist, da ist Vielfalt, Vielfalt, die versöhnt miteinander lebt. Ein Reichtum an Vielfalt.

Wir wenden uns gegen das Herbeireden des Endes der Volkskirche. Ein Ende wird sich die Kirche nur dann selbst schaffen, wenn sie den Menschen das Evangelium, die frohe Botschaft, dieses Licht, vorenthält, wenn sie es dummerweise unter den Scheffel stellt. Oder wenn sie, mit dem anderen Gleichnis, dem Bild vom Salz gesprochen, ebenfalls dummerweise überflüssig und nutzlos wird.

8 Ebd.

Der vornehmste Dienst von Menschen im Pfarrberuf ist und bleibt die Verkündigung des Evangeliums. Es braucht wieder Theologie, die diesen Namen verdient. Das Wort Gottes, das in Jesus Christus Mensch geworden ist, will verkündigt werden. Die Geschichte der Versöhnung Gottes mit der Welt in seinem Sohn Jesus Christus muss weitergesagt werden. Die inhaltsschweren Narrative erzählen, was Gott getan hat und was er heute tut. Wo immer zwei oder drei in seinem Namen versammelt sind, gilt die Verheißung der Gegenwart seines Geistes (Mt 18,20). Darum geht es: In dieser Geistesgegenwart die frohe Botschaft zu erzählen, sie dem Volk im weitesten Sinne zu erzählen – allen Menschen in allen Nationen, in allen Zeiten. Und das gewiss nicht nur projektiert auf »zukunftsfähig 2030«.

In ihrer Vielfalt in Alter, Baustil und künstlerischer Ausstattung sind Kirchen als Gebäude in allen Teilen unseres Landes touristische Anziehungspunkte. Auch stehen sie oft genug noch in der Mitte kulturellen Lebens, etwa bei Konzerten. Immer aber, auch wo sie ganz schlicht sind, sind sie Sinnbild der Mitte einer Kirchengemeinde. In ihrer großen Zahl sind sie ein Ausdruck davon, dass die Volkskirche zumindest im Stadt- und Dorfbild lebt. Eine kleine, gewiss nicht repräsentative Auswahl evangelischer Kirchen ist zwischen den Texten dieses Buches abgebildet. Wo leere Bänke oder Stühle zu sehen sind, mögen sie einladen, die Kirchen wieder als Gottesdienststätten und Orte der Spiritualität zu entdecken, in denen der einzige Trost im Leben und im Sterben in der Verkündigung des Evangeliums erfahren werden kann.

Friedhelm Maurer
Vorsitzender des Evangelischen Pfarrvereins im Rheinland

Tafel 2:
Evangelische Kirche Bischmisheim (Saarbrücken; 1823/1824),
Achteckkirche; Entwurf (1821) von Karl Friedrich Schinkel

Salz der Erde, Licht der Welt

Die bleibende Bedeutung der Volkskirche

von Friedhelm Maurer

Fünf Türen in den Farben Grün, Rot, Gelb, Blau und Violett zeigt ein Foto[1], mit dem die Evangelische Kirche im Rheinland im Januar 2023 im Internet für die Teilnahme an fünf digitalen Veranstaltungen wirbt.[2] Bereits im Sommer 2021 veröffentlichte die Kirchenleitung das Positionspapier »E.K.I.R. 2030. Wir gestalten ›evangelisch rheinisch‹ zukunftsfähig«. Es beschreibt ihre Strategie, den aktuell drängenden Herausforderungen in der Kirche zu begegnen. Jetzt mündet es in konkrete Projekte in fünf Bereichen: Mitgliederorientierung, Organisation, Junge Generation, Digitalisierung und Vernetzung.

Zu diesen Themen fanden ab Februar 2023 sogenannte »Lösungsräume« statt. Bei den digitalen Veranstaltungen sollten Teilnehmende Gelegenheit erhalten, Projektleiterinnen und Projektleiter kennenzulernen, Fragen zu stellen und Anregungen zu geben. Gemeinsam sollten die Teilnehmenden auch Lösungen erarbeiten, wie sie den Herausforderungen in ihrem eigenen Kontext begegnen können.

Mit meiner Zugangsberechtigung zum Intranet *EKiR.Intern* stand ich im Januar 2023 vor diesen bunten Türen. Ich überlegte, die fünfte und letzte Tür zu nehmen. Violett, die liturgische Farbe der Stille und der Besinnung, der Umkehr und der Buße,

---

1   https://pixabay.com/de/photos/eingang-t%C3%BCren-entscheidung-auswahl-6766832/

2   https://intern.ekir.de/content/ekir-2030-loesungsraeume

die Farbe auf den Kirchenfahnen der Evangelischen Kirche. Unschwer zu vermuten, dass die fünf bunten Türen für das Betreten der fünf »Lösungsräume« stehen: Organisation, Digitalisierung, Vernetzung, Jugend und Mitgliederorientierung. In der Abfolge der Veranstaltungsangebote wäre die fünfte, die violette Tür, das für mir auch inhaltlich sympathischste Angebot: »Stärkung einer servicefreundlichen, qualitätsvollen und vielfältigen Kasualpraxis«.

Meine ersten Eindrücke zum Veranstaltungsangebot meiner Landeskirche halte ich wie folgt fest: Die Marketing-Abteilung hat wieder einmal geliefert. Doch ich befürchtete, dass das zwanzigseitige Positionspapier, auf das hier aufmerksam gemacht wird, bald wohl auch zu der Reihe von »Papieren« gehören wird, die bei Drucklegung schon überholt sind, also bevor sie gelesen, geschweige denn im Diskurs verarbeitet sind. Denn es ist dasselbe Schema und Muster wie gehabt: Ein »Papier« wird vorgelegt – und es heißt: »Nun macht mal!« Vergleichbar etwa den »Gemeindekonzeptionen«, die einmal seitens der Landeskirche verpflichtend von den Gemeinden abverlangt wurden, aber wieder in der Versenkung verschwunden sind, weil der Aufwand eines ständigen Updatens viel zu aufwändig war. Ich erinnere mich noch sehr genau, wie unser Kirchmeister damals bei den Beratungen des Presbyteriums stöhnte und meinte: »Das ist so wie bei uns in der Fensterbau-Firma: Als die Unternehmensberater in unsere Firma kamen und wir Fragebögen ausfüllen und ständig Berichte abliefern mussten, da ging es bergab.«

Ich schaue zurück und stelle fest, dass es so ablief, Jahr um Jahr: Kaum war ein Papier bearbeitet, kam schon das nächste. Und Presbyterien wurden zum Laufen ins Hamsterrad der kirchlichen »Struktur- und Reformprozesse« geschickt. »Redet uns doch nicht so viel rein, lasst uns unsere Arbeit vor Ort machen«, war der Konsens in unserem Presbyterium. So vieles, was von oben, d. h. vom Kirchenkreis und von der Landeskirche, kam, erlebten wir aber nicht nur als unnötige Belastung, sondern auch bisweilen als schlichtweg übergriffig, uns in unserer Gemeindearbeit bevormundend, die Selbständigkeit der Ortsgemeinde missachtend. Wo wir uns dagegen wehrten, wurde unsere Kritik schnell abgeschmettert mit dem Vorwurf, wir würden uns den synodalen Prozessen und Entscheidungen verschließen und die übergeordnete Kirchenstruktur ablehnen. Das Totschlagargument »Kongregationalismus« wurde ausgepackt. Für einen solchen Vorwurf jedoch gab es keinen Grund, wir hatten daher wenig Verständnis dafür und verwiesen beharrlich darauf, dass wir eine protestantische Kirchenverfassung und eine bewährte Kirchenordnung haben – und vor allem doch die Bibel als Gottes Wort und Maßstab unseres Handelns. Warum diese Unruhe im Hause des Herrn? Immer wieder sollten wir durch aufgebaute Türen in imaginäre Räume gehen und weiteres »Papier« produzieren.

So auch jetzt wieder. Von der Werbung kupfert man ab und versucht es mit bunt. So zögere ich, bevor ich der Aufforderung zur Mitarbeit Folge leiste und mir eine bunte Tür aussuche und dort eintrete… Ich zögere, weil mir das Jesus-Wort einfällt: »Geht hinein durch die enge Pforte … wie eng ist die Pforte und wie schmal ist der Weg, der zum Leben führt, und wenige sind's, die ihn finden!« (Mt 7,13f) Von einer Wahl bunter Türen ist da nicht die Rede.

Weiter denke ich, die Jahreszahl 2030 lesend: Was für eine sub specie aeternitatis unangemessene Perspektive für die Kirche ist das doch: 2030! Sieben Jahre. Wie schnell sind sieben Jahre vorbei. In dem unabsehbaren Zeitraum bis zur Ewigkeit, zur Wiederkunft des Herrn und der Vollendung des Reiches Gottes, sollte in der Kirche weniger geplant und mehr geglaubt werden.

Warum beginnen kirchliche Struktur- und Reformpapiere nicht mit Bibelzitaten? Warum lässt man sich nicht von der Heiligen Schrift Sprache und Ideen und vor allem Tiefe geben? Warum lässt man sich von den Worten Jesu nicht auf den Weg der Menschlichkeit und der Barmherzigkeit bringen? Statt Bibel und Theologie erwarten einen immer wieder irgendwelche Entwicklungsaufgaben, Umsetzungsvorschläge, Strategien. Die Kirche, so scheint es, wurde in den letzten Jahrzehnten zu einem Tummelplatz aktivistischer Macher. Macher mit immer neuen Narrativen. Narrative, mit denen man die der vielen Reformen und Reformversuche Müden neu motivieren möchte.

Der neue Aufbruch, das neue Narrativ, heißt nun: »«E.K.I.R. 2030 – Wir gestalten ›evangelisch rheinisch‹ zukunftsfähig«. Das neue Narrativ, der Fußball-Kommentatoren-Sprache entlehnt, heißt: »Zug zum Tor«, hier definiert als die entscheidende »Umsetzung« von Veränderungen, die nicht mehr nur diskutiert werden sollen. Nun denn, alle sind eingeladen, durch bunte Türen zu treten und weite Felder in den »Lösungsräumen« digital zu beschreiten.- Doch ich zögere und ich bleibe außen vor. Ich mache diesen Aktivismus nicht mit. Ich warte.

Reinhard Schmidt-Rost hat diesem Warten, das ein Warten auf Gott zu sein beansprucht, wunderbar Sprache gegeben: »Auf Gott vertrauen heißt: auf Gott warten. Und dieses Warten gibt das Maß für unsere Hoffnung. Über das Warten hinaus werden wir nicht gelangen, aber im Warten liegt eine eigentümliche Dialektik: das Warten ist nicht nur eine Weise unserer Beziehungen zu ihm, wir haben Gott nur so, dass wir ihn nicht haben. Andererseits aber nimmt die Erwartung schon voraus, was noch nicht wirklich ist. Wenn wir in Hoffnung und Geduld warten, dann ist die Kraft dessen, worauf wir warten, schon in uns wirksam. Wenn wir mit Zuversicht warten, dann sind wir schon von dem ergriffen, dann haben wir schon von dem empfangen, was auf uns wartet; wir sind stärker, wenn wir warten, und darin fähig, unser Leben und unsere Geschichte verändern zu lassen.«[3] Mit diesem theologischen Einspruch versuche ich im folgenden unter den sieben Stichworten *Narrative – Volkskirche – Reformation – Entideologisierung – Recht – Dezentralisierung – Theologie* einige Aspekte ins Gespräch zu bringen. Wir im Vorstand des Evangelischen Pfarrvereins im Rheinland e.V. wollen diskutieren. Es sollen nicht wieder durch theologisch nicht hinterfragte Entscheidungen und vorgegebene Weichenstellungen Fakten geschaffen werden, die das Kirche-Sein von Kirche beschädigen.

---

3 REINHARD SCHMIDT-ROST: Die Tiefe ist der Ort der Gnade. Zum Gedenken an Dietrich Rössler (1927–2021), in:»Info-Brief« des Evangelischen Pfarrvereins im Rheinland Nr.31/2023, S. 59.

1   Narrative – die Welt verstehen
und das Leben heilen

N arrative nehmen Einfluss auf unser Leben. Leider nicht
nur als sinnstiftende Erzählungen, die ein gutes menschliches Miteinander fördern, sondern viele haben leider auch als
ideologische Welterklärungen einen unguten, manchmal toxischen Einfluss[4] auf die individuelle und gesellschaftliche, religiöse und politische Orientierung. Ständig werden neue Narrative hervorgebracht. Sie konkurrieren nicht nur miteinander, sie
streiten auch gegeneinander, manchmal sehr heftig.

Narrative kann man annehmen, man kann ihnen Glauben
schenken, oder man kann sie ablehnen – und in der Regel durch
andere ersetzen. Im Roman »Susanna« legt Alex Capus dem
Häuptling der Sioux, Sitting Bull, folgende Worte in den Mund:
»Seit hundert und hundert Jahren ziehen Weiße Männer durch
die Prärie und erzählen uns Quatsch. Sie erzählen uns, dass man
aus Steinen Brot machen kann und aus Wasser Wein. Oder dass
ein Mädchen, auch wenn es nie bei einem Mann war, trotzdem ein Kind bekommen kann. Ist das etwa kein Quatsch?«
[…] »Wir sollen glauben, dass am Jüngsten Tag alle verrotteten
Leichen jung, frisch und lebendig aus dem Boden steigen. Jedes Kind weiß, dass das Quatsch ist.«[5] Und weiter: »Wir sollen
euch glauben, dass ein einzelner Mann in sieben Tagen die Welt
erschuf, ist das kein Quatsch? Und dass in Rom ein Mann in
einem großen Haus aus Stein wohnt, der als Einziger auf der

4   So haben die Nationalsozialisten Menschen dehumanisiert und alle
Nichtarier als Untermenschen erklärt. In der Gegenwart wiederum
schmäht Russlands Propaganda die Ukrainer als »Nazis«, die Atomwaffen bauen und Biowaffenlabore betreiben würden, mit denen das
russische Volk ausgelöscht werden solle.
5   ALEX CAPUS: Susanna, Roman, S. 281.

Welt einen direkten Telegrafendraht zum Weltenschöpfer hat – verlangt ihr wirklich, dass wir das glauben? Glaubt ihr selbst daran?«[6] Sitting Bull verteidigt diesem Glauben gegenüber das neue Narrativ seiner Leute, die daran glauben wollen,»dass durch ihren Tanz die toten Büffel wiederkehren«[7]. Er sieht seine Religion, wie die der christlichen Missionare, aus der Not des Volkes geboren, und das Paradies sieht er als »die Spiegelung dieser Nöte«[8].

Dieses eine Beispiel mag genügen für die Ablehnung von Religion und Glaube zu allen Zeiten. Rituale zur Wiederkehr der Büffel können modernste Formen annehmen. Zuletzt weiß die Bibel selbst, dass »der Glaube nicht jedermanns Ding« ist (2. Thess 3,2). Doch wo Leerstellen sind, nistet sich anderes ein, wo Erzählungen ausfallen, entstehen neue Erzählungen – auch in einer Zeit, die als »postnarrativ« eingeschätzt wird.

So geht der koreanisch-deutsche Philosoph Byung-Chul Han»dem gegenwärtigen Hype um Narrative zum Trotz« davon aus, dass wir in einer solchen »postnarrativen Zeit«[9] leben. Die postnarrative Zeit mache aus dem christlichen Kalender einen sinnentleerten Terminkalender. Die christliche Religion erfasse als eine Metaerzählung jeden Winkel des Lebens, religiöse Festtage seien die Glanz- und Höhepunkte in dieser Erzählung. Ohne sie gebe es keine Festzeit, »kein Festlichkeitsgefühl als gesteigertes Seinsgefühl, sondern nur Arbeit und Freizeit, Produktion und Konsum«. Feste würden in der postnarrativen Zeit zu »Events und Spektakeln kommerzialisiert«. Den Narrativen der Gegenwart fehle »jede Schwerkraft, jedes Wahrheitsmoment«,

6   Ebd.
7   Ebd.
8   Ebd., S. 282.
9   Byung-Chul Han: Die Krise der Narration, S. 10.

wie es der Religion innewohne als einer Erzählung »mit innerem Wahrheitsmoment«. Erzählung sei eine »Schlussform«, die eine geschlossene Ordnung bilde, die Sinn und Identität stifte. In der Spätmoderne würden »Formen des Schließens und des Abschließens immer mehr abgebaut«, gleichzeitig verstärke sich jedoch angesichts wachsender Permissivität das Bedürfnis nach narrativen Schlussformen.

»Populistische, nationalistische, rechtsextreme oder tribalistische Narrative inklusive Verschwörungserzählungen« bedienten dieses Bedürfnis. Solche Narrative würden als »Sinn-und Identitätsangebote aufgegriffen«, entwickelten aber in der postnarrativen Zeit mit zunehmender Kontingenzerfahrung »keine starke Bindekraft«[10].

Historisch und literarisch betrachtet ist die Bibel eine Sammlung von Literatur, deren Entstehung sich über ein ganzes Jahrtausend erstreckt. Sie enthält viele Geschichten, viele Bilder und Gleichnisse. Als ganze Bibliothek bewahrt sie vor Verabsolutierungen und Ideologien. Die erkennbaren Spannungen der einzelnen Texte zueinander wahrzunehmen und zu diskutieren, prägt unsere abendländische Kultur. Das Schriftganze zu sehen bewahrt vor Häresien, die die Wirklichkeit verlieren, der Komplexität von Gott und der Welt Abbruch tun.

Die Narrative der Bibel sind in ihrer Ideologiekritik zeitlos. Sie setzen uns Menschen ins rechte Bild. Sie sind allen erfundenen und damit letztlich austauschbaren Narrativen des jeweiligen Zeitgeistes überlegen. Mit Gott im Gespräch, theologisch Gebet genannt, und coram deo in selbstkritischer Reflexion, theologisch Buße genannt, können wir uns in den Gleichnissen Jesu erkennen. In den dort auftretenden Gestalten, in den nicht verstehenden und dann doch verstehenden Jüngern und

10 Ebd., S. 10f.

Jüngerinnen, vielleicht aber auch in den Pharisäern und Schriftgelehrten, im lästernden oder im reuigen Sünder neben Jesus
am Kreuz, oder im Hauptmann unter dem Kreuz, oder eben
irgendwo im launischen Volk, das zuerst »Hosianna« ruft und
dann »Kreuzige, kreuzige ihn«.

Narrative, die von Gott erzählen, nicht von irgendeinem,
sondern von dem lebendigen Gott, wie ihn die Heilige Schrift
im Alten und im Neuen Testament bezeugt, zeigen und offen-
baren uns in unserer Sünde als der Wirklichkeit der Welt. Sie
erzählen aber eben auch, wie diese Wirklichkeit von einer neuen
Glaubenswirklichkeit überboten wird, die uns das Leben und
eine echte Zukunft schenkt. Gott ist keine philosophische oder
ethische Idee, sondern der persönliche Gott, der uns Menschen
konkret in unserer eigenen, persönlichen Situation anspricht als
dieses überweltliche, personale und darin wirkliche Ich.

Diese, wenn man so will, »doppelte« Wirklichkeit zur Spra-
che zu bringen, die Wirklichkeit des lebendigen Gottes und die
konkrete Wirklichkeit der Welt, ist die Aufgabe der Predigt als
Verkündigung des Wortes Gottes. Das Wort Gottes erschafft die
Kirche. Kirche ist eine creatura verbi. Kirche wird gepredigt.
Der Glaube kommt aus dem Hören (Röm 10,17).

Beim Glauben geht es zunächst um die Welt des Unsichtbaren. Da wir Menschen in unserer geschichtlichen Existenz auf
das Sichtbare ausgerichtet sind, hilft uns metaphorische Rede:
Nur metaphorisch – im wahrsten Sinne des Wortes: darüber
hinaus, auf eine andere Ebene getragen – wird das Transzen-
dente aussagbar. Über die Bildvorstellungskraft verbindet sich
die Welt des Unsichtbaren mit der Welt des Sichtbaren. Uns
helfen Narrative, allen voran die Erzählung von Weihnachten,
die Geburt des Gottessohnes, sein Kommen in die Welt des
Sichtbaren, die Fleischwerdung des Wortes. Der unsichtbare
Logos wird sichtbar in Jesus von Nazareth, dem Kind im Stall

von Bethlehem.[11] Jesus, der Sohn Gottes, lehrt die Menschen die Gotteskindschaft, lehrt sie beten:»Unser Vater im Himmel...« (Lk 11,1–6; Mt 6,9–13). Im Narrativ des Gebetes, das die Welt umspannt, findet die Kirche zur Einheit, zur Katholizität. Im Narrativ des Vaterunser-Gebetes wird das individuelle Beten aufgenommen, aber eine individualisierende Frömmigkeit überholt. Im Beten reformiert sich die Kirche. Im Gebet wird die Kirche aktualisiert.

Die Aufgabe der Kirche in der Welt ist es, für die Verkündigung des Evangeliums Sorge zu tragen, Menschen damit zu helfen, im Glauben die Wirklichkeit des persönlichen Gottes zu ergreifen. Die Kirche ist kein Selbstzweck, sie hat ausschließlich dienende Funktion. Sie soll die heilbringenden biblischen Narrative verbreiten, die aus der biblischen Tradition überkommenden Narrative als Quelle für Neues erschließen.

Was geschieht, wenn die große Erzählung von der Schöpfung der Welt durch Gott und die Erzählung von der Verheißung, dass er sie auch bewahren (Gen 8,22) und zuletzt auch vollenden wird (Off 21,5), in Vergessenheit gerät oder schlicht nicht mehr geglaubt wird? Ich denke, es kommt zu Desorientierung und zu großer Verzweiflung. Man kann das beispielsweise in unserer Zeit an der selbsternannten»Letzten Generation« sehen: Die Rettung der Erde wird allein in den Händen von Menschen gesehen. Diese verfallen durch den Klimawandel und seine verheerenden Folgen in Panik und irrationalen Aktivismus. So wird aus einer ehemals vernünftigen grünen Ökologiebewegung am Ende ein fanatischer Religionsersatz.

Auch hier sollte der hermeneutische Grundsatz gelten, von Anfang an immer das Ganze zu sehen: Der Schutz von Natur,

---

11 RUDOLF BOHREN: Ekklesiologie. Von der Schwierigkeit zu sagen, was Kirche sei, S. 156.

von Pflanzen und Tieren, muss immer einhergehen mit dem Schutz des Menschen, der auch »Natur« ist, und dieser Schutz beginnt mit dem ungeborenen Leben, dieser Schutz betrifft alle seine Anlagen und Begabungen, die ebenso wie Pflanzen und Tiere nicht verschmutzt und manipuliert werden dürfen. Das Narrativ von der Gottesebenbildlichkeit des Menschen (Gen 1,27; Ps 8,6) stellt den Menschen unter einen ganz besonderen Schutz. Die Kirche kann offensichtlich nicht ohne Metaphern gedacht und verstanden werden: Nach der Bergpredigt Jesu ist es ihre Verheißung, »Salz der Erde«, »Licht der Welt« zu sein (Mt 5,13f). Das soll sie und das kann sie sein mit ihrer Verkündigung des Evangeliums. Die Kirche braucht lediglich weiterzusagen, was die Bibel in ihren wunderbaren Narrativen erzählt. Die neue Welt Gottes wird anschaulich, wird wirklich. Ein Wirklichkeitsverlust ist das Schlimmste, was der Kirche passieren kann, denn dann wird sie wirkungslos, nutzlos und bedeutungslos.

Schon vor Jahrzehnten stellte Fulbert Steffensky fest, dass wir in der westlichen Welt in einer Zeit leben, in der die Metaphern immer blasser werden und die Sprache immer rationalistischer. Die Leidenschaftslosigkeit nehme zu, aber das Leiden in der Welt werde doch nicht weniger, und folgerte: »Die Liebe und das Leiden sind die Mütter der Bilder. Das Leiden kommt am wenigsten mit der Sprache der Deskription aus, weil die Deskription nur die sprachliche Wiederholung des Unglücks ist. Die Leidenden aber wollen Veränderung und die Abschaffung ihrer Leiden. Darum brauchen sie die Geschichten des Trostes und die unglaublichen Nachrichten vom gelingenden Leben.«[12]

Offensichtlich verblassten in den letzten Jahrzehnten auch in der Kirche die biblischen Metaphern und man suchte leider viele neue, von vornherein schwache und irreführende Narrative

---

12 Fulbert Steffensky: Feier des Lebens. Spiritualität im Alltag, S. 158.

für die Kirche: »Leuchtfeuer« solle sie sein, »Lobbyistin«, »Teamplayerin«, »Agentin« u.a.m. In den geradezu inflationär heraus-
gebrachten kirchlichen »Papieren« werden Fragen ohne Ende
aufgeworfen, aber es wird nicht konsequent die eine entscheidende Frage gestellt: »Was würde Jesus dazu sagen?« Antwort
wird nicht bei dem gesucht, der doch der »Herr der Kirche«
ist, Jesus Christus. Besinnung auf Jesus Christus tut heute not,
Orientierung durch die beiden wichtigen Fragen: 1. Was würde
Jesus dazu sagen? Das heißt: Was hat Jesus gelehrt? Und 2. Was
würde Jesus tun? Die Taten Jesu sind Taten der Liebe: Helfen
und Heilen. Viele Fragen werden heute gestellt, viele Worte werden gemacht, aber trotz der vielen Worte mangelt es an dem,
was wirklich nottut: Die Frage nach Gottes Wort zu stellen.
Folglich mangelt es an prophetischer Rede. Prophetie aber ist
»das Zeichen, dass Gott heute redet und handelt«.[13]

In dem wortreichen zweiundzwanzigseitigen Papier der
Evangelischen Kirche im Rheinland »Lobbyistin der Gottoffenheit. Zum öffentlichen Auftrag und Auftreten einer Minderheitskirche« taucht der Name Jesus in nur sehr bescheidenem
Umfang auf.[14] Die Größe des Mannes aus Nazareth, die Heils-

---

13 RUDOLF BOHREN: Ekklesiologie, a. a. O., S. 178.

14 Zu finden unter: https:// medienpool.ekir.de/A/Medienpool/91743?
encoding=UTF-8. Im Folgenden wird diese Schrift abgekürzt mit
»LdG«. An folgenden Stellen: »Die Bergpredigt Jesu« (S. 4), »die, die
Jesus zuhören und glauben« (ebd.), »Diese Hoffnung wurzelt biblisch im Glauben an Gott [...] der Jesus Christus, den Gekreuzigten,
auferweckt hat« – mit Nennung von drei Bibelstellen, in denen von
Jesus Christus die Rede ist (S. 6), im Zusammenhang des Missions-
auftrages, der hier aber nicht als »Mission« bezeichnet wird: »grundsätzlich (sind) alle Menschen in die Gemeinschaft mit Jesus Christus
eingeladen« (S. 7), im Paulus-Wort zur Begründung der pastoralen
Dimension öffentlicher Rede der Kirche, Zitat 2. Kor. 1,3f., S. 8, und
noch einmal auf S. 17, wo von der paarweisen Aussendung der Jünger
gesprochen wird, Mt 10,14par.

bedeutung des Christus kommt kaum vor. Jesus Christus steht offensichtlich nicht in der Mitte der Kirche bei ihren Reformbemühungen.

Bei der notwendigen Frage »Was würde Jesus dazu sagen?« ist nicht nur an den »historischen Jesus« gedacht, wie unmöglich es dabei auch sei, ihn zu rekonstruieren trotz aller Geschichten, die wir von ihm haben, sondern gewiss an Jesus, wie er sich im Heiligen Geist heute offenbart – und zwar in Bindung an die Geschichten, die wir von ihm im Neuen Testament haben. In dieser Bindung und in der Konsequenz der Rechtfertigungslehre des Apostels Paulus im Glauben an diesen Jesus Christus (vgl. Römer 3) wird die Kirche davor bewahrt, sich mit einer selbstgerechten Gesinnungsethik zufrieden zu geben. In der Bindung an Jesus Christus wird sie vielmehr zu verantwortlichem Entscheiden und Handeln befreit.[15]

Die Kirche, die als »Teamplayerin« öffentlich genauso für den hörbaren Muezzinruf eintreten soll wie für das Glockengeläut der Kirche, bleibt als »Lobbyistin für Gottoffenheit« hinter ihrer theologischen Konkretion zurück, dass sich Gott in Jesus Christus als Mensch offenbart hat.[16]

Als »Agentin des Wandels« in der Gesellschaft, stehe sie »intern vor der Frage, wie sie selbst beweglicher und veränderungsbereiter wird«, formuliert das Papier und ruft als Ziel aus: »Sie [die Kirche, konkret: die Evangelische Kirche im Rheinland, F. M.] wird danach trachten, weniger abhängig von politischer Macht und den prägenden gesellschaftlichen Gruppen zu sein und wird sich eher als unabhängiges Gegenüber und Wegbe-

---

15 JOHANNES FISCHER: Kirche als Gesinnungsmilieu? Eine kritische Anfrage in Erinnerung an Dietrich Bonhoeffer, in: *Deutsches Pfarrerblatt* 4/2020, S. 204.

16 LdG., S. 21.

gleiter:n dazu verstehen sowie ihre eigene Vision von Gottoffenheit einbringen.«[17] Die Problematik dieser Zielbestimmung liegt
in der Unbestimmtheit der angesagten Transformation (wohin
denn soll sie sich wandeln?). Vor allem liegt sie auch in der problematischen Rede von der »Vision«, denn Theologie hat ihren
Ausgangspunkt nicht in irgendwelchen Visionen, sondern in ge-
schehener Offenbarung, die im Heiligen Geist präsent ist. »Wo
zwei oder drei versammelt sind in meinem Namen, da bin ich
mitten unter ihnen«, sagt Jesus (Mt 18,20).

Wie Präses Dr. Thorsten Latzel betont, ist das Papier »Lobbyistin der Gottoffenheit« nicht zu verstehen als Beschluss der Synode nach dem Motto: ›So ist das‹, sondern es sei ausdrücklich
ein Diskussionspapier – auf das er als Präses der Evangelischen
Kirche im Rheinland nun aber selbst nicht wirklich einging,
sondern ein weiteres Papier vorlegte, das sich wiederum als »Positionspapier« versteht, worin die vielfältigen Reformprozesse
auf allen Ebenen der Kirche gebündelt und fortgeführt werden
sollten: »E.K.I.R.2030. Wir gestalten ›evangelisch rheinisch‹
zukunftsfähig« (August 2021). Es ist das Papier, das nun durch
bunte Türen betreten und in Lösungsräumen umgesetzt werden
soll.

In den mehr als drei Jahrzehnten meines Dienstes in der Kirche ist mir klar geworden: Es sollte nicht mehr allgemein von
»Kirche« die Rede sein. Da wird ein Etikettenschwindel ohne
Ende betrieben – bis hin zu den Scientologen, die den Begriff
verwenden und damit beanspruchen »Kirche« zu sein -, sondern
es sollte bewusst von der »*christlichen* Kirche« die Rede sein. Von
der Kirche, von der im dritten Artikel des Glaubensbekennt-
nisses gesprochen wird. Von der Kirche Jesu Christi. Dieser
genitivus possessivus gehört zur Kirche, steht am Anfang allen

17 Ebd., S. 21.

Nachdenkens über sie.[18] Die Offenheit der Kirche Jesu Christi liegt nicht in der Gottoffenheit, sondern in ihrer Offenheit für alle Menschen. Unter »Gott« können alle Götter und Götzen verstanden werden. Die »Gottoffenheit« ist in der Kirche beantwortet in der Konkretion von Gottes Menschwerdung in Jesus Christus, dem Kind im Stall von Bethlehem, dem Mann am Kreuz von Golgatha in Jerusalem, dem Auferstandenen und zum Himmel Gefahrenen und Erhöhten, im Heiligen Geist überall auf der Erde Gegenwärtigen.

Es geht darum, Menschen im Horizont von Jesu Geschichte zu sehen und wahrzunehmen und ihnen die Geschichten von Jesus zu erzählen, sodass sie sich in diesen Geschichten selbst erkennen, von diesen Geschichten in ihren verletzten Seelen getröstet und geheilt werden. Es sind die heilsnotwendigen Narrative, die es zu erzählen gilt.

Menschen treten in den neutestamentlichen Geschichten sowohl in großen Scharen als auch als Individuen auf, hören Jesus als den Bergprediger, begrüßen ihn als König mit Palmzweigen auf der Straße bei seinem Einzug in Jerusalem. Später kommen dann Szenen individuellen Abschiedes, das letzte Abendmahl, der Verrat, Maria Magdalena weinend am Grab. Die Menschenmengen haben sich zerstreut. Die Geschichte scheint vorbei. Sie wird dann aber durch den Auferstandenen erst richtig in Bewegung gebracht und setzt neue Geschichten in Gang.

---

18 Harald Grün-Rath bringt die entscheidende Frage im Gespräch mit Rudolf Bohren so auf den Punkt: »Ist das, was wir ›Kirche‹ nennen, die Kirche Jesu Christi oder ist das Kirche, die einem anderen gehört, ein volkseigener Betrieb, eine vergesellschaftete Institution u.a.? Das ist die kritische Frage, der wir uns stellen müssen, wenn wir über Kirche reden«, in: RUDOLF BOHREN: Ekklesiologie, S. 20. Freilich schützt die Nennung des Namens Jesu Christi nicht vor dessen Missbrauch. Daher gilt es, immer wieder die Geister zu prüfen.

Die Jahre werden gezählt nach Jesu Geburt, die die Zeitenwende markiert. Jesu Geschichte mit uns Menschen, die Geschichte des Immanuel, des Gott mit uns, geht weiter auch in unserer Zeit. Auf der Erde leben jetzt mehr als 8 Milliarden Menschen, das sind über dreitausend mal mehr als zur Zeit des historischen Jesus. Wie viele davon haben von Jesus noch nichts gehört? Eine gewaltige Aufgabe der Evangelisierung steht an.

Schon vor Jahren machte der Generalsekretär der Deutschen Bibelgesellschaft in Stuttgart darauf aufmerksam, dass wir in unserem Land »heute vor einem umfassenden Traditionsabbruch im Blick auf die Kenntnis biblischer Geschichten und Inhalte in der Breite der Bevölkerung stehen«[19]. Und das in einer Zeit, in der es wie nie zuvor »so viele unterschiedliche und qualitativ hochwertige Bibelübersetzungen und Studienbibeln« gebe, wo für jeden etwas dabei sei. Die Bibel sei für jeden erschwinglich und längst auch digital verfügbar und damit nur einen Klick weit entfernt. Auch in der sogenannten »Kerngemeinde« habe sich die Art und Weise, wie Menschen der Bibel begegnen und wie sie die Relevanz der Bibel für ihr Leben erfahren, verändert. Christoph Rösel macht Mut, diese Relevanz neu zu erkunden. Die Bibel bleibe ein lebendiges Buch, ein Buch voller Lebens- und Glaubenserfahrungen, das in unser Leben hineinspreche.[20]

19 CHRISTOPH RÖSEL, Gastkommentar in: IDEA Nr. 30/31 vom 22.7. 2020, S. 3.
20 Ebd.

2 Volkskirche – für das Volk da sein, ihm aber nicht nach dem Mund reden

Bevor man klärt, was Volkskirche heißen soll, muss klar sein, was Kirche als Kirche Jesu Christi ist. Erst danach ist die Beziehung von Kirche und Volk zu bestimmen. Kurz zusammengefasst, ist dieses Verhältnis so zu verstehen: Das Volk ist Adressat der Verkündigung des Evangeliums, aber in keiner Weise etwa deren Auftraggeber. Das Volk ist weder Subjekt noch Inhalt. Kirche muss als Kirche unabhängig von den gesellschaftlichen Voraussetzungen betrachtet werden. Ob nun verfolgte Kirche wie vor der Konstantinischen Wende oder Staatsreligion wie danach: Der Glaubensinhalt bestimmt das Kirche-Sein. Kirche darf sich nicht bestimmen lassen von denen, die der Glaube möglicherweise nicht interessiert, und sei es die Mehrheit. Anders gesagt: Als Kirche in der Welt und für die Welt darf Kirche nicht ›verweltlichen‹, selbst zur Welt werden.

Was heißt nun aber »Volk«? Hilfreich ist die Differenzierung des Begriffs »Volk«, wie sie Richard Schröder vornimmt. Die Doppeldeutigkeit des Wortes Volk lasse sich bis in die Antike zurückverfolgen: »Denn sowohl das Griechische als auch das Lateinische verwenden für die beiden Bedeutungen verschiedene Vokabeln. Das verfasste Volk, das seine Angelegenheiten nach Regeln (einer geschriebenen oder ungeschriebenen Verfassung) selbst ordnet bzw. durch seine Vertreter ordnen lässt, heißt griechisch ›demos‹ und lateinisch ›populus‹. Heute reden wir in dieser Bedeutung vom Staatsvolk, das aus Staatsbürgern besteht, den Inhabern der staatsbürgerlichen Rechte. Davon unterscheidet sich das bestimmte Volk in Abgrenzung zu anderen Völkern, und zwar hinsichtlich seiner Geschichte, seiner Kultur, seiner Sprache, seiner gemeinsamen Abstammung (die wohl immer ein fiktives Konstrukt ist). Hier ist der Plural ebenso konstitutiv wie die Abgrenzung von anderen Völkern. Griechisch heißt das ›ethnos‹, lateinisch ›gens‹ oder ›natio‹. Jemand ist Italiener oder Pole und selten beides zugleich.

Es gibt noch eine dritte Bedeutung des Wortes Volk, die für den Unterschied zwischen demokratischen und diktatorischen Berufungen auf das Volk wichtig ist, nämlich Volk im Sinn von unverfasster Volksmasse, griechisch ›ochlos‹ oder ›demos‹, lateinisch ›plebs‹ oder ›vulgus‹. Die beiden deutschen Diktaturen haben das Wort Volk geradezu exzessiv gebraucht: Volksgenosse, Volksgerichtshof, Volksempfänger, Volkswagen die eine, Volkskammer, Volkspolizei, Volksarmee, Volksdemokratie die andere. Diktaturen beanspruchen nämlich gern Volksmassen, namentlich in Massenaufmärschen und Massenversammlungen, und zwar zur Herrschaftslegitimation, die sie durch korrekte Wahlen nicht erlangen. Sie fürchten freie und geheime Wahlen, lieben aber die Akklamation durch die Massen oder, etwas feiner formuliert, durch Volksabstimmungen.«[21]

In der Barmer Theologischen Erklärung von 1934, vor allem in den letzten beiden Thesen, ist der Auftrag der Kirche formuliert: »die freie Gnade Gottes auszurichten an alles Volk«. Das war Frontstellung zu den sogenannten »Deutschen Christen«, die meinten, jeder aus dem deutschen Volk müsse sich zugehörig fühlen können, die Kirche müsse zum nationalsozialistischen Aufbruch passen, folglich müsse sich die Kirche dem Volk anpassen, sie dürfe bei den nationalsozialistischen Machthabern nicht anecken. So verrieten die »Deutschen Christen« Gottes Wort. Doch Kirche ist nie Teil eines Volkes oder Teil einer Volksbewegung. Im »Dritten Reich« wurde das deutlich: Die »Bekennende

---

21 RICHARD SCHRÖDER, in: KARL-HEINZ PAQUÉ / RICHARD SCHRÖDER: Gespaltene Nation? Einspruch! 30 Jahre Deutsche Einheit, Basel 2020, S. 195f.

Kirche« musste sich zu Recht abgrenzen von den »Deutschen Christen« als einer völkischen Bewegung.

Die Kirche, auch das ist eine Erkenntnis aus dem »Kirchenkampf«, soll sich nicht »staatliche Aufgaben und staatliche Würde aneignen und zu einem Organ des Staates werden«, Christsein nicht mit einer bestimmten politischen Meinung gleichsetzen. Martin Luther entwickelte seine »Zwei-Reiche-Lehre«, nach der Gott auf zwei verschiedene Weisen am Werk ist.

»Christen haben nicht den Auftrag, die Welt zu verändern. Wenn sie aber ihren Auftrag erfüllen, verändern sie die Welt (Friedrich von Weizsäcker, 1912–2007). Nicht dadurch, dass die Kirche ständig irgendwelche Forderungen an die Politik richtet, sondern durch Vorleben entwickelt der christliche Glaube Wirkung.[22]

Die Theologische Erklärung der Bekenntnissynode der Deutschen Evangelischen Kirche von Barmen 1934 wurde auf der Landessynode der Evangelischen Kirche im Rheinland jüngst ausdrücklich als ein »schriftgemäßes, für den Dienst der Kirche verbindliches Bekenntnis« bejaht und bekräftigt und untermauert durch eine mit einer dieser Formulierung einhergehende Änderung im Grundartikel der EKiR; denn bis dahin hieß es lediglich: »eine schriftgemäße, für den Dienst der Kirche verbindliche Bezeugung des Evangeliums«.

Das geschah übrigens auf derselben Synode, auf der im Januar 2021 das Papier »Lobbyistin der Gottoffenheit. Zum öffentlichen Auftrag und Auftreten einer Minderheitskirche« gebilligt wurde. In diesem Papier, vorgelegt vom Theologischen Ausschuss und einer Arbeitsgruppe unter der Leitung von Dr. Ilka Werner, wird das Ende der »Volkskirche« proklamiert und mit der Frage: »Was folgt auf die Volkskirche?« die weitere Diskus-

---

22 CHRISTIAN SCHWARK, in: IDEA Nr. 8 vom 24.2.2021, S. 17.

sion eröffnet,[23] an der sich auch der Vorstand des Evangelischen Pfarrvereins im Rheinland mit den Beiträgen in dem vorliegenden Buch beteiligt.

»Es gibt kein selbstverständlich von der Mehrheit der Bevölkerung getragenes christliches Kirchtum mehr. Die Erosion der Strukturen und der Mitgliederschwund der großen Kirchen lassen den Begriff ›Volkskirche‹, was seine quantitative Dimension angeht, leer werden. Es gibt sie nicht mehr. Was an ihre Stelle tritt, ist allerdings offen«, heißt es in dieser Schrift.[24]

Volkskirche aber bleibt Volkskirche als Kirche im Volk, auch wenn sie eine Minderheit darstellt. Ob sie ihrem Anspruch gerecht wird, für das Volk da zu sein, entscheidet sich am Inhalt ihrer Verkündigung. Kirche für das Volk, so ist sie gedacht. Eine Kirche des Volkes dagegen öffnet schnell den Weg zu Häresie und Ideologie. Volkskirche – dabei geht es also um die Frage, ob hinter dem Begriff ein *genitivus subiectivus* oder ein *genitivus obiectivus* steht.

Das Interesse, Volkskirche vor allem quantitativ zu definieren, wie das im Papier der Evangelischen Kirche im Rheinland »Lobbyistin der Gottoffenheit« (LdG) getan wird, weckt den Verdacht, dass es bei dieser Definition um die Machtfrage geht.

Die Marke 50 % ist eine Demarkationslinie von politischer Macht. Ilka Werner führte dazu beim Pfarrkonvent des Kirchenkreises Simmern-Trarbach am 14.4.2021 in einer Video-Konferenz nochmals aus: »Volkskirche« bedeute »nahezu alles Volk ist in der Kirche«, »Minderheitskirche« sei zu verstehen im Sinne von »alle Kirchen zusammen sind in der Minderheit«.

---

23 LdG, S. 2.f. https://medienpool.ekir.de/A/Medienpool/91743?encoding=UTF-8.
24 Ebd., S. 3.

Die Reflexion über Kirche und Volk sollte aber nicht mit der Machtfrage beginnen, auch nicht mit der Frage demokratisch legitimierter Macht. Sondern die Frage nach der Vollmacht sollte am Anfang und in der Mitte stehen. Das aber heißt: Mit der Bibel anfangen. Was sagt die Heilige Schrift zur Jüngerschaft, zur Kirche? Was sagt Gott in Jesus Christus dazu? Die Gleichnisse Jesu sind der hermeneutische Schlüssel in der Beantwortung dieser Frage. Und die apostolische Briefliteratur des Neuen Testamentes führt Näheres aus, reflektiert das Ganze. Theologie ist der Weg, zu verstehen und zu sagen, was Kirche sei.

Problematisch ist im LdG-Papier die Formulierung, dass die evangelische und die römisch-katholische Kirche seit dem Zweiten Weltkrieg als »Volkskirchen«»gemeinsam nahezu die ganze Gesellschaft repräsentierten« und »den Anspruch [hatten], in religiösen Dingen für die Bevölkerung [zu] sprechen und diese vertreten [zu] können«[25]. Mit Verlaub gesagt: Einen solchen Anspruch, das Volk zu repräsentieren und für das Volk sprechen zu können, hatten die »Deutschen Christen« auch, und auch die SED nach dem Zweiten Weltkrieg in der sogenannten Deutschen Demokratischen Republik, die gerne die Einheit von Volk und Partei beschwor.[26]

Was passiert, wenn man sich nicht mehr als »repräsentativ« erlebt? Ich vermute, dass die Rede von der »Minderheitskirche«, tiefenpsychologisch betrachtet, eine Verunsicherung markiert: Man hat offensichtlich ein Problem damit, sich als Minderheit zu fühlen, ein Gefühl des Machtverlustes. Das entbehrt insofern nicht einer gewissen Tragik, als man sich doch durch hausge-

25 Ebd.
26 Vgl. RICHARD SCHRÖDER, in: KARL-HEINZ PAQUÉ / RICHARD SCHRÖDER, a. a. O., S. 171.

machte Selbstmarginalisierung wie durch Ausgrenzung vieler Kirchenkritiker tatsächlich auch selbst zur Minderheit gemacht hat. Zu einer Minderheit, die immer weniger ernst genommen wird. Man hat es versäumt, Kirchenkritik wirklich zuzulassen und sich ihr ehrlich zu stellen. So ist man ins Abseits geraten.

Die Frage, die sich angesichts dieser so entstandenen Situation stellt, ist vielleicht tatsächlich angebracht: Ist es nicht an der Zeit, den Begriff »Volkskirche« aufzugeben?

Es sei an dieser Stelle kurz an die Situation nach dem Zweiten Weltkrieg erinnert, auf die das LdG-Papier anspielt, an die »Stunde Null«[27] Deutschlands: Nach der in der Geschichte beispiellosen Verheerung durch den Naziwahn war den allermeisten der Menschen, die den Terror überlebt hatten, bewusst, dass die tiefste Ursache für die Entstehung und Ausbreitung des totalitären Systems in der Abkehr von Gott und von christlichen Wertvorstellungen lag und dass nach dem nationalsozialistischen Terror die Entwicklung zu einer humanen Zukunft in einer religiösen Erneuerung geschehen könne, für die die Kirchen von überragender und entscheidender Bedeutung seien. Dem Christentum traute man zu, die Kraft zu haben, Lüge, Machtsucht, Hass, Gier, Gewalt und Ich-Sucht zu bändigen und Menschen Hoffnung zu geben.

Mehr Verchristlichung des Volkes war die Vision nach den grausamen Kriegserfahrungen. Aber was kam, war ein schleichender Prozess der Entchristlichung der Gesellschaft. Entchristlichung, so hätte man aber doch aus der Geschichte lernen müssen, kann am Ende wieder in die Barbarei führen, in Verrohung und Unmenschlichkeit.

---

27 Vgl. hierzu das ausgezeichnet geschriebene Kapitel 12 »Die Stunde null« im Buch von PETER SEEWALD: Benedikt XVI., Ein Leben, S. 143–154.

In der Evangelischen Kirche verspielte man ein großes Stück vom Erbe der Bekennenden Kirche. Man kümmerte sich weniger um das christliche Bekenntnis als darum, möglichst viele Mitglieder zu haben. Ein wirklicher Neuaufbruch in der Kirche unterblieb, die Gedanken eines Theologen wie Dietrich Bonhoeffer, aufgeschrieben in »Widerstand und Ergebung«, wurden nicht in gebührender Weise rezipiert. Wo aber die Kirche nicht stark ist, fehlt auch ihr guter Einfluss auf die Entwicklung von Staat und Gesellschaft.

Wo stehen wir heute, wo in Europa nun wieder von einem aggressiven Diktator und einem nationalistisch aufgehetzten Land ein Krieg angezettelt worden ist und mit unzähligen Kriegsverbrechen geführt wird? Russlands Krieg gegen die Ukraine wird nicht nur als eklatanter Bruch des Völkerrechtes, sondern auch als Zivilisationsbruch erlebt und erlitten. Und darin involviert ist die russisch-orthodoxe Kirche mit ihrem Patriarchen, die offensichtlich »Volks«kirche im falschen Sinne ist.

Halten wir fest: Die bleibende Bedeutung der Volkskirche in unserer Zeit und in Zukunft hat es mit dieser unveränderten Notwendigkeit der Abwehr von totalitären Ideologien zu tun, die zur Erreichung ihrer ideologischen Ziele gerne auch Religion und Kirche instrumentalisieren. »Volkskirche« ist und bleibt ein schillernder Begriff, der immer wieder zu problematisieren sein wird.

Und Wolfgang Huber hatte schon vor fast 50 Jahren mit seiner Einschätzung Recht, dass sich dieser Begriff »Volkskirche« wohl weniger theologischer Reflexion verdanke, sondern eher bestimmten Phasen der sozialen und politischen Geschichte Deutschlands während der letzten eineinhalb Jahrhunderte entstamme. Huber differenzierte fünf Bedeutungen: Kirche durch das Volk, Kirche hin zum Volk, Kirche eines Volkes, Kirche für das Volk und Kirche für das Volksganze. Statt von

»Volkskirche« sollte besser von »Kirche des Volkes Gottes« die
Rede sein, oder noch besser, im ökumenischen Horizont: »Kirche in allen Völkern«.[28]

Auch Hartmut Przybylski problematisierte schon vor Jahrzehnten die Brauchbarkeit des Begriffes »Volkskirche«. Dieser
Terminus besitze »weder als Analysekategorie noch als Pro-
grammbegriff zur Erfassung und Gestaltung der gegenwärtigen
kirchlichen Verhältnisse eine besondere Leistungskraft«, da er
»zu vieldeutig und ungenau« sei, »weil er oft auch nur als Ge-
genbegriff zu allen möglichen Erscheinungsformen von Kirche
gebraucht wird«[29].

Im Nachdenken über die Kirche hat mich Dietrich Bonhoeffers Theologie von Studienzeiten an am meisten geprägt für meinen Pfarrdienst, besonders sein Ringen um das rechte Verständnis von Kirche.[30] Bonhoeffer schreibt: »Die wesentliche Aufgabe
der Kirche ist, das Wort Gottes zu verkündigen. Deshalb kann
die Kirche niemals eine Funktion – und sei es auch die höchste
– des Volkes sein. Die Kirche hat ihren Auftrag innerhalb des
Volkes, aber nicht ›vom Volke her‹« und fährt fort: »In bezug
auf die rein nationalen Ziele ist sie in ihrer Verkündigung – und

---

28 WOLFGANG HUBER: Welche Volkskirche meinen wir? Über Herkunft
    und Zukunft eines Begriffs, in: *Lutherische Monatshefte* 14, 1975, S.
    481ff., und WOLFGANG HUBER: Kirche (Bibliothek Themen der Theo-
    logie, Ergänzungsband), Stuttgart / Berlin 1979, bes. S. 169.

29 HARTMUT PRZYBYLSKI: Strukturwandel der ›Volkskirche‹, in: VERKÜN-
    DIGUNG UND FORSCHUNG, 1987/2, S. 65.

30 Meine erste Proseminar-Arbeit in Systematischer Theologie schrieb ich
    über Bonhoeffers Schrift »Sanctorum communio. Eine dogmatische
    Untersuchung zur Soziologie der Kirche«, es folgte eine Seminararbeit
    über Bonhoeffers Kirchenverständnis bis hin zu seinen Briefen und
    Aufzeichnungen aus der Haft (»Widerstand und Ergebung«), schließ-
    lich im 2. Theologischen Examen ein Gemeindevortrag zum Thema
    »Volkskirche – was ist das eigentlich?«.

darum notwendig in ihrer Existenz – unabhängig.«[31] Diese Unabhängigkeit gilt es zu bewahren. Gerade in den Veränderungen von Gesellschaft und Staat.

Das »Volk« verändert sich. Zweifellos. In der Bundesrepublik Deutschland hat es sich in den letzten Jahrzehnten sehr verändert. Allein schon in seiner Zusammensetzung. Treffend beschreiben Petra Gerster und Christian Nürnberger diese Veränderung: »Es ist kompliziert geworden und wird kompliziert bleiben, weil Deutschland 2021 ein anderes Land ist als Deutschland 1961. Damals wohnten hier Deutsche und einige Ausländer aus Südeuropa, die man ›Gastarbeiter‹ nannte und von denen man annahm, dass sie irgendwann wieder in ihre Heimat zurückkehren würden. Taten sie aber nicht. Sie blieben, gründeten Familien, bauten Häuser. Es kamen noch mehr Menschen aus Südeuropa. Und zunehmend auch aus der Türkei. Nach dem Fall der Mauer strömten Russland-Deutsche und während des Jugoslawienkriegs Menschen aus dem ehemaligen Jugoslawien ins Land. Auch aus Polen, Tschechien, Rumänien, Bulgarien kamen Menschen, aus Nahost, Iran und Afrika, Asien, dazu Kriegsflüchtlinge, Armutsflüchtlinge, Studierende. So wurde aus dem einst homogenen Land der Deutschen ein – man muss es immer wieder sagen, weil viele Ältere es noch nicht richtig realisiert haben – multinationales, multikulturelles, multireligiöses, multiethnisches Land. Und darum ist es jetzt eben in Deutschland 2021 komplizierter als in Deutschland 1961. Und nicht nur in Deutschland. Ganz Europa ist mittlerweile mehr oder weniger bunt.«[32]

---

31 DIETRICH BONHOEFFER: Zwei Entschließungen der ökumenischen Jugendkonferenz in Fanö vom 22.–28.8.1934, in: Gesammelte Schriften, hg. v. EBERHARD BETHGE, Erster Band, München ²1965, S. 210.

32 PETRA GERSTER / CHRISTIAN NÜRNBERGER: in: Vermintes Gelände. Wie der Krieg um Wörter unsere Gesellschaft verändert. Die Folgen

Es geht also um das Kirche-Sein in einer sehr bunten Bundesrepublik Deutschland.

Diese bunte Republik ist positiv zu sehen. Auch »das Volk« sollte positiv gesehen werden, wie bei Martin Luther, der ihm in der ihm eigentümlichen derben Sprache »aufs Maul« schaute, also darauf, was die Menschen wirklich bewegt und wie sie das zum Ausdruck bringen. Um dort, wo es angebracht ist, zu widersprechen, und nun drücken wir es einmal vornehmer aus, ihm nicht »nach dem Mund zu reden«. Aber erst einmal ist Solidarität mit dem Volk angebracht in der Nachfolge Jesu, den das Volk »jammert« ob des Hungers (Mt 15,32 / Mk 8,2) so wie Gott die Menschen der großen Stadt Ninive jammern, die vom Untergang bedroht ist (Jon 4,11).

Im Roman »Zwischen Welten« von Juli Zeh und Simon Urban, drückt die junge Eva den legitimen Willen des Volkes in bundesdeutscher Wirklichkeit so aus: »Das Volk ist die Vernunft. Das Volk will nicht gendern, es will keine Cancel Culture, keine Lastenfahrräder und keine Pseudoskandale um kulturelle Aneignung oder Mikroaggressionen im Universitätsalltag. Es will auch keine unkontrollierte Zuwanderung, keinen eskalierenden Finanzkapitalismus, keine unsinnigen Gesetze aus Brüssel und keinen Krieg mit Putin. Das Volk will anständigen Lohn für anständige Arbeit, gute Schulen, befahrbare Straßen, bezahlbare Energie, angemessene Renten, eine funktionierende Landwirtschaft. Keine Schnickschnack-Politik, sondern ehrliches Einstehen für das nationale Interesse. Weil sich Wohlstand und Sicherheit eben nur national und nicht global organisieren lassen. Da ist das Volk meistens klüger als die Politiker. Weshalb man der Straße wieder eine Stimme geben muss. So Eva. Natürlich ist es kindisch, der Globalisierung und Brüssel die Schuld

der Identitätspolitik, München 2021, S. 88.

für die Übel der Welt in die Schuhe zu schieben. ›Germany first‹ wird unsere Probleme gewiss nicht lösen. Aber Eva ist halt auch erst Anfang zwanzig. Die Grundidee finde ich trotzdem interessant. Vielleicht müssen wir wirklich wieder anfangen, lautstark die eigenen Interessen zu vertreten. Statt ständig zu moralisieren und so zu tun, als würden wir uns für andere starkmachen …«[33]

Auf unsere Kirche übertragen, könnte das heißen: Das Kirchenvolk ist klüger als die Kirchenleitung. Hier und da gewiss. Wo es unklug ist, muss ihm widersprochen werden.

Nochmals zurück zu Richard Schröder. Hilfreich sind auch seine differenzierten Erläuterungen zur historischen Entwicklung des Begriffs der Nation, beginnend bei der Französischen Revolution, mit der die europäische Moderne ihren Anfang nimmt. In der Befreiung vom Absolutismus wurde *Nation* zu einem staatsrechtlichen Begriff und mit ihm Nation und Freiheit zusammengesehen. Die Napoleonischen Kriege wiederum wurden nicht als Befreiung, sondern als Fremdherrschaft erlebt, und unter diesem Eindruck wurde *Nation* zum Begriff der Herkunft (»natio«), der Vertrautheit der gemeinsamen Sprache, Sitten und Gebräuche, der gemeinsamen Geschichte, kurz: der gemeinsamen Kultur. Später wurde das zum deutschen Wesen überhöht, zur Seelenverfassung als deutschsprachiges Gebiet schlechthin ohne Rücksicht auf Staatsgrenzen. Schließlich brachte dieser Interpretationsstrang unter biologistisch-rassistischer Umdeutung die völkische Bewegung des Nationalsozialismus hervor, die zur Katastrophe führte.[34]

Wegen der schillernden Unbestimmtheit des Begriffes »Volk« sollte man also vielleicht besser von der »Bevölkerung« reden.

---

33 Juli Zeh / Simon Urban: Zwischen Welten, S. 268f.
34 Vgl. Richard Schröder, a. a. O., S. 196–199.

Die Bundesrepublik Deutschland hat heute eine sehr bunte Bevölkerung.

Beim Nachdenken über die Kirche muss die Perspektive von vornherein eine übernationale sein. Es geht um Gottes Volk in allen Völkern. Es geht um die Ökumene. In weltweiter, ökumenischer Perspektive sei an die päpstliche Enzyklika »Mit brennender Sorge« von 1937 erinnert: Kirche als Heimat und Zuflucht für Völker aller Zeiten und Nationen.[35] Unter dieser Perspektive hätte der Wahnsinn des Zweiten Weltkrieges verhindert werden können und müssen.

Mit dem Apostel Paulus gesprochen, entsteht mit der Kirche eine neue übernationale Nation, das Volk des Neuen Bundes, ein geistiges Israel.

Der weltweite Horizont gibt eine Ahnung von der Vielfalt und Buntheit der Kirche Jesu Christi. Und das Schöne an der Volkskirche ist das Befreiende, das darin liegt, dass in diesem ökumenischen Volk jeder das Maß der Nähe oder der Distanz zur Kirche selbst bestimmen kann. Volkskirche als Kirche, die sich an den Jesus-Geschichten des Neuen Testamentes orientiert, öffnet Menschen die Freiheit. Jesus tritt in seinen Begegnungen mit Menschen als Fürsprecher ihrer Freiheit auf. Genau davon erzählen diese Narrative.

---

35 PETER SEEWALD: Benedikt XVI., a. a. O., S. 70.

3. Reformation – das Bewahrenswerte zurückholen und
   erhalten und mit dem notwendigen Neuen fortschrei-
   ben

Eine Feststellung vorweg: Es geht nicht vornehmlich um
Strukturen, sondern in erster Linie um Inhalte. Rudolf
Bohren hat Recht: Auch zur Zeit Luthers gab es Kirchen- und
Klosterreformen, »aber die Reformation geschah nicht durch
die akribische Ausführung eines Reformprogramms, sondern
in einer neuen Erkenntnis Gottes! Theologisch kann sie nur als
Gotteswerk begriffen werden.«[36]

Bezüglich der Struktur von Kirche ist immer wieder an die
Minimaldefinition in den beiden *notae ecclesiae* zu erinnern, wie
sie die Reformation der Kirche im 16. Jahrhundert herausgestellt
hat: die reine Verkündigung des Evangeliums, die rechte Verwaltung der Sakramente.

Die ständige Rede von notwendigen »Veränderungen« ist daher kritisch zu hinterfragen und stets genau zu analysieren. In
solcher Analyse kann man einer subtilen Ideologie auf die Spur
kommen.

Verdächtig wird es immer dann, wenn sich eine Stimmung
entwickelt, in der Widerspruch nicht mehr geduldet wird, kein
Platz mehr für abweichende Meinungen ist, wenn das Gegenar-
gument nicht mehr gehört wird.

Was genau soll sich denn verändern? Diese Frage ist nicht
nur erlaubt, sie ist notwendig. Denn schaut man genauer hin bei
den kirchlichen Verlautbarungen, stellt sich bald der Verdacht
ein, dass sich paradoxerweise eines nicht verändern soll, nämlich
die Macht der Mächtigen. Deshalb werden vordergründig Ver-

---

36 RUDOLF BOHREN: Ekklesiologie, a. a. O., S. 99.

änderungen angestrebt, um die Macht zu erhalten.[37] Das Narrativ von der nötigen Veränderung wird bemüht, um die wirklich notwendige Veränderung gerade zu verhindern.

Die notwendige Reformation der Kirche im 16. Jahrhundert sollte verhindert werden, um die vorhandenen Machtstrukturen zu erhalten. Sie sollte mit aller Macht verhindert werden. Luther wurde bekämpft bis hin zur Vorladung vor Kaiser Karl V. Der Bann wurde über ihn verhängt, er wurde für vogelfrei erklärt.

Die kirchlichen Papiere der letzten Jahrzehnte waren durchgängig um Struktur- und Reformprozesse bemüht, um die Macht der Kirche zu erhalten. Sie waren nicht interessiert an der entscheidenden Frage einer notwendigen Reformation der Kirche an Haupt und Gliedern. In der Folge kam es zur Identitätskrise der Kirche bis hin zu ihrem Identitätsverlust.

Ihre Identität findet die Kirche nur als Kirche Jesu Christi, die sich immer wieder durch Gottes Wort erneuern lässt. So ist sie als »ecclesia semper reformanda« zu verstehen; im Wort der Bibel nimmt die Erneuerung ihren Ausgang und eben nicht in einer Idee oder in einer Agenda, die auf der Tagesordnung der Welt steht. *Semper reformanda* bedeutet Kontinuität, insofern jedes Reformbemühen an die Quelle des Glaubens zurückzubinden ist. Gute Tradition wird erhalten, das Neue wird auf der Höhe der Zeit realisiert.

Allmählich scheint sich in unserer Kirche eine Einsicht einzustellen und hoffentlich auch durchzusetzen, dass sich die in

---

37 »Wenn alles bleiben soll, wie es ist, muss sich alles ändern!« Mit diesem Satz von Giuseppe Tomasi di Lampedusa (1896–1957) garnierte ein Unternehmensberater seinen Zwischenbericht vor der Kreissynode Simmern-Trarbach im Jahr 2016. Der von seinem Unternehmen (»Beratung & Training«) betriebene »Strategieprozess« diente also, wie das Zitat verrät, letztlich nicht der Veränderung, sondern dem Status quo vorhandener Macht.

den letzten Jahren so gefeierten »Zauberworte« als nichtssagend erwiesen haben und erweisen, und jedenfalls als ungeeignet, die Kirche zu erneuern. So lässt ein Satz aus dem LdG-Papier der Evangelischen Kirche im Rheinland hoffen: »Wer die rheinische Debatte seit längerem verfolgt, kennt die verblassenden Zauberworte: Gemeindekonzeptionen, Steuerungsgruppen, Pfarrstellenkonzeption, Personalkonzeption, Sprachfähigkeit im Glauben, leichtes Gepäck, Dienstvereinbarungen über den Pfarrdienst, etc.«[38]

Seit Jahrzehnten befindet sich unsere Kirche im Reformstress, ohne wirklich vorwärtszukommen. Im Gegenteil, sie erstickt an aufwändiger Verwaltung, die durch die Einführung von Doppik und durch Verwaltungsstrukturreformen geradezu gewuchert ist. In der Personalpolitik bezüglich Pfarrerinnen und Pfarrer wurden die Dinge auch immer weiter verkompliziert: Kontrollgespräche mit immer neuen Namen (Zehn-Jahres-Gespräche, Personalentwicklungsgespräche, Zeit-für-das-Wesentliche-Gespräche), das alles unter fortlaufendem Pfarrstellenabbau, dabei Erschwerung des Zugangs zum Pfarrdienst durch Bewerbungs- und Auswahlverfahren in Form von sehr problematischen Assessments.[39] Das Ganze ging einher mit einer Flut von »Papieren«, die kaum gedruckt, schon wieder überholt waren. Die Kirche hat sich in den letzten Jahren, man muss es so hart aussprechen, geradezu zugemüllt mit ihren inflationären Papieren.

38 https://medienpool.ekir.de/A/Medienpool/91743?encoding=UTF-8, LdG, S. 19.

39 Friedhelm Maurer: Auswahl- und Bewerbungsverfahren in der Evangelischen Kirche im Rheinland. Das Pfarrbild, die theologischen Häresien und die Übergriffigkeiten in kirchlichen Casting-Veranstaltungen, in: Kirche der Reformation? Erfahrungen mit dem Reformprozess und die Notwendigkeit der Umkehr, hg. v. Gisela Kittel / Eberhard Mechels, Göttingen 2016, S. 252–267.

Angesichts hoher Austrittszahlen wurde das Heil in Aktionismus gesucht. Ein Aktionismus, der situationsblind an der Wirklichkeit vorbeiging. Dass dieser Wirklichkeitsverlust ein doppelter ist, wurde bereits angedeutet.

So fehlt es in all den angestoßenen und durchgeführten »Struktur- und Reformprozessen« an der Wahrnehmung der Gotteswirklichkeit. Das heißt, es fehlt an Gottesfurcht, die aller Weisheit Anfang ist. Und es fehlt an Wahrnehmung der Realität, der Lebenswirklichkeit der Menschen. Es fehlt an Respekt vor der Freiheit der Menschen, ihrer Eigenverantwortlichkeit und ihrem Recht auf Selbstbestimmung.

Diese tief angelegte Respektlosigkeit zeigt sich meines Erachtens an der Rede vom »Mitnehmen« von Menschen. Allzu selbstverständlich war und ist immer wieder die Rede davon, man habe ja hehre Ziele und nun gelte es nur noch, »die Menschen mitzunehmen«. Doch diese Rede hat etwas Arrogantes und Gönnerhaftes. Wenn auf Synoden davon gesprochen wurde, man müsse jetzt bei den konzipierten und ausgerufenen Reformen die Menschen ja nur »mitnehmen«, so stand dahinter das Kalkül, dass andere noch nicht so weit seien, zu uneinsichtig, vielleicht schlicht zu konservativ, wobei »konservativ« schnell zum Schimpfwort geriet.

Ich habe viele Synoden erlebt. Oft beschlich mich ein ungutes Gefühl, als kämen hier Menschen gleichsam in einer Blase zusammen, in der sie ein Spiel spielten, das sie mit der Wirklichkeit verwechselten. Ja ich hatte den Eindruck, dass sich da Besserwissende und Selbstgerechte wie unter einer Käseglocke versammelten in dem Bewusstsein, die moralisch Überlegenen zu sein, die meinten, auf andere, ja auf die ganze Welt, mit Resolutionen und anderen Verlautbarungen einen Druck ausüben zu dürfen und zu müssen. Bisweilen stellte ich mir vor, so könn-

te auch ein Parteitag wie weiland bei der SED abgelaufen sein:
Deutungshoheit, Konformismus, Gleichschaltungsdruck. Ausschüsse mit ihren Vorlagen hatten in der Regel die Dinge schon
so auf den Weg gebracht, dass man sich auf der Synode nur noch
zum Vollstreckungsorgan des längst Festgezurrten degradiert sah.
Einsprüche wurden abgewiesen mit dem Hinweis, hier sei nicht
der Ort, grundsätzlich zu diskutieren ... Das heißt: Man wurde
als rückschrittlich und den Fortschritt verhindernd ausgebremst
und gebrandmarkt. Erschreckend, abschreckend und abstoßend
dabei die Sprache, die gesprochen wurde. Am extremsten empfand ich die Sprache auf der EKD-Synode 2017 in Bonn, zu der
ich als Gast kam in Vertretung des Verbandsvorsitzenden der
Evangelischen Pfarrvereine in Deutschland: Eine ideologische,
verwaltungstechnische, eine lieblose, ja verhunzte Sprache hörte
ich da, eine Sprache, mit der Menschen höchstwahrscheinlich
sehr schwer anzusprechen sind. Ich sage das so hart, es war so.

Die Kirche begegnet Menschen aber gerade über die Sprache. Die kirchliche Verkündigung trifft dabei in der Volkskirche ständig auf sehr unterschiedliche Lebenswirklichkeiten von
Menschen. Bei den Amtshandlungen, allen voran bei Trauer-
feiern und Beerdigungen, bei Trauungen und Taufen, die auch
von den der Gemeinde Fernerstehenden nachgefragt werden –
überall kommt es zu Begegnungen, bei denen die Sprache eine
große Rolle spielt. Den Menschen muss man mit einer Sprache
begegnen, die sie auch erreicht: mit einer einfachen, liebevollen
und warmherzigen Sprache.

Auch sprachlich kann man ins Abseits geraten, ins Sektiere-
rische. Kirche im Volk aber soll sich nicht abschotten wie eine
Sekte, sondern sich einmischen. Sie ist dabei »missionarisch«,
denn das macht ja das Wesen von Kirche aus: das Evangelium,
die frohe Botschaft, Menschen in ihre Lebenssituationen hinein
zu verkündigen, dabei ihre Freiheit und ihre Selbstbestimmung

zu respektieren. »Volksmission« bleibt daher ein nicht aufgebbarer Begriff, denn der von Jesus gegebene Auftrag zur Verkündigung wird damit angesprochen (Mt 28,19f). »Mission« bleibt notwendig, differenziert in »Innere Mission« im eigenen Land, und Mission in aller Welt, ausgerichtet auf alle Völker in allen Erdteilen.

Das »System Kirche«, wie es sich in den letzten Jahrzehnten so entwickelt hat, braucht dringend wirkliche Reformen im Sinne von »zurück zu den Quellen«. Kirche ist zweifellos kein triviales, sondern ein komplexes System, das anders als ein Naturgesetz funktioniert. Aber gerade in nicht monokausalen Systemen greifen einfache Antworten am besten und korrigieren Fehlentwicklungen besser als an Labortischen ausgedachte »Struktur- und Reformprozesse«, die den Menschen sowohl in seinem natürlichen Beharrungswillen als auch in seiner Kreativität ausblenden. Theologisch betrachtet blenden diese ausgedachten »Struktur-und Reformprozesse« die Wirkung des Heiligen Geistes aus, indem sie ihn für ihre Methodik schlicht nicht zulassen.

Es war in den letzten Jahren ein Irrweg, die Kirche nicht mehr geistlich zu betrachten, sondern als »Organisation«. Der fragwürdige Rat von Unternehmensberatungen wurde eingeholt, die mit Organisationsentwicklung beschäftigt sind. Solche Firmen versprechen viel, verantworten letztlich aber nichts, bekommen viel Geld und sind verschwunden, wenn der Schaden aus ihrer Beratung auch dem letzten deutlich wird. Wenn man versucht, die Kirche auf »Erfolg« auszurichten, »Chancen« auszuloten, blendet man die Gottesfurcht aus. Wenn man aus dem Evangelium ein »Projekt« macht, ein menschliches Machwerk, bei dem Reformer und Organisatoren das Sagen haben, blendet man das Mysterium einer ganz neuen und anderen Wirklichkeit aus, in der die Autorität woanders liegt. Man blendet aus, »dass das Gericht anfängt an dem Hause Gottes« (1.Petrus 4,17), man wird zum »klerikalen homo faber«, der in seiner Macherallüre seine Unbußfertigkeit offenbart.[40]

Was eine Kirche der Reformation auszeichnet und wirklich zur »Kirche der Freiheit« macht, ist die Verkündigung der Rechtfertigung des Menschen »allein aus Glauben«. Martin Luther hat in seinem Studium der Bibel im Römerbrief des Apostels Paulus die Entdeckung von Gottes Gerechtigkeit gemacht. In Gottes Gerechtigkeit liegt die Befreiung des Menschen aus der Selbstgerechtigkeit, die Befreiung des Menschen aus seiner Selbstbezogenheit (»homo incurvatus in se«). Und damit die Befreiung hin zur Gottesbezogenheit und Nächstenbezogenheit.

Es gibt genug Menschen, die gerade diese Wiederentdeckung der bedingungslosen Gnade Gottes für den sündigen Menschen als den wichtigsten Grund nennen, die Mitgliedschaft in dieser Kirche als der Kirche der Reformation zu suchen. Genug Menschen, die aus diesem tiefsten Grund der Kirche treu bleiben. Die diese Predigt der Rechtfertigung allein aus Gnade hören wollen, das Evangelium hören wollen, und eben keine »politische Predigt«, die sich mehr oder weniger einem Zeitgeist anpasst und das Gesetz des moralischen und politischen Aktivismus predigt.

---

40 Vgl. Rudolf Bohren: Ekklesiologie, a. a. O., S. 97.

4. Entideologisierung – der Abschied vom Machen und vom Träumen, die Absage an sozialistische Utopien, die Aufgabe von Gleichheits- und Gerechtigkeitswahn, von Jugend- und Zukunftsfixiertheit, die Abkehr von Digitalisierungs- und Disruptionsphantasien ...

Eine Erneuerung der Kirche kann nur durch das Wirken des Geistes Gottes gelingen. Was wir Menschen leisten können im Sinne einer »theonomen Reziprozität«, ich nehme hier einen Begriff meines Predigtlehrers Rudolf Bohren auf,[41] ist die Entideologisierung von Kirche. Christlicher Glaube gründet sich nicht auf menschliche Ideengebilde, sondern auf Gottes Handeln, Gottes Eintreten in die Welt. Es geht um dieses Ereignis, nicht um eine Theorie.

In den letzten Jahrzehnten hat sich in der Kirche unter anderem auch die Ideologie des Sozialismus ausgebreitet. Wer das offen anspricht und damit Fundamentalkritik äußert, setzt sich natürlich Angriffen und Anfeindungen aus. Historisch betrachtet war das so im Nationalsozialismus des Dritten Reiches wie später im Sozialismus der DDR: Es wurden diejenigen ausgegrenzt und schließlich verfolgt, die es wagten, das jeweilige sozialistische System zu kritisieren.

Wie Richard Schröder schreibt, war Fundamentalkritik in der Diktatur der DDR lebensgefährlich. »Die einen wussten das und vermieden deshalb, solche Fundamentalkritik auszuspre-

---

41 RUDOLF BOHREN: Predigtlehre, München 1980, 4. veränd. u. erw. Auflage, S. 353. Bohren spricht von einer »an Gott orientierten Gegenseitigkeit zwischen dem Heiligen Geist und dem Prediger«, einer »Partnerschaft zwischen Gott und Mensch« (ebd., S. 233). Dabei »bleibt Gott Gott und der Mensch Mensch« (RUDOLF BOHREN: Daß Gott schön werde. Praktische Theologie als theologische Ästhetik, München 1975, S. 69).

chen. Die anderen gingen, oft unbewusst, einen Schritt weiter und vermieden es, das Lebensgefährliche auch nur zu denken. Sie mieden die Anstrengung, das Verkehrte weiter für verkehrt zu halten, weil man es so nicht nennen durfte und nicht ändern konnte. Eine dritte Gruppe, darunter viele Intellektuelle, reduzierte ihre Kritik auf die Formel: ›Die Idee des Sozialismus ist gut, bloß die Durchführung ist schlecht.‹ Das Fatale dieser Position: Sie verstand sich als couragiert und oppositionell – und war doch in Wahrheit systemstabilisierend. Da bis heute manche diese Position vertreten, wird daran erinnert, dass nach 1945 auch eine Mehrheit der Deutschen den Satz bejaht hat: ›Die Idee des Nationalsozialismus war gut, nur die Durchführung schlecht.‹«[42]

Sozialismus gibt es in nationaler und in internationaler Ausprägung. In der sogenannten »Hufeisentheorie« wird angenommen, dass die politischen Extreme von rechts und links viel näher beieinander liegen, als gemeinhin vermutet wird. »Rotbraun« ist eine nicht unerheblich verbreitete Ideologie. Der Philosoph Josef Pieper sah in der Trennung des neuzeitlichen Denkens vom Realismus spiritueller Erkenntnismöglichkeiten den Grund für die Entstehung von Ideologien, die wiederum ein menschengemäßes Leben verhindern.[43]

Der Sozialismus als Ideologie hat einen toxischen Einfluss leider auch in die Kirche gebracht. Es etablierte sich durch ihn auch in der Kirche ein Herrschafts-und Funktionärssystem, das wenig Einwände von außen zulässt. Funktionäre bleiben durch ein Berufungssystem, das in der Kirche stärker ausgebildet ist als das demokratische System, oft genug unter sich. Durch Schulungen in eine ideologisch vorgegebene Richtung stabilisiert sich

42 Richard Schröder, a. a. O., S. 114.
43 Peter Seewald: Benedikt XVI., a. a. O., S. 457.

das System. Nur wer sich systemkonform verhält, hat Chancen, in leitende Ämter zu kommen. Durch Abberufungen unbequemer Geister versteht das System seine Macht zu erhalten.[44] Wir müssen darauf gleich zurückkommen.

Intellektuelle in der Kirche glaubten in der Vergangenheit, und manche glauben es wohl auch noch heute, dass der Sozialismus dem Kapitalismus, der immer nur ungerecht und profitorientiert sein könne, überlegen sei. Dabei wird jede Kritik von außen am real existierenden Sozialismus als revanchistisch eingeschätzt und nicht zugelassen, oder in den eigenen Reihen wird jegliche Kritik unterlassen, sei es aus ideologischer Verblendung, sei es aus arroganter Nachlässigkeit.[45]

Klassenkampf ist im Sozialismus ein Mythos, ein Narrativ, das immer dort greift, wo gesellschaftliche Ungerechtigkeiten groß sind. Hier ist an die Theologie der Befreiung in Lateinamerika zu denken. Es ist an ihre Berechtigung zu denken, zweifellos, aber eben doch auch an ihre Begrenztheit im Hinblick auf ihre innerweltlichen Heilserwartungen, was sie im wahrsten Sinne des Wortes häretisch macht. Jesus ist gerade nicht der politische Rebell. Man darf Theologie nicht politisch instrumentalisieren.

Auffällig ist die in den zurückliegenden Jahrzehnten hervorgetretene politische Parteinahme der Leitungsverantwortlichen in der Evangelischen Kirche für die eher links orientierten Parteien. Die Rede von der »Linkslastigkeit« der Kirche kommt nicht von ungefähr. Oft genug hatte es den Anschein, dass sich exponierte Kirchenvertreter mit einschlägig linken, also sozialistischen Parteiinhalten identifizierten. Manche Kirchenleiter

---

44 Hans Eberhard Dietrich / Friedrich Reitzig: Beiträge zu Wartestand und Ungedeihlichkeit in der evangelischen Kirche, Kornwestheim und Kupferzell 2020.

45 Vgl. Ulrich Woronowicz: Sozialismus als Heilslehre, Bergisch Gladbach 1999.

entschieden sich fast neutral, so mag es erschienen sein, zwischen Politikkarriere und Karriere in der Kirche. Wir reden hier nicht von einer ehrenhaften Sozialdemokratie. Wie die Katholische Kirche immer schon die Nähe der CDU/CSU suchte, so die Evangelische Kirche immer schon die Nähe der SPD. 1993 etwa stand Wolfgang Huber vor der Entscheidung, für die SPD für den Bundestag zu kandidieren, entschied sich aber für das Bischofsamt in der Evangelischen Kirche Berlin-Brandenburg.

Wir reden hier, noch einmal sei es ausdrücklich festgestellt, nicht von einer lobenswerten Sozialdemokratie, sondern von einem Gift, das in der Ideologie des Sozialismus liegt, der vom marxistischen und neomarxistischen Weltbild herkommt. Das Schlimme am Sozialismus ist, dass Menschen im Namen der Befreiung massenhaft gedemütigt werden, ihrer Freiheit, manchmal sogar ihres Lebens, beraubt werden.[46] Am Ende, so zeigt es die Geschichte, schlagen viele sozialistische Aufbrüche in pure Reaktion und Repression um. Es bleiben nur noch die leeren Worthülsen. Es gibt keine Verbesserungen. Unter der Idee des sozialistischen Fortschrittes kann die Rede von der notwendigen Veränderung zur Ideologie werden und Menschen überrumpeln.

Veränderung ist ja zunächst einmal ein positiver Begriff. Veränderung meint, recht verstanden, keineswegs eine Anbiederung an den Zeitgeist, sondern eine notwendige Anpassung in der Weise, dass man in Wechselwirkung tritt mit der jeweiligen Umwelt und des Milieus, auf das das verändernde Handeln eingeht. Bezogen auf unser Thema heißt das: Damit die Verkündigung ihren Adressaten erreicht, muss sie auf das »Volk«, das sich ändert, eingehen. Aber die Kirche muss es so tun, dass sie sich dabei nicht selbst aufgibt mit ihrer Botschaft des Evangeliums. Was sich eben nicht verändern sollte, ist die Lehre, die »heilsame

46 RICHARD SCHRÖDER, a. a. O., S. 136.

Lehre« (2.Tim 4,3), das »gute Bekenntnis« (1.Tim 6,12). Lehre gilt es nicht zu verändern, Lehre gilt es zu vertiefen, um immer mehr zu entdecken, was sie Gutes zum Leben austrägt. Die Tiefe der christliche Lehre ist wohl noch so wenig erforscht wie die Tiefen der Ozeane.

In den kirchlichen Veränderungsprozessen der letzten Jahrzehnte, und das ist wohl der größte Fehler, wird die Kirche vor allem als Organisation gesehen und mit den Werkzeugen der Organisationsentwicklung bearbeitet. Aber diese Sicht greift viel zu kurz: Kirchen und Gemeinden sind, wie etwa Florian Gärtner und Gunter Schmitt zeigen, Organismen vergleichbar. Jede Kirchengemeinde ist ein Organismus, ein komplexes System mit vielen Abhängigkeiten, die das Neue Testament im Bild vom Leib mit den vielen Gliedern ausdrückt. Da helfen keine Werkzeuge der Organisationsentwicklung, sondern die Erkenntnisse der Biologie. Es gelten Gesetzmäßigkeiten der Evolution. Evolution aber »lässt sich nicht planen oder steuern. Evolution findet statt, der Mensch kann sie nicht organisieren, kaum beschleunigen und schon gar nicht verhindern.«[47]

Ein Beispiel von Veränderung, die von außen ins Volk kam, ist die Corona-Krise in den Jahren 2020 bis 2023 gewesen: Das Corona-Virus beschleunigte die kirchliche Veränderungskultur zum Beispiel durch »neue digitale Arbeitsformen, kostensparend, ressourcenschonend, klimafreundlich und effektiv«.[48]

In der Wirtschaft spricht man von Disruption, wenn es um dramatische Veränderungen geht, die etwa bisherige Technologien schnell und vollständig verdrängen und ablösen. Bewähr-

---

47 FLORIAN GÄRTNER / GUNTER SCHMITT: Kirchliche Veränderungskultur – Narrative der Veränderung, in: *Pfälzisches Pfarrerblatt* Nr. 5, Mai 2021, S. 182 und 184.

48 Ebd., S. 184.

tes zerbricht oder zerreißt. Vertrautes geht unwiederbringlich verloren. Hier setzen dann neue Konzepte an, die verlangen, angesichts solcher Disruption bisherige Formen und Formate aufzubrechen. Sie fordern möglicherweise, Kirche nun selbst als »Agentin des Wandels« zu verstehen. Neue Formen in diesem Wandel sind z. B. digitale Personalgemeinden, digitales Abendmahl (nach dem Motto: Wenn Cybermobbing mein Herz verletzen kann, dann kann ein digitales Abendmahl es wieder heilen), digitale Verkündigungsformate.[49]

Bei diesen Veränderungen könne man Ermutigung aus den in der Bibel dargestellten Erzählungen und Bildworten ziehen, wird dann argumentiert. Gewissheit könne man aus der erlebten Vergangenheit ziehen im Sinne von: So war Gott, so ist Gott, so wird Gott sich erweisen. Und zu den Widerständen bei den Veränderungsprozessen bemerken Gärtner/Schmitt: »Sie können zwar nie alle Menschen für die Veränderungen gewinnen und müssen mit bleibendem Widerstand Einzelner rechnen, aber selbst dieser kann im Prozess wichtig und konstruktiv als Friktionsantrieb genutzt werden.«[50] Friktion meint hier, dass man durch Gegenwind Auftrieb gewinnt.

Wenn man solche Sätze liest, bleibt Vorsicht geboten, ob hier das Narrativ von der notwendigen Veränderung nicht, wie es in der sozialistischen Ideologie, geschieht, als Instrument für eine »Transformation« hin zu einem Reich dieser Welt benutzt wird. Ein Reich dieser Welt ist aber mit dem Reich Gottes nicht kompatibel.

Daher gilt auch hier wieder: Am Anfang muss das biblische Zeugnis stehen und nicht eine wie immer geartete Ideologie, die sich für ihre Zwecke passender Narrative bedient. Wobei

49 Ebd., S. 186.
50 Ebd.

hier auch noch der Missbrauch der Bibel und ihrer Narrative droht. Wo er geschieht, darf man mit Fug und Recht von Häresie sprechen. Solche Häresie könnte sich zum Beispiel im bereits zitierten Aufsatz von Florian Gärtner und Gunter Schmitt »Kirchliche Veränderungskultur – Narrative der Veränderung« andeuten, wenn so begonnen wird: »Die Notwendigkeit: Veränderungen brauchen Erzählungen. Veränderung braucht ein Narrativ, soll sie motivierend kommuniziert werden.«[51]

Wird nicht schon seit Jahrzehnten in den kirchlichen Struktur- und Veränderungsprozessen ein Narrativ gepflegt, das da heißt: »Die Furcht vor Veränderungen sitzt tief«? Solche Allgemeinplätze werden ständig wiederholt: »Das Leben ist Veränderung. Jeder Mensch verändert sich. Nur was sich verändert lebt«[52] Als Beleg führen die Autoren an, dass für das alttestamentliche Volk Israel die Erzählung vom Auszug aus Ägypten das Ur-Narrativ sei, das Identität stifte und in der weiteren Geschichte immer wieder vergewissert werde, die Herausführung aus der Sklaverei, die Geschichte der Befreiung. Für das neutestamentliche Gottesvolk gelte das Narrativ vom wandernden Gottesvolk weiterhin, es sei in die Verheißung einbezogen worden. Es sind die Narrative von Exodus und Reich Gottes, der künftigen Heimat im Himmel.

Problematisch dabei ist, dass Exodus und Reich Gottes hier leichtfertig mit den Veränderungsprozessen der laufenden kirchlichen Reformbemühungen assoziiert werden und etwas überheblich formuliert wird: »Nicht alle werden mitgenommen werden können, es gibt stabile Verweigerer, wie die ›Murrgeschichten‹ des Exodus zeigen«. Und wenn leichtfertig die Inflation neuer Narrative betrieben wird: »Ein neu zu formulie-

---

51 Ebd., S. 177.
52 Ebd., S. 178.

rendes Narrativ, etwa für eine konkrete Gemeinde oder Region im Veränderungsprozess, nimmt die eigene Geschichte auf und ernst und zeigt auf diesem Hintergrund einen Weg in die Zukunft, ein Slogan oder Motto, einleuchtend, behaltbar, leicht kommunizierbar.«[53]

Die Autoren scheinen trotz der »retardierenden Momente« nicht angefochten zu sein. Unter diesen retardierenden Momenten verstehen sie: 1. die Rede von der Veränderung ist problematisch geworden, die Welt wirkt wie ein einziges Durcheinander von Veränderungen, 2. die Rede vom Narrativ der Veränderung betont zu stark menschliche Aktivität, vgl. Mk 4,26ff, 3. im Wind der Veränderung kann auch das weggeweht werden, was Grundlage und Identität unserer Kirche ausmacht. Immerhin sind das doch gewichtige Einwände. Aber ihr Credo bleibt und lautet:»Die grundsätzliche Frage ist nicht: Was darf sich verändern, ohne damit Wesen und Auftrag der Kirche anzutasten? Sondern: Was muss sich immer wieder verändern, damit Wesen und Auftrag der Kirche überhaupt erhalten bleiben?«[54]

Deutlicher als durch dieses »muss«, im Sinne von: »muss« sich verändern, kann die Gesetzlichkeit nicht zum Ausdruck kommen, die die kirchlichen Strukturveränderungsprozesse durch die letzten Jahrzehnte hindurch bestimmt. Das Evangelium aber verträgt solche Gesetzlichkeit nicht, denn Evangelium ist das Gegenteil von Gesetzlichkeit.

Von dem Papier der Organisationsentwickler im Kirchenkreis Simmern-Trarbach war hier schon die Rede. Es sei noch einmal daran erinnert, besonders an das entlarvende Zitat von Giuseppe Tomasi di Lampedusa:»Wenn alles bleiben soll, wie es ist, muss sich alles ändern.«

53 Ebd., S. 179.
54 Ebd., S. 180.

Die Veränderungsprozesse der letzten Jahrzehnte haben längst das Wesen und den Auftrag der Kirche ins Mark getroffen, nicht nur angetastet. Das zeigt sich bis hinein in neue Gemeindenamen, die keine biblischen oder kirchengeschichtlichen Zeugen mehr als Namensgeber haben, sondern sehr weltlich und funktional daherkommen: »Soonblick« und »Zehn Türme«, so heißen neue, fusionierte Kirchengemeinden auf dem Hunsrück. Nomen est omen, heißt es, hier klingen die neuen Namen nach der Lage eines Seniorenheimes am Fuße des Soonwaldes einerseits und nach einer neuen Episode des Romans »Herr der Ringe« andererseits, aber nicht nach Kirche.

Eine weitere Form der Ideologisierung von Kirche drückt sich meines Erachtens in »Träumen und Visionen« von Kirche aus. Die gemeinde akademie gibt zu ihrem 50. Jubiläum »Impulse zur Kirchenentwicklung« [...] »Zukunft: offen« dafür exemplarisch einen Beleg, ein anschauliches Beispiel. Der erste Impuls in der Veranstaltungs-Reihe kommt von der Professorin der Praktischen Theologie an der Universität Kiel, Uta Pohl-Patalong: »Kirche gestalten«[55]. Digital werde das Unternehmen betrieben, so sagt einleitend die Akademie-Direktorin Susanne Schatz, »heute miteinander Kirche zu entwickeln«. Es wird gearbeitet an der zukünftigen Gestalt der Kirche, zukunftsoffen ... Frau Pohl-Patalong soll »den ersten Aufschlag machen«. Die Rede ist von Strukturdebatten, von Vision, von ständigen Herausforderungen durch konkrete Fragen der Praxis. Davon, diese wiederum wissenschaftlich-theologisch aufzuarbeiten und wieder zurückzuspielen an die Praxis, ist die Rede und von der Zukunftsaufgabe: Kirche muss sich verändern und umgestalten. Die Akademiedirektorin

---

55 17.1.2022, abrufbar auf youtube https://www.youtube.com/watch?v=u2DhOzx9r-0.

fährt fort,»ich lese bei Ihnen, ich zitiere«:»Die Problemlagen sind erkannt, auch das Bewusstsein, dass Handlungsbedarf besteht, hat sich weitgehend durchgesetzt, Analysen der Situation der Gesamtkirche und der Situation vor Ort wurden vorgenommen, Leitlinien und -bilder diskutiert, Gremien und Ausschüsse gebildet, diverse Reformmaßnahmen sind bereits beschlossen, eingeleitet und zum Teil umgesetzt worden. Diese bewegen sich aber sehr oft im Rahmen der bisherigen Strukturen und Organisationsformen, die in Zeiten entstanden sind, die sich sowohl finanziell als auch inhaltlich von der Gegenwart deutlich unterscheiden.« Dieses Zitat, räumt Frau Schatz ein, stamme aus dem Jahr 2004, es sei aber wesentlich aktueller als die Jahreszahl … Für heute, so fährt sie fort, werde uns Frau Pohl-Patalong »aus dieser Denkbox, aus dieser Enge des Denkens, ein Stück weit herausführen, wir werden miteinander heraustreten [...] Die Fragestellung, die wir im Vorfeld miteinander überlegt haben, war ja: Wie würden wir Kirche denken und tun, würden wir nicht von den vorhandenen Strukturen her denken und handeln, sondern kreativ und konstruktiv und konsequent vom Auftrag her? [...] Dass Sie uns da hineinlocken in diese Perspektive, darauf freue ich mich sehr … Und jetzt das Wort an Sie: Holen Sie uns heraus aus der Denkbox, Frau Pohl-Patalong!«[56]

Es ist einen Test wert, wie diese Einleitung des Vortrags und dann dieser gutgemeinte Vortrag selbst bei Menschen ankommen, die mitten im Leben stehen. Machen Sie einmal den Test! Ich habe ihn gemacht und einige Personen gefragt. Ergebnis: Viele »nervte«, so wörtlich, bereits die Einleitung mit den »typisch kirchlichen Schlagworten, die nichts aussagen«, so sehr, dass sie den Vortrag schon nicht mehr hören wollten …

56 https://www.youtube.com/watch?v=u2DhOzx9r-o.

Es fiel schwer zuzuhören; so beschrieben bei meiner Nachfrage viele die Wirkung solcher Worte auf sie, die meisten »schalteten ab« und hielten die »neue schöne (Kirchen-)Welt« nicht bis zum Ende durch, erlebten das Gehörte als »Blablabla«. Offensichtlich gelingt es den »Kirche«-Schaffenden nicht, das »Volk« zu verstehen, dem »Volk aufs Maul« zu schauen, wie es bei Martin Luther drastisch heißt.

Die Professorin der Praktischen Theologie entfaltet ein verschachteltes, sehr komplexes System, dessen »Umsetzung« sich wohl nur mit hohem administrativen Aufwand steuern ließe, wobei solche Steuerung gewiss ein Machtgefälle hervorrufen wird. Es ist zu vermuten: All die hier beschworenen Veränderungen werden letztlich nur bewirken, dass sich vorhandene Macht – ganz im Sinne von Lampedusa – stabilisiert.

So wird weiter lustig oder weniger lustig in Struktur- und Reformprozessen gewerkelt, schwadroniert, gespielt und geträumt, oft an Beschäftigung im Kindergarten erinnernd. Kirche wird zur Knetmasse, mit Ergebnissen, die wenig Kunst, aber reichlich Kitsch generieren.

Vom 3.–5.6.2022 fand in Solingen »eine große Kirchenwerkstatt« statt: »An elf Orten über die Stadt verteilt wird an der Kirche für morgen gebaut – mal mit biographischem, mal gesellschaftlichem, mal mit kirchlichem Schwerpunkt. Aber immer so, dass es auf das ankommt, was die Teilnehmenden mitbringen. Ideen, Kritik, Neugier, Begeisterung! Sagen Sie uns, was die Kirche Ihrer Meinung nach hören müsste – und bauen Sie mit an einer Gestalt der Kirche, die in unsere Zeit passt!«, stand wörtlich in der Einladung.

Aus »Denkboxen« herausführen wollte wohl auch ein »Workshop-Tag«, zu dem am 9.7.2022 im Kirchenkreis Simmern-Trarbach eingeladen wurde, der unter dem bezeichnenden Titel stand: »Kirche weiter träumen«. Die Teilnehmenden sollen

Gelegenheit haben, »das Leben unserer Kirche in Zukunft ›weiter zu träumen‹ und erste konkrete Schritte einer Umsetzung zu gehen‹. Träume sollen »umgesetzt« werden. Auf einem Pfarrkonvent Pfarramt-Kirchenmusik-Gemeindepädagogik am 9.2.2023 wurden die Ergebnisse der AG Zukunft Simmern-Trarbach vorgestellt mit den zwei möglichen Szenarien, die zukünftig engere Kooperation im Kirchenkreis zu gestalten: In Form von vier Gesamtgemeinden oder in Form eines Kooperationsraums. Die Teilnehmenden wurden gebeten, sich auf einer gedachten Linie zu positionieren … Die Weiterarbeit geschah in einem strukturierten Dialog zu den drei Fragen: »Was darf auf keinen Fall passieren, wenn wir einen Koop-Raum bilden?«, 2. »Unsere kühnsten Träume, was in einem Kooperationsraum möglich sein wird …« und 3. »Konkrete Ideen für die Gestaltung und womit fangen wir morgen an?« Die Antworten auf diese Fragen wurden dokumentiert auf 96 Zetteln. Nach der Auswertung der Dialogrunden, so heißt es, wurde ein intensiver Austausch geführt, und es habe viele verschiedene Anregungen und Aspekte für die Weiterarbeit der AG Zukunft Simmern-Trarbach gegeben. Festgehalten wurde u. a. unter 15 Punkten: »Wie genau soll die regionale Zuordnung organisiert werden?«, »Die AG möge eine Meilensteinplanung (Zeitschiene) erstellen«, »Unbedingt auf die Identitätsbildung der Gemeinden achten!«, »Gemeindemanagement bedarfsorientiert anlegen: Nicht alle Ehrenamtlichen brauchen Entlastung, manche wollen gern ihre Kompetenz einbringen!«, »Es braucht eine professionelle Begleitung der Umsetzung, Ansprechmöglichkeit, Coaching …«, »Möglicherweise gibt es bei 4 Gesamtgemeinden ein geringeres Risiko«, »Multiprofessionalität ist in der Zukunft alternativlos!«, ›Wir wurschteln in alten Strukturen – wie wäre es, mal ganz neu zu denken?«, »Strukturen, die uns vertraut sind, tragen nicht mehr in Zukunft, Kirche muss sich komplett neu ausrichten, das gilt auch für die Landeskirche«, »Es muss gelingen, den Spannungsbogen zwischen Gaben- und Professionsorientierung konstruktiv zu gestalten«, »In der Aufbauphase des neuen Systems ist mehr Leitung notwendig«…

Schließlich wurden folgende Verabredungen getroffen: »Die Konferenz am 10.03. soll nur mit Presbyter*innen stattfinden. Dokumentation und Präsentation zum 09.02. werden erst nach dem Treffen am 10.03. verschickt, damit alle auf dem gleichen Informations-Stand sind. Nach dem 10.03. soll eine transparente Kommunikationsmöglichkeit für alle eingerichtet werden (z. B. virtuelle Plattform).«

Das Treffen der Presbyterinnen und Presbyter an jenem 10. März 2023, so wurde mir erzählt, wurde »hochprofessionell geleitet«, strukturiert mit Gruppenbildung, Gruppenarbeit, Wechsel der Tische, Sammlung der Ergebnisse usw. Am Ende las die Leiterin die auf Zettel geschriebenen Antworten vor und forderte auf, immer dann, wenn eine entsprechende Antwort auch an einem anderen Tisch gefunden wurde, »Bingo« zu rufen…

Nicht alle Presbyterinnen und Presbyter waren allerdings von diesem Abend begeistert, andere schon, die sich im übrigen darüber mokierten, dass es im Kirchenkreis, ach, wie schlimm, noch »gallische Dörfer« gäbe, die sich auf den Weg des Kirchenkreises »nicht mitnehmen« ließen…

Das waren nur ein paar Beispiele von unzähligen Angeboten solcher Art. Man bewegt sich in seinen Kreisen, man bewegt sich in der eigenen Sprache von Kirchenkreis oder Evangelischer Akademie. Schon vor vierzig Jahren erkannte der 2022 im Alter von 97 Jahren verstorbene Journalist und Sprachkritiker Wolf Schneider den »Jargon der Evangelischen Akademien« und spottete über die Rede von den »Denkanstössen«[57]. Man stößt viel

---

57 Wolf Schneider: Deutsch für Profis, Hamburg 192, S. 209.

an, denkt aber nicht zuende. Man macht noch nicht einmal den Versuch, die Dinge in ihren komplexen Zusammenhängen zu Ende zu denken. Ja, man ist sich letztlich selbst genug. Von daher wundert es nicht, dass viele kirchliche Verlautbarungen selbstreferentiell sind. Man verliert sich im Träumen, im Werkeln und im Debattieren über sich selbst. Man arbeitet, zweifellos. Aber was ist, reibt man sich die Augen am Ende des Träumens, das Ergebnis?

Das Ganze hat etwas von der Tragik des Turmbaus zu Babel (Gen 11,1–9); der Turm wurde nie fertig, das absurde Bemühen endete in Sprachverwirrung und Zerstreuung.

Ein weiteres. Zur notwendigen Entideologisierung gehört auch, sich von der Zukunftsfixierung befreien zu lassen. Wie oft geht es in den Reformpapieren um Formulierungen wie: Man müsse die Kirche »zukunftsfähig« machen, »die Jugend sei die Zukunft der Kirche« u. ä. m.

In seinem neuen Roman »Vernichten« schreibt Michel Houellebecq: »In allen früheren Zivilisationen beruhte die Wertschätzung oder gar die Bewunderung, die man einem Menschen beimaß, das, was ermöglichte, seinen Wert zu beurteilen, auf der Art und Weise, wie er sich sein Leben lang tatsächlich verhalten hatte; selbst die bürgerliche Ehrbarkeit wurde nur auf Vertrauensbasis und vorläufig zugestanden, danach musste man sie sich durch lebenslange Redlichkeit verdienen. Indem wir dem Leben eines Kindes einen höheren Wert beimessen – ohne zu wissen, was aus ihm wird, ob es klug oder dumm, ein Genie, ein Verbrecher oder ein Heiliger werden wird –, leugnen wir den Wert unseres tatsächlichen Handelns. Unsere heldenhaften oder noblen Taten, alles, was wir erreicht haben, unsere Errungenschaften, unser Schaffen, all das hat in den Augen der Welt – und dann sehr bald auch in unseren eigenen Augen – keinen Wert. So entziehen wir dem Leben jeden An-

sporn und jeden Sinn; genau das ist es, was man als Nihilismus
bezeichnet. Die Vergangenheit und die Gegenwart zugunsten
der Zukunft abzuwerten, das Reale zugunsten einer in einer
unbestimmten Zukunft verorteten Virtualität abzuwerten, das
sind weitaus entscheidendere Symptome des europäischen Nihilismus als alle, die Nietzsche je aufzeigen konnte – genauer
gesagt müsste man jetzt vom abendländischen Nihilismus oder
gar vom modernen Nihilismus reden ...«[58]

Und schließlich noch ein Punkt, in dem es auch um Entideologisierung geht, mit dem ich zu dem nächsten Kapitel
überleiten möchte, das unbedingt in einer Kirche der Reformation bearbeitet werden muss: Gerechtigkeit und Recht.

Die Kirche scheint bemüht um Gerechtigkeit ohne Ende.
Nachdem sie vor Jahren den konziliaren Prozess für Gerechtigkeit, Frieden und Bewahrung der Schöpfung ausgerufen und auf
den Weg gebracht hat, kümmert sie sich nun auch immer mehr
um »gerechte Sprache«. Die Bibel wird »in gerechter Sprache«
übersetzt, alle Texte kirchlicher Verlautbarungen sind gender-
recht, inklusiv, absolut korrekt.

Wobei man hierbei Gefahr läuft, im Übereifer vielleicht
dann doch zu weit zu gehen, in einen neuen Ungeist der Zeit
zu geraten, nämlich zu einer übersteigerten *political correctness*
zu kommen, eine *cancel culture* zu betreiben und eine Verab-
solutierung der Betroffenenperspektive vorzunehmen. Dabei
gehen schnell Wissenschaftlichkeit und Objektivität verloren.
Bestimmte Gruppierungen in der Kirche versuchen auf diesem
Weg die Welt nach ihren ideologischen und subjektiv begrenzten Vorstellungen zu verändern, wobei andere Sichtweisen vor-
eilig oder im Zweifelsfall als Diskriminierung von Minderheiten
diffamiert werden.

58 MICHEL HOUELLEBECQ: Vernichten. Roman, S. 379.

Leider leidet der Evangelische Kirchentag, der doch ein rundum schönes, buntes Kirchenfest sein könnte, seit Jahren unter Ausgrenzung anderer Gruppierungen wie Lebensschützer, messianische Juden u. a., so dass von einer wirklich offenen Streitkultur mit von der Gesellschaft ernst genommenen Impulsen nicht die Rede sein kann.[59] In der Metapher vom Salz ist die notwendige Begrenzung, die Selbstbegrenzung unserer menschlichen Sichtweisen wie auch die Selbstbegrenzung der Kirche gegenüber der Welt enthalten: Zu viel Salz ist schädlich. Das Gutgemeinte ist ein »zu viel des Guten«... Das Natrium im Salz verändert den Stoffwechsel. Ein »Versalzen« erhöht den Blutdruck, verschlechtert die Durchblutung des Gehirns, vermindert die Qualität des Schlafes und steigert das Risiko von Fettanlagerung im Körper. Salz wirkt aber auch antibakteriell. Es hat konservierende Wirkung, so dass Nahrungsmittel nicht verderben. Äußerlich angewandt, verbessert Salz die Mikrozirkulation der Haut und aktiviert den Hautstoffwechsel: Über den osmotischen Ausgleich kann die Haut dabei Giftstoffe abgeben und Mineralstoffe aufnehmen. Das nur andeutungsweise, welche Implikationen das Narrativ vom Salz enthält...

Aber eben alles in der richtigen Dosierung – das heißt: Unsere Maßstäbe und Meinungen, die Welt, nicht zur Kirche machen wollen.

59 Vgl. DAVID WENGENROTH: Die Lebenslügen des Kirchentages, in: IDEA Nr. 24 vom 14.6.2023, S. 16f.

5. Recht – Von Unrechtsparagraphen in der Kirche und dem Ziel der Gerechtigkeit der Bergpredigt als der »besseren Gerechtigkeit«

Der Schaden in der Kirche liegt in ihrem Umgang mit dem Recht. Darin ist sie vergleichbar einem Staatswesen, in dem wenig Rechtsstaatlichkeit herrscht. Auch hier kann uns wiederum die scharfsichtige Analyse von Richard Schröder helfen mit dem, was er zum Unrechtsstaat DDR gesagt hat: »Wo Macht vor Recht geht, und zwar nicht nur öfter tatsächlich, sondern grundsätzlich und erklärtermaßen, da haben wir es mit einem Unrechtsstaat zu tun.«[60]

In Analogie schließe ich auf eine »Unrechtskirche«. Aufgrund meiner über zwanzigjährigen Erfahrungen im Pfarrverein, wo wir uns über die Jahre mit unsäglichen Mobbingfällen befassen mussten und mit Gesetzen im Pfarrdienstgesetz, die den Pfarrer oder die Pfarrerin eben nicht in hinreichendem Maße schützten, muss ich zu der Feststellung kommen, dass die Kirche oft dabei das Bild einer Unrechtskirche geboten hat. Sie hat zu wenig gelernt aus der Geschichte, namentlich aus dem Kirchenkampf, zu wenig gelernt etwa aus ihrem Versagen im Falle des Bekenntnispfarrers Paul Schneider. Mit dem Ungedeihlichkeitsparagraphen im Pfarrdienstrecht ebnete sie der Willkür Tor und Tür und schützte weder konkret Pfarrerinnen und Pfarrer noch generell die Unabhängigkeit der Verkündigung des Evangeliums. Ich habe das ausführlich nachgewiesen in meinem Aufsatz »Gesetze fallen nicht vom Himmel« in dem Buch von Hans-Eberhard Dietrich: Geschichte der Versetzung von Geistlichen gegen ihren Willen.[61]

---

60 RICHARD SCHRÖDER, a. a. O., S. 137.

61 FRIEDHELM MAURER: Gesetze fallen nicht vom Himmel, in: HANS

In seinem Aufsatz »Die Konsequenzen tragen die Opfer.
Mobbing und Unrecht in Kirche und Diakonie« weist Hans-
Gerd Krabbe nachdrücklich auf eine noch nicht erledigte Auf-
gabe in der Kirche hin, Unrechtsparagraphen, die noch aus der
NS-Zeit herrühren, endlich aus dem geltenden Gesetz zu ent-
fernen:

> »Im Jahre 1953 wurde das Deutsche Beamtengesetz von 1937
> mit den seiner Rechtstradition widersprechenden Paragraphen
> außer Kraft gesetzt – die Landeskirchen dagegen behielten diese
> Rechtsmittel auch nach 1945 bei, seit 2010 gelten sie nunmehr
> für alle Landeskirchen im Bereich der BRD. Wäre es nicht an
> der Zeit, diese Praxis grundlegend zu überdenken? Wäre dies
> nicht Aufgabe der EKD-Synode?«[62]

Ein weites Feld ist die Mobbing-Problematik in der Kirche.
Die emeritierte Theologieprofessorin Gisela Kittel, die auch wie
Hans-Gerd Krabbe bei D.A.V.I.D engagiert ist, einem eingetra-
genen Verein, der Rechtsberatung und Unterstützung für Mob-
bingopfer in der Evangelischen Kirche anbietet,[63] schreibt mir in
ihrer E-Mail vom 31.12.2022:

> »Gerade kirchlich angestellte Mitarbeiter werden doch auch
> zu häufig zu Mobbing-Opfern. Woran liegt das? Ich meine da-
> ran, dass es in der Kirche keine Rechtskultur gibt, keine Ach-
> tung vor dem Recht. Man meint ja, dass unser Prinzip einzig
> die Liebe sei. Aber wie gerade daraus Willkür erwächst und
> undurchschaubare Willkürhandlungen erfolgen, denen gegen-
> über es kaum Rechtsmittel gibt, erleben wir ja so oft. Es ist also

---

EBERHARD DIETRICH: Geschichte der Versetzung von Geistlichen gegen ihren Willen, Herne 2022, S. 408–447, bes. S. 426ff.

62 HANS-GERD KRABBE: Die Konsequenzen tragen die Opfer, in: *Deut-
    sches Pfarrblatt* 7 / 2022, S. 405.

63 https://www.david-gegen-mobbing.de/

auch hier grundsätzlich das Verhältnis von Staat und Kirche angefragt.«[64]

Recht in der Kirche kann nicht das eigenmächtig gesetzte Recht sein, sondern in Demut muss das Maß aller Dinge der Respekt vor dem anderen Menschen sein, Respekt vor der ihm von Gott beigelegten Gottebenbildlichkeit und Freiheit. Auch für kirchliche Gesetzgebung gilt, dass die Gottesfurcht der Weisheit Anfang ist. Der Alttestamentler Hans Walter Wolff hat herausgearbeitet, dass Gottesfurcht Achtung vor der Freiheit und Bindung des Anderen, des Fremden ist, Respekt vor dem Recht, Gehorsam gegenüber dem Schutzwillen Gottes, Garantie des verlässlichen Wortes unter Menschen.[65]

Gottesfurcht heißt für die Gesetzgebung und für die Rechtsprechung in der Kirche:»das Wissen des Menschen um seine Gebundenheit an Gott, insbesondere seine Verpflichtung gegenüber dem göttlichen Willen«[66]. Bei allem, was wir formulieren und tun, muss auch hier die Frage lauten: Was würde Jesus dazu sagen?

Dazu noch einmal der Hinweis auf das Buch, das mit tatkräftiger Unterstützung des Evangelischen Pfarrvereins im Rheinland erschienen ist:»Geschichte der Versetzung von Geistlichen gegen ihren Willen« von Hans-Eberhard Dietrich. Nach mehr als einem Jahrzehnt seit der Neufassung des Pfarrdienstgesetzes auf EKD-Ebene (2010) wird darin das Thema»Ungedeihlichkeit« bzw.»nachhaltige Störung« wieder aufgenommen, das Hans-Eberhard Dietrich bereits seit Jahren immer wieder in verschiedenen Aufsätzen im Deutschen Pfarrerinnen- und Pfarrer-

64 Gisela Kittel, E-Mail an Friedhelm Maurer vom 31.12.2022.

65 HANS WALTER WOLFF: Zur Thematik der elohistischen Fragmente im Pentateuch, S. 63ff.

66 GERHARD VON RAD: Weisheit in Israel, S. 313.

blatt angesprochen hatte, jetzt in der Gesamtschau, beginnend in der Reformationszeit. Mein Aufsatz in diesem Buch beschäftigt sich, wie eben angedeutet, vor allem mit der Rolle, die die Kirchenleitungen der Evangelischen Kirche im Rheinland in der Geschichte des Abberufungsparagraphen im Pfarrdienstrecht gespielt haben – vom Fall des Bekenntnispfarrers Paul Schneider in nationalsozialistischer Zeit angefangen bis hin zur Einführung des neuen Abberufungsparagraphen 84 (2) im Dienstrecht der EKU Mitte der 90er Jahre. Die Initiative zu dieser Neuregelung, die ich als einen Dammbruch für die Unabhängigkeit im Pfarramt erachte, kam aus dem Rheinland. Gesetze fallen nicht vom Himmel, sie werden gemacht, leider oft aus kirchenpolitischen, um nicht zu sagen: machtpolitschen Motiven heraus. Motive für eine Gesetzgebung müssen aber stets theologisch und damit kritisch hinterfragt werden.

Viele, die heute Gesetze machen und Verordnungen auf den Weg bringen, instrumentalisieren die Gesetzgebung für die Durchsetzung von Interessen. Bis ins Detail versucht man, zu steuern. Doch diese Reglementierungswut verletzt das hohe Gut, das eben auch Teil der Würde des Menschen ist: die Freiheit.

Wie aber heißt doch der stärkste Satz unseres Grundgesetzes: »Die Würde des Menschen ist unantastbar.« Und dazu gehört unbedingt auch der Satz, der in Artikel 1 (1) direkt dahinter steht: »Sie zu achten und zu schützen ist Verpflichtung aller staatlichen Gewalt.« Es versteht sich von selbst, dass dies auch in der Kirche gilt und dass sie das, was der Staat in Artikel 1 (2) als Bekenntnis formuliert, auch für ihren Bereich anerkennt, man braucht das Wort »das deutsche Volk« nur durch Kirche zu ersetzen: »Die Kirche bekennt sich darum zu unverletzlichen und unveräußerlichen Menschenrechten als Grundlage jeder menschlichen Gemeinschaft, des Friedens und der Gerechtigkeit in der Welt.«

Will die Kirche in der Gesellschaft ernst genommen und geachtet werden, muss sie ihre kirchliche Gesetzgebung im Rahmen dieser für alle geltenden Grundrechte gestalten. Das Prinzip der Gewaltenteilung, das im demokratischen Rechtsstaat eine bedeutende Rolle spielt, ist in der Kirche wahrlich noch nicht überall etabliert. Vor allem in den Leitungsstrukturen muss es verwirklicht werden. Die Kirche steht leider immer noch im Erbe einer Kirche, die einst Montesquieus Gedanken der Gewaltenteilung ablehnte, einer Kirche, die das Buch verbot, in dem er erstmals diese Gedanken entwickelte. Charles-Louis de Secondat, Baron de Montesquieu, französischer Staatstheoretiker und Philosoph, hat im 18. Jahrhundert mit seiner Lehre von der Gewaltenteilung die Grundlage der modernen Demokratie geschaffen. Sein Buch »De l'esprit des lois«, »Vom Geist der Gesetze«, wurde von der Kirche verboten. In diesem Buch wird als Voraussetzung von Freiheit die richterliche Gewalt von der gesetzgebenden und von der vollziehenden getrennt gesehen und damit zum ersten Mal die »Gewaltenteilung« beschrieben, obwohl das Wort als solches in dieser Schrift noch nicht vorkommt. Die Kirche verbot diese neue Sicht der Dinge, weil sie Machtverlust befürchtete. Gleichwohl konnte der Sieg der Freiheit nicht mehr aufgehalten werden.[67]

»Struktur- und Reformprozesse« in der Kirche scheinen oftmals von einer Doktrin geleitet: Es gibt Fachleute, die wissen, wie man was »umsetzt«. Die Fachkundigen leiten die anderen an, und wer sich weigert, fliegt raus; so geschieht das nach Richard Schröder auch beim Aufbau des Sozialismus. Recht wird dabei nicht als Ermöglichung der Freiheit, sondern als Machtmittel der herrschenden Klasse verstanden. Für die Projekte werden alle Kräfte organisiert und zentral geleitet. Machtbegren-

---

67 FERDINAND VON SCHIRACH / ALEXANDER KLUGE: Trotzdem, S. 33f.

zung erscheint dabei kontraproduktiv. Die SED, die glaubte,
das Menschheitsziel zu kennen, lehnte die Gewaltenteilung als
bürgerliches Prinzip ab.[68]

Tragisch und gefährlich ist, dass man sich legitimiert fühlt.
Mit den Struktur- und Reformprozessen wird den Gemeinden
Befreiung versprochen. Da drängt sich die Erinnerung an sozialistische Ideologie auf: Im Sozialismus gelingt es immer wieder
ob des erhaben klingenden Zieles, Menschen zu motivieren,
manchmal auch im Kollektiv zu begeistern. Doch mit dem erha-
benen Ziel und der zu dessen Erreichen einhergehenden Gleich-
schaltung geht leider auch die Rechtfertigung einer manifesten
Rechtsverachtung einher.

Ein Beispiel dafür ist, wie kleine selbständige Gemeinden zu
Fusionen gezwungen werden. Rechtsverachtung führt immer zur
Gewalt, die mit Nötigungen beginnt. Ich präge dafür, durchaus
provokativ, den Begriff der »strukturalisierten Gewalt«. Ich tue
es angesichts der Diskussion über die Übergriffe in der Kirche
gegenüber sexueller Selbstbestimmung von Menschen, in der
mit Recht von »sexualisierter Gewalt« gesprochen wird.

Neben der römisch-katholischen Kirche ist auch die evangelische Kirche durch die vielen Fälle sexualisierter Gewalt in
eine Missbrauchskrise geraten. Die wegen politischer Einsei-
tigkeiten und anderer Enttäuschungen schon lange anhaltende
Vertrauenskrise gegenüber der Kirche hat sich durch das Be-
kanntwerden des ganzen Ausmaßes von Missbrauch dramatisch
verschärft.

Machtmissbrauch und Gewalt gibt es leider auch in der Kirche. Das ist entsetzlich, beschämend, unsäglich. Es wirkt nicht
nur der gute Geist Gottes, sondern auch der Eigenwille und der
Machtwille von Menschen.

---

68 Richard Schröder, a. a. O., S. 135.

Hinter synodalen Entscheidungen steht oft genug weniger der Glaube an die Leitung und Wirkung des Heiligen Geistes als an die Souveränität der Delegierten-Mehrheit. Und das selbst für eine Demokratie wichtigste Element der Machtkontrolle ist in der Kirche noch nicht voll ausgebildet. Grundrechte müssen wohl immer wieder durch prophetische Stimmen eingeklagt werden. Es gibt nur eine bedingte, keine wirklich entwickelte kirchliche Verfassungsgerichtsbarkeit. Eine Verfassungsgerichtsbarkeit aber ist ein notwendiges Instrument zur Durchsetzung einer konsequenten Gewaltenteilung. Ohne Verfassungsgerichtsbarkeit können in der Kirche letztlich Synoden machen, was sie wollen. Unvergesslich bleibt mir der Auftritt eines Oberkirchenrates mit seinem apodiktischen Votum in einer Vorbesprechung zur Synode:»Und wenn wir das so wollen, dann machen wir das so!« Der Auftritt dieses Kirchenfürsten schien mir wie ein Relikt aus der Feudalzeit.

Die Kirche muss sich aber nun endlich von ihren feudalen Strukturen verabschieden. Sprachlich sind sie fassbar z. B. in Begriffen wie:»Dienstherr« oder wenn im Dienstrecht von »Verwendung« (von Mitarbeitenden!) gesprochen wird.

Viele Genehmigungsvorbehalte in den Kirchenordnungen sind eben auch Relikte aus feudalen und obrigkeitlichen Zeiten, es sind Machtinstrumente, die in einer geschwisterlichen Kirche, die sich am Neuen Testament zu orientieren hat, nichts zu suchen haben (vgl. Mk 9,33ff, Mt 18,1–5, Lk 9,46–48).

Die Kirche hat eine besondere Verantwortung, eine hohe Kultur des Rechtes zu pflegen. Als Körperschaft des öffentlichen Rechtes ist sie bei all ihrer Autonomie, die im Grundgesetz verankert ist, an den Rahmen der hohen Normen unseres Rechtsstaates gebunden. Nach Artikel 140 Grundgesetz wird der Kirche Rechtsautonomie garantiert, wobei auf die Artikel 136, 137, 138, 139 und 141 der Weimarer Reichsverfassung verwiesen wird:»Es besteht keine Staatskirche«, »Die Religionsgemeinschaften regeln ihre Angelegenheiten selbständig«. Diese Sonderstellung, zu der in der Bundesrepublik Deutschland der Einzug der Kirchensteuer durch den Staat und die Staatsdotationen zählen, wird fallen, wenn das Gebaren der Kirche in Ungnade fällt. Die Aufdeckung des schier unvorstellbaren sexuellen Missbrauchs hat das Vertrauen in die Kirche nachhaltig erschüttert.

Die Frage nach der Kirche bleibt die Frage nach der wahren Kirche, in der Recht gilt und in der tatsächlich Menschenfreundlichkeit und Nächstenliebe gelebt werden. Doch nicht immer ist die Kirche wahre Kirche: Es gibt sie eben auch als die Kirche, »die wie Dostojewskis Großinquisitor den Mantel der Menschenfreundlichkeit und Liebe über ihre Lüge und Grausamkeit deckt«.[69]

Im Gleichnis Jesu vom Unkraut unter dem Weizen (Mt 13,24–30) wird realistisch in den Blick genommen, dass es eine »ideale Kirche« letztlich nicht gibt, und es wird davor gewarnt, nach menschlichem Ermessen ausjäten zu wollen, den Weizen vom Unkraut zu trennen. Eine solche Scheidung ist Sache Gottes, »Gericht« Gottes. Dieser Vorbehalt bleibt bei der Gestaltung kirchlicher Gerichtsbarkeit.

Aber es bleibt vor allem die Aufgabe, in vorbildlicher Weise gute Gesetze zu machen und Recht zu sprechen. Im Sinne christlicher Barmherzigkeit sind dabei die Täter im Blick, aber die Opfer dürfen wahrhaftig nicht vergessen werden.

Wenn dieses Bemühen eines Eintretens für Recht und Gerechtigkeit, für Staat und Gesellschaft nicht erkennbar ist, man sieht es etwa an der als ungenügend empfundenen Aufarbeitung des sexuellen Missbrauchs in der Kirche, dann ist zu befürchten, dass in den nächsten Jahren der Kirche der Sonderstatus als

---

69 Rudolf Bohren: Ekklesiologie, a. a. O., S. 191.

Körperschaft des öffentlichen Rechtes und damit »Privilegien« genommen werden. Immer mehr Bundestagsabgeordnete gehören nicht mehr einer christlichen Kirche an. Der Bundestag aber ist das gesetzgebende Organ im Staat. Immer mehr politische Entscheidungen werden gegen die Kirche getroffen werden.

Zu dem moralischen Versagen der Kirche kommt auch noch das vielfach dilettantische Auftreten von Kirchenfunktionären in gesellschaftspolitischen Fragen. Undifferenzierte Aussagen der Kirche, z. B. in Fragen in der Asylpolitik, der Wirtschaft und überhaupt in vielen Bereichen von Ethik schüren die Ressentiments gegen die Kirche.

Dass wir in der Kirche Unrecht erkennen und dabei zuerst erkennen, worin unser Unrecht liegt, sind wir der Welt und uns selbst schuldig, so wie wir der Welt und uns selbst die Identität als Kirche schuldig sind. Die Identität der Kirche aber hat es mit der Erkenntnis von Gottes Gerechtigkeit zu tun (Röm 3,21ff). Als gerechtfertigte Sünder sind wir in der Lage, die »bessere Gerechtigkeit« zu leben, von der Jesus in der Bergpredigt spricht: »Wenn eure Gerechtigkeit nicht besser ist als die der Schriftgelehrten und Pharisäer, so werdet ihr nicht in das Himmelreich kommen.« (Mt 5,20).

6. Dezentralisierung – von oben Heiliger Geist, von unten Aufbau der Gemeinde

Im Alten Testament heißt es schon: »Suchet der Stadt Bestes« (Jer 29,7). Die Kirche hat den Auftrag, das Beste für die Menschen zu suchen, und zwar an dem Ort, an dem sie leben. Im Staat, im Gemeinwesen, im Volk. Ihre Verkündigung dringt in das alltägliche Leben ein. Die Gleichnisse Jesu verdeutlichen das, so die anschaulichen Bilder und Narrative vom Sauerteig, vom Salz der Erde, vom Licht der Welt.

Den angemessenen Umgang mit dem »Volk« hat Martin Luther auf die Formel gebracht: Dem Volk aufs Maul schauen, aber dem Volk nicht nach dem Mund reden. Man soll also so reden, dass man verstanden wird. Was aber nicht heißt, dass das immer allen gefallen muss. Sich fürs Volk und seine Welt wirklich zu interessieren, dabei aber prophetisch an den richtigen Inhalten festzuhalten, darum geht es. Nicht etwas predigen, wonach »die Ohren jucken« (2. Tim 4,3).

Die Volkskirche lebt, wo sie nicht totgeredet wird. Sie lebt an vielen und sehr unterschiedlichen Orten.

Als Pfarrer, der in den ersten sieben Amtsjahren in der Innenstadt einer Großstadt gearbeitet und City-Kirchen-Arbeit geleistet und danach drei Jahrzehnte auf dem Land in dörflichen Strukturen Dienst getan hat, stelle ich fest: Die Kirche steht noch in Stadt und Land. Und so soll es bleiben.

In den Dörfern auf dem Land wartet man darauf, dass die wunderschönen Dorfkirchen wieder mit geistlichem Leben gefüllt werden. Sie müssen gepflegt werden, und, wo nötig, restauriert statt verkauft oder abgerissen werden.

Adalbert Schmidt, der Vorsitzende der Baurechts- und Grundstückskommission der Evangelischen Kirche in Deutschland, und Karl Schmiemann, der Vorsitzende der Rechtskom-

mission des Verbandes der Diözesen Deutschlands, haben 2023
in einer Studie aufgezeigt, dass die Gebäudeunterhaltungskosten
die Kirchen zu erdrücken drohen, so dass sich die Kirchen in
Zukunft wohl von fast jeder dritten Immobilie trennen müssten. Beide Kirchen verfügen noch über 42.500 Kirchengebäude,
von denen die meisten unter Denkmalschutz stehen; dazu kommen ca. 50.000 weitere Gebäude (vor allem Pfarrhäuser und Gemeindehäuser) in der Evangelischen Kirche, ca. 40.000 in der
Katholischen Kirche. Der Mitgliederschwund in den Kirchen
und der damit einhergehende Rückgang der finanziellen Mittel ließen keine anderen Schlüsse zu. Seit den 90er Jahren seien
schon auf evangelischer Seite geschätzt über 700 Kirchengebäude durch Verkauf, Umnutzung oder Abriss (109) aufgegeben
worden, auf katholischer Seite rund 540 Kirchengebäude, davon
169 abgerissen und 222 verkauft.[70] Was in dem hier zugrunde-
gelegten Beitrag in der Zeitschrift *Kirche und Recht* beschrieben
wird, ist die große Herausforderung, die für die kirchliche und
staatliche Denkmalpflege allein aufgrund der hohen Zahl der
zur Disposition stehenden Gebäude besteht. Aber hinter diesen
Zahlen verbirgt sich gewiss nicht nur die Sorge um Denkmäler
und Kulturgüter, die verloren zu gehen drohen: Mit den Kirchen
verbinden sich Gottesdienste, verbindet sich geistliches Leben.
Und mit den Gemeindehäusern verbinden sich Orte der Begegnung. Mit den Pfarrhäusern verbinden sich Orte der Präsenz
von Seelsorgerinnen und Seelsorgern. Noch sind die Gebäude
vorhanden, und alle Anstrengungen sollten unternommen werden, sie zu erhalten. Man sollte im wahrsten Sinne des Wortes
»die Kirche im Dorf« lassen!

Mission im eigenen Land ist angesagt. Evangelisation stellt
sich neu als wichtige Aufgabe. Noch läuten die Glocken und

---

70 Vgl. IDEA Nr. 19 vom 10.5.2023, S. 9.

laden zum Gottesdienst ein. Doch »genauso für den hörbaren Muezzinruf ein[zu]treten wie für das Glockengeläut der Kirchen«[71], obwohl jener eine andere Qualität als das Glockengeläut hat, kann bei allem Respekt vor der anderen Religion dazu führen, dass sich noch mehr Christinnen und Christen von der Kirche abwenden und aus der Kirche austreten. Mission ist und bleibt wesentlicher Auftrag der Kirche, wobei Mission selbstverständlich immer geschehen muss im aufrichtigen Dialog und im Respekt vor anderen Religionen und in dem hoffentlich alle Religionen verbindenden Bemühen, sich von jeglicher Gewaltanwendung zu distanzieren und einen wichtigen Beitrag zum Frieden in der Welt zu leisten. Auch hierbei kann man sich auf die vertrauten biblischen Narrative beziehen, etwa auf Sarai und Hagar (Gen 16,1ff), auf das Narrativ von dem Gott, der den Menschen sieht, gerade den unterdrückten Menschen, der Hilfe benötigt (vgl. Gen 16,13, die biblische Jahreslosung für das Jahr 2023).

Amtshandlungen sind und bleiben eine missionarische Möglichkeit der Kirche, Menschen mit dem Evangelium zu erreichen. Hier widerspreche ich meinem verehrten Predigtlehrer Rudolf Bohren, der darin keine missionarische Gelegenheit sah, vielmehr eine Versuchung, der die Kirche oft genug erlag.[72] Er schrieb seinen kritischen Aufsatz allerdings in einem anderen Kontext als heute. Vor Jahren sagte er mir in einem persönlichen Gespräch, dass er diesen Aufsatz nun anders schreiben würde.

Die sogenannten Amtshandlungen begleiten Menschen, so die funktionale Kirchentheorie von K. W. Dahm, an den Knoten- und Wendepunkten des Lebens: Am Beginn des Lebens

---

71 Vgl. LdG, S. 21.

72 RUDOLF BOHREN: Unsere Kasualpraxis, eine missionarische Gelegenheit, in: *Theologische Existenz heute*, N.F. 83, 1961.

wird die Taufe gefeiert; in der Pubertät, beim Übergang ins Er-
wachsenenleben, gibt es als »rite de passage« die Konfirmation;
die kirchliche Trauung segnet den gemeinsamen Weg von Menschen in der Ehe; beim christlichen Begräbnis werden Angehörige getröstet mit dem Blick auf die Auferstehung und das ewige
Leben. In diesen »Amtshandlungen« gibt es viele Gelegenheiten
für Pfarrerinnen und Pfarrer, sich Menschen zuzuwenden und
das mit einer Botschaft, die über reine Feierlichkeit hinaus inhaltlichen Tiefgang hat.

In Zukunft weniger Pfarrerinnen und Pfarrer zu haben, bedeutet also weniger Zuwendung und weniger Inhalt zu haben
bei dem, was Menschen bewegt, bedeutet einen Verlust an posi-
tivem Erleben der Volkskirche.

Als Pfarrer habe ich es immer wieder geradezu als sportliche
Herausforderung empfunden, in die unterschiedlichsten Milieus und Situationen hinein die frohe Botschaft zu sprechen.
Bürgerliche Kreise, soziale Brennpunkte, wie auch immer sich
eine Parochie vor Ort präsentiert. In Saarbrücken-Innenstadt,
meiner ersten Pfarrstelle, hatte ich es zu tun mit Nichtsesshaf-
ten, mit dem kriminellen Milieu in »Chinatown«, dem berüch-
tigten Stadtteil, in dem ich in den ersten anderthalb Jahren meines Pfarrdienstes drei Beerdigungen von ermordeten Menschen
halten musste. Ich hatte es zu tun mit Studenten, mit Opernsän-
gern, mit Hausmeistern und ihren Familien, etc.

Dann dreißig Jahre auf dem Land, auf dem Hunsrück: Mit
sehr unterschiedlichen Dörfern und ihren jeweiligen Kulturen,
ihren Ortsbürgermeisterinnen und Ortsbürgermeistern, den
Vereinen und ihren Vereinsvorsitzenden, mit der Schule, mit
dem Kindergarten, mit den Menschen im Pflege- und Senio-
renheim etc., mit den umliegenden Krankenhäusern, mit sehr
unterschiedlichen Menschen aus verschiedenen Berufen in Fab-
rik, Verwaltung, Einzelhandel, Handwerksbetrieben, Landwirt-

schaft und Forstwirtschaft, mit Berufspendlern ins Rhein-Main-Ballungsgebiet, mit Ruheständlern, die aus anderen Regionen Deutschlands und zum Teil aus dem Ausland (Niederlande, Großbritannien) das Landleben auf dem Hunsrück suchten und hier ein Haus bauten oder kauften etc. Die Parochie ist eine vernünftige, vielleicht sogar die beste Organisationsform von Volkskirche. Ein Pfarrer oder eine Pfarrerin ist über die in der Regel qua Wohnsitz und damit quasi automatische Gemeindezugehörigkeit der Gemeindeglieder an sehr unterschiedliche Menschen gewiesen. Sie bilden unsere Gesellschaft in ihrer Buntheit ab. Sie leben an einem konkreten Ort miteinander, auch wenn sie bisweilen mehr nebeneinander und ohne wirklichen Kontakt zueinander zu leben scheinen. Es gibt die Unterschiede in Alter, Geschlecht, Beruf, sozialem Status, Milieu, Freizeitverhalten, Frömmigkeitsstil. Eine sehr heterogene Mixtur. Wenn der Pfarrer oder die Pfarrerin an den Menschen interessiert ist und ihnen zuzuhören versteht, wird er oder sie davor bewahrt bleiben, sich ideologisch zu verrennen. Denn die Kirche Jesu Christi ist für alle Menschen offen. Aus dieser Begegnung mit sehr unterschiedlichen Menschen, aus dem intensiven Zuhören stellt sich die Aufgabe der Predigt, diese Menschen auf der Höhe der Zeit mit Gottes Wort, mit dem heilsamen Evangelium, zu erreichen.[73]

Uta Pohl-Patalong, die schon zitierte Professorin der Praktischen Theologie, gibt allerdings dieser traditionellen Ortsgemeinde keine Zukunft:»die klassische Ortsgemeinde ist eine extrem finanz- und vor allem personalaufwendige Form von

---

73 Über meine Versuche, diesem Anspruch gerecht zu werden, über dreißig Jahre Predigtpraxis, gibt eine Sammlung von Predigten Auskunft, die ich am Ende meiner aktiven Dienstzeit vorgelegt habe: FRIEDHELM MAURER: Herzensstärke. Predigten aus drei Jahrzehnten, Rheinbach 2020.

Kirche. Bereits jetzt kommt sie an ihre Grenzen und angesichts des deutlich vor Augen stehenden Schwundes an Ressourcen vor allem personeller Art dürfte sie in der bisherigen Form nicht mehr weiterzuführen sein.«[74] Ihr scheint es »alternativlos zu sein, sich von dem ortsgemeindlichen Prinzip im Sinne der Verbindung von Flächendeckung, Angebotsspektrum und persönlichem Kontakt zur Pfarrperson zu verabschieden. Die digitalen Formen von Kirche stärken ja bereits die Entkoppelung von persönlicher Beziehung und territorialer Orientierung von Kirche.«[75] Die Rede von Alternativlosigkeit, möchte ich doch dazu anmerken, hat immer etwas Verdächtiges, etwas Ideologisches.

Was für eine fürchterliche Rede, weil ideologisch und technokratisch, ist doch die Rede von Uta Pohl-Patalong. Sie spricht von »Pfarrpersonen« und pflegt in ihren Ausführungen, dem Mainstream folgend, modernen »Kirchensprech«. Ich rede weiterhin lieber von Pfarrerinnen und Pfarrern.[76]

In der parochialen Struktur einer Gemeinde kommt es zu einer Begegnung von Lebenswelten. Für eine Pfarrerin oder einen Pfarrer stellt sich nicht nur in Verkündigung und Seelsorge, sondern auch in Unterricht und Erwachsenenbildungsarbeit die Aufgabe, solche Lebenswelten miteinander ins Gespräch zu bringen, gegebenenfalls zu versöhnen. Eine schwierige Aufgabe, aber eine interessante Aufgabe zweifellos. Die bunt zusammengesetzte parochiale Ortsgemeinde ist es, die davor bewahrt, Kirche als Verein zu sein, in dem sich nur Menschen mit gleichem Interes-

---

74 Uta Pohl-Patalong: Es geht nur exemplarisch. Warum die traditionelle Ortsgemeinde keine Zukunft hat, in: Zeitzeichen 5/2023, S. 9.

75 Ebd., S. 10.

76 Selbstverständlich ist auch für das dritte Geschlecht Platz, gerade deshalb – weil selbstverständlich – muss man »divers« nicht in jeder Formulierung mitnennen und betonen.

se zusammenfinden. Die bunte parochiale Ortsgemeinde bildet gerade in besonderer Weise die Gemeinschaft der begnadigten Sünder ab, in der das einzelne Mitglied dieser Gemeinschaft die Distanz oder Nähe zum Gemeinschaftsleben in Freiheit selbst bestimmen kann. Unterschiedliche Menschen finden in der Volkskirche entsprechend ihrer verschiedenen Interessen und Bedürfnisse ein breites Angebot an Gruppen, in denen sie sich engagieren können. Und sie finden am Ort oder dann eben auch in der Umgebung, in der Region, diakonische Einrichtungen, deren Dienste sie in Anspruch nehmen können. Und sie finden in der Gemeinde oder außerhalb der Gemeinde, im Kirchenkreis, Veranstaltungen, die sie besuchen können.

Angesichts des Mitgliederverlustes mit dem neuen negativen »Rekordwert« im Jahr 2022 sehen viele die »Volkskirche am Ende« und die Kirche vor einem »Paradigmenwechsel von institutioneller Religion zu gewählter Religion, eine umfassende Neuformatierung von religiöser Grundversorgung ihrer Mitglieder hin zur Sendung in die Welt«[77]. Von meinen Erfahrungen auf dem Land her kann ich sagen, dass in den »freien Gemeinden« als den »Freiwilligkeitsgemeinden«, nicht unbedingt die Zukunft der Kirche liegt. Ich hatte es in einem kleinen Dorf über viele Jahre sogar sowohl mit der »Freien evangelischen Gemeinde« als auch mit der »Evangelisch-Methodistischen Kirche« zu tun. Auch diese Gemeinden setzen sich nicht nur aus »entschiedenen Christen« zusammen, die bewusst den Glauben gewählt haben. In diese Gemeinschaften wurden und werden auch Kinder hineingeboren und hineinsozialisiert. Ob die Religion der Zukunft die gewählte Religion ist, so wie man alles andere auch in einer offenen und liberalen Gesellschaft wählt, »vom

---

77 ALEXANDER GARTH, Mitgliederverlust: Wie die Kirche der Zukunft aussieht, in: IDEA Nr. 11 vom 15.3.2023, S. 17.

Arzt über den Telefonanbieter bis hin zur Religion«[78], kann man bezweifeln.

Volkskirche ist eine Institution, die sich für Freiheit engagiert, die die Menschen selbst bestimmen lässt, in welcher Distanz oder Nähe zu ihr sie leben wollen. Hier entstehen in den sogenannten freien Gemeinden leider manchmal Zwänge, die nicht zu einer evangelischen Freiheit passen. So wie natürlich Zwänge auch in volkskirchlichen Gemeinden entstehen können. Auch hier gilt: Nur in der Besinnung auf das Evangelium von Jesus Christus können Zwänge und Unfreiheit abgewehrt werden. Daher: Der Inhalt ist wichtiger als Strukturen und Organisationsformen.

Manche Erlebnisse aus einem langen Pfarrerleben vergisst man nicht: So empfand ich sehr befremdlich und zum Fremdschämen, wie in meiner ersten Gemeinde in Saarbrücken-St. Johann ein Gemeindeglied aus dem Gottesdienst vertrieben wurde; hart ausgedrückt, aber es war so. Und das kam so: Das Presbyterium beschloss, die hinteren Reihen in der großen Johanneskirche mit dicken Seilen abzusperren, um Gemeindeglieder, die weit hinten im Gottesdienstraum saßen, nach vorne zu zwingen. Ich sprach mich vehement gegen diese Maßnahme aus mit der Begründung: Man darf einladen, mit guten Argumenten, nach vorne zu kommen, aber niemals Menschen nötigen, es unbedingt zu tun, und wenn sie es nicht tun, ihnen ihren Platz verschließen. Doch die Stricke kamen. Und der »Erfolg« des Mehrheitsbeschlusses des Presbyteriums war am Ende, dass ein treues Gemeindeglied danach nie wieder kam. Man hatte diesen Menschen mit den eigenen engen Vorstellungen, wo in der Kirche jemand zu sitzen hat, im wahrsten Sinne »ausgegrenzt«. Ich musste an das neutestamentliche Gleichnis vom Pharisäer und

78 Ebd., S. 16.

Zöllner denken (Lk 18,9–14). Es ist Menschen erlaubt, »ferne«
zu stehen oder zu sitzen.

Auch die kirchliche Rede von »Karteileichen« fand ich im
Sinne dieses Gleichnisses »Vom Pharisäer und Zöllner« »pha-
risäerhaft«, überheblich und respektlos. Auch hier erinnere ich
mich, und zwar an einen Konfirmandenelternbesuch in meiner
Landgemeinde auf dem Hunsrück. Der Vater einer Konfirman-
din, ein Mann in leitender Position in einer großen Firma, sagte
zu mir: »Herr Pfarrer, Sie werden mich wohl kaum in Gottesdiensten sehen, aber das sollen Sie wissen: Ich werde nie aus der
Kirche austreten, da sie wichtig und unverzichtbar ist, und weil
ich möchte, dass unsere Kinder durch Ihren Konfirmandenunterricht gehen und mit den christlichen Inhalten und Werten
vertraut gemacht werden.« Von ferne stehen und doch ganz nah
dabei sein, weil man am Inhalt der Verkündigung interessiert ist,
darum geht es in der Volkskirche.

Frömmigkeit in ungeheuchelter Gestalt lässt sich in den Gemeinden vor Ort entdecken. In seinem Buch »Einführung in
das Christentum« schrieb Joseph Ratzinger, der spätere Papst
Benedikt XVI., bereits 1963 inmitten der Studentenrevolution
und des marxistischen Gegenwindes für die Kirche: »Die wirklich Glaubenden messen dem Kampf um die Reorganisation
kirchlicher Formen kein allzu großes Gewicht bei. Sie leben
von dem, was die Kirche immer ist. Und wenn man wissen will,
was Kirche eigentlich sei, muss man zu ihnen gehen. Denn die
Kirche ist am meisten nicht dort, wo organisiert, reformiert,
regiert wird, sondern in denen, die einfach glauben und in ihr
das Geschenk des Glaubens empfangen, das ihnen zum Leben
wird.«[79] So redet der, der selbst auf dem Dorf groß wurde und

---

79 JOSEPH RATZINGER: Einführung in das Christentum, zitiert nach: PE-
TER SEEWALD: Benedikt XVI., a. a. O., S. 529.

der die Frömmigkeit auf dem Lande, die ihn prägte, zu schätzen weiß.

Das Dorf aber kommt in den meisten kirchlichen Strategiepapieren nicht wirklich vor, und wenn, dann als eine zu vernachlässigende Größe, da es angeblich allein nicht »leistungsfähig« ist. Das Dorf wird meist nur gesehen als Einzelteil einer anzustrebenden Fusion zu einer größeren Einheit.

Das Dorf wird verkannt. Die Stärke seiner Einfachheit und Überschaubarkeit wird nicht wahrgenommen, und das leider gerade auch in kirchlichen Kreisen. Angesichts dieser fehlenden Wahrnehmung lohnt ein Blick in die Literatur der Gegenwart, um hier neu sensibilisiert zu werden: Im Dorf ist man »unter Leuten«. »Da kann man sich nicht mehr so leicht über die Menschen erheben«, heißt es im Roman von Juli Zeh.[80] Sie beschreibt in ihren Romanen das Landleben heute und sie beschreibt die arrogante Sicht mancher Stadtmenschen.

Die »Papiere« der Kirche machen diesen Eindruck von Arroganz. Man wähnt sich im Besitz einer höheren Wahrheit. Man meint zu wissen, was das Beste für die Menschen sei. Die »Agentin des Wandels«, so das neue Selbstverständnis von Kirche in dem schon zitierten Rheinischen Kirchenpapier, meint zu wissen, wohin die Reise zu gehen habe, was das Beste für die Menschen sei, die es nur »mitzunehmen« gelte. Die in diesen Papieren aufgestellten Forderungen sind allesamt Ausdruck dessen, was man theologisch »Gesetzlichkeit« nennt.

Daher mein Widerspruch. Mein Verdacht ist, dass diejenigen, die die Notwendigkeit der Überwindung der Parochie und das Ende der Volkskirche deklamieren, ihr eigenes Erleben, dass das, was sie zu sagen haben, offenbar keine Relevanz und Bedeutung für ihre Zuhörer mehr hat, auf die gesamte Kirche proji-

---

80 JULI ZEH: Über Menschen. Roman, München 2021, S. 128.

zieren. Sie projizieren ihre eigenen Identitätsprobleme hoch auf den Gesamtzustand der Kirche.

Die Dorfkirchen sind ein Schatz, den es zu erhalten gilt und damit die vielen Gottesdienste in der Fläche. Wir haben in unserem Kirchenkreis Simmern-Trarbach noch 61 Kirchen und Kapellen. Die sollen nun mit immer weniger Pfarrerinnen- und Pfarrern »bespielt« werden, heißt es. Während sich die Zahl der Verwaltungsangestellten innerhalb von zwei Jahrzehnten mehr als verdoppelt hat, hat sich in dieser Zeitspanne die Zahl der Pfarrstellen halbiert und soll bis 2030 nochmals um ein Drittel – von 15 auf 10 reduziert werden. Bis 2030 wird aber wahrscheinlich die Verwaltung weiter wachsen, so dass eine genau umgekehrt proportionale Entwicklung deutlich werden wird: In dem Maße, wie die Seelsorge geschrumpft ist, ist die Verwaltung gewuchert. Kirche wird zu einer »Verwaltungsbehörde mit angeschlossener Hokuspokus-Abteilung«- ein Ausspruch, den ich einmal in einem Gespräch von zwei Männern mittleren Alters hörte und der mir nachdrücklich in Erinnerung geblieben ist.

Das Schicksal der kleinen Dorfkirchen scheint besiegelt: Sie werden aus Kostengründen nach und nach aufgegeben werden. Jede Kirche, die aufgegeben wird, ist aber ein Verlust. Gisela Kittel, die emeritierte Theologieprofessorin, die unermüdlich und sehr konstruktiv in ihrem Ruhestand weiterwirkt, hat in Besinnung darauf, was »Kirche der Reformation« heißt, Grundlegendes zur Gemeindekirche ausgeführt. Martin Luther dachte von der Gemeinde her, von der Gemeinde vor Ort. Das hat Niederschlag in vielen seiner Schriften gefunden und auch in seinen Tischreden, mit dem markanten Ausspruch, in heutigem Deutsch: »Es muss ein jeglich Dorf und Flecken einen eigenen Pfarrer haben.«[81]

81 GISELA KITTEL: Luthers reformatorische Entdeckung und ihre Fol-

Wo immer Abraham hinkam, baute er dem HERRN einen
Altar (Gen 12,6–8), darauf macht Gisela Kittel in ihrem Plädoyer für die Gemeindekirche aufmerksam. »Auch wenn es nur
zwei oder drei sind, die zum gemeinsamen Gebet, zu Lob, An-
betung, Lesung der Schrift und Fürbitte zusammen kommen,
tun sie kund, dass auch dieses Dorf oder jener Stadtteil zu Gottes Erde gehört und auch über diesen Orten der Name Gottes
steht.«[82] Gottes Volk auf der Erde soll wachsen. Wachsen ist das
Gegenteil von Schrumpfen. In der Bibel lesen wir das wunder-
bare Gleichnis vom Sauerteig: Es geht um Durchdringung.

In der Vielfalt der einzelnen Dorfkirchen lebt die ganze
Schönheit und Buntheit von Kirche. Fusionierung und Zentralisierung dagegen vernichten diese Vielfalt. Mit der Fusionierung
von Gemeinden und mit der Aufgabe von Gottesdienststätten
geht die Zahl der Gottesdienste und damit die Zahl der Got-
tesdienstteilnehmenden erheblich zurück. Die Gottesdienste
aber sind die Orte, an denen die Narrative der Heiligen Schrift
gepflegt werden und christliche Gemeinschaft erlebt wird. Der
Gottesdienst ist nach der Kirchenordnung »der vornehmste
Dienst jeder Kirchengemeinde«. Der Gottesdienst mit seiner Liturgie ist die beseelende Mitte der Kirche. In der Liturgie wird
die Gemeinde über sich selbst hinaus gewiesen, begegnet sie

---

gen für das evangelische Kirchenverständnis. Vortrag beim Pfarrerin-
nen- und Pfarrertag in Hannover am 13.3.2007, S. 7. Weiter: GISELA
KITTEL: Wiederentdeckung des Evangeliums: Martin Luther, in: Kir-
che der Reformation? Erfahrungen mit dem Reformprozess und die
Notwendigkeit der Umkehr, 2016, S. 15ff., und darin: Schritte in eine
andere Richtung, S. 360ff.; GISELA KITTEL: Die Kirche der Zukunft ist
Gemeindekirche. Impuls zu einer grundlegenden Diskussion über den
Weg unserer Kirche, in: Die mündige Gemeinde. Eine protestantische
Zeitung, 7 / 2018, S. 3ff.

82 GISELA KITTEL: Die Kirche der Zukunft ist Gemeindekirche, a. a. O.,
    S. 5.

dem, was sie nicht selbst machen kann, tritt sie ein in die großen Verheißungen Gottes, lässt sie sich von Gott dienen. Die Gottesdienstreformen in den letzten Jahren griffen vielfach zu kurz, da spiegelte sich die Gemeinde nur selbst in ihrem Bestreben, um alles in der Welt »modern« zu sein. Das Wesen des Gottesdienstes wurde dabei missachtet – zum Schaden der Gemeinde. Die gottesdienstliche Feier setzen viele Menschen noch mit der Kirche gleich. Wie sagte doch ein Vater nach dem Konfirmationsgottesdienst zu mir: »Herr Pfarrer, Sie haben eine schöne Kirche gehalten!« Im Hunsrücker Dialekt aus dem Munde jenes gestandenen Landwirtes hörte sich das so an: »Dau hoschd e scheer Kärsch gehall!«

Gottesdienste müssen gepflegt werden, mit Liebe vorbereitet und gehalten werden. Manchmal werden sie tatsächlich zur Feier. Die Liturgie muss gepflegt werden, auch die Vielfalt liturgischer Formen. Gottesdienste dürfen im wahrsten Sinne »gefeiert« werden – nicht nur zu festlichen Anlässen. Jede Verringerung der Zahl von Gottesdiensten und Andachten bedeutet eine Reduzierung und damit eine Verarmung des geistlichen Lebens. Digitale Formate, virtuelle Kommunikation werden das präsentische Zusammenkommen zum Lob Gottes niemals ersetzen können. Eine besondere Bedeutung haben gewiss die Gottesdienste an den großen Festtagen wie Weihnachten, Ostern, Pfingsten, Erntedank. Hier bemühen sich die Presbyterien durchaus, noch an möglichst vielen Orten mit einem Gottesdienstangebot präsent zu sein; ja sogar in Gemeindehäusern wird da noch zu Gottesdiensten eingeladen.

Kirchengebäude schaffen heilige Räume. Menschen finden dort zu einer besonderen Einkehr und Sammlung. Es sind Orte der Geborgenheit, Oasen in einer Welt von Hektik und Lärm, Schnelllebigkeit und Hast. Sie werden gerne aufgesucht, auch gerade von der Kirche eher fernstehenden Menschen.

In unserer Kirche auf dem Land erfahren Menschen von Kindesbeinen an über die hier noch üblichen Gottesdienste von Kindergarten und Grundschule, über viele Familiengottesdienste zu bestimmten Themen und Anlässen den besonderen Ort von Kirche: Kirche als der herausgehobene, ausgegrenzte, heilige Ort. Sie erfahren an ihm auch kirchliche Geschichte. Denn Kirchengebäude erzählen Geschichte.

Wenn ich im Konfirmandenunterricht die Jugendlichen malen ließ, was ihnen einfällt, wenn sie das Wort »Kirche« hörten, malten sie mehrheitlich das Kirchengebäude, »ihre« Kirche.

Die Kirchengebäude sind aber nicht nur für Kirchenmitglieder erhaltenswert, sondern durchaus auch für nichtkirchliche Menschen, wie man immer wieder dankbar feststellen kann. Denn die Kirchen stehen für Kultur und sie stehen gegen Geschichtsvergessenheit. Und die Bedeutung von Kirchen geht noch tiefer, je älter sie sind. Nicht nur weil sie damit Denkmalstatus haben, sondern weil sie eine Geschichte haben, die sie eben auch als Schutzräume ausweist. Man lese hierzu etwa den Roman *Die Glocke im See*[83] von Lars Mytting. Als Kulturräume, die generationsübergreifend der Geschichtsvergessenheit wehren, sind Kirchen absolut erhaltenswert.

Bezeichnend ist, dass sie von Menschen gerne aufgesucht werden an für sie wichtigen Stationen im Leben, zum Beispiel anlässlich einer Eheschließung. Für viel Furore sorgte im Sommer 2022 die Trauung des aus der Kirche ausgetretenen Bundesfinanzministers Christian Lindner in einer Kirche auf der Insel Sylt.

In einem Leserbrief im Nachrichtenmagazin »FOCUS« nahm ich als Mitglied des FOCUS-Leserbeirates dazu Stellung. Schöne alte Kirchen wie St. Severin auf Sylt sind Kulturgut, sie

---

83 Lars Mytting: Die Glocke im See. Roman, Berlin 2019.

stehen für die Tradition christlicher Werte. Sie sind wahrhaftig mehr als Kulisse, die nur zu suchen oft denen unterstellt wird, die sie aufsuchen, zum Beispiel für eine Trauung vor dem Altar. Leider wurden über die Jahre viele Menschen durch moralistische und engherzige Verkündigung regelrecht aus der Kirche hinausgepredigt. Wenn der Geistlichkeit wieder geistreiche, dem Evangelium gemäße Predigten gelingen, werden Menschen auch wieder in die Kirche eintreten und sie nicht nur aus kunsthistorischem Interesse oder eben anlässlich einer Trauung betreten.[84]

Die christliche Kultur steht für unsere Werte in der westlichen Gesellschaft. Christliche Traditionen und Feste strukturieren das Jahr. Immer noch. Das Ende der Volkskirche würde das Ende eines Kulturraumes bedeuten. Das sollte denen bewusst werden, die Kirchen schließen und sich von Kirchengebäuden verabschieden.

Die Pflege der einzelnen Dorfkirchen muss aber – und hier komme ich zu einem ganz wichtigen Punkt – einer Aufstellung von Kirche entsprechen, die im Dezentralen ihre Stärke sieht. Wie bei einem guten Unternehmen wird den Mitarbeitenden vor Ort dabei möglichst viel Eigenständigkeit zugestanden, die sie eigenverantwortlich arbeiten lässt. Gleichzeitig werden, zunächst im regionalen Verbund, dann im Verbund mit dem Kirchenkreis und der Landeskirche, gegenseitiger Austausch und Zusammenarbeit gefördert.

Es fehlt in kirchlichen Papieren leider immer wieder an Respekt vor den Menschen, die auf dem Land leben und an »ihrer Kirche« und ihrer Kirchengemeinde hängen, weil sie für diese Heimat bedeuten. Nachdem Menschen schon Verluste darin erlitten haben, dass es keine Arztpraxen, Apotheken, Kreisspar-

84 Vgl. FOCUS Nr. 30 vom 23.7.2022, S. 112.

kassen und Raiffeisenbanken, Schulen, Lebensmittelgeschäfte, Busverbindungen usw. mehr in ihren Dörfern gibt, beraubt man sie aus Effizienzgründen nun auch ihrer Kirchen.

In früheren Zeiten gab es für die Strukturplanung in der Evangelischen Kirche im Rheinland noch einen Punktekatalog, der gerade den ländlichen Verhältnissen im Süden der Landeskirche gerecht werden wollte und auch wurde. Dieser ist vor Jahren nun aber abgelöst worden von einem reinen Zahlenmachwerk, nach dem nur noch Gemeindegliederzahl und Konfessionsquote ausschlaggebend sind, ob eine Pfarrstelle bestehen bleiben kann und wieder besetzt werden soll.

Am prägnantesten bringt es die Schriftstellerin Juli Zeh auf den Punkt, wenn auch in anderem Zusammenhang, wo es um die Probleme von Landwirtschaft und Dorfkultur geht: »Die Stadt brockt ein, was das Land auszulöffeln hat. So ist es immer.«[85] In Abwandlung hörte ich diesen Satz oft von Presbyterinnen und Presbytern: »Düsseldorf brockt uns da wieder einmal etwas ein, wir müssen es auslöffeln«. Düsseldorf ist die Stadt, in der sich das Landeskirchenamt und die Kirchenleitung der Evangelischen Kirche im Rheinland befinden.

Doch es leuchtet Hoffnung am Horizont auf. Die Bischöfin in der Badischen Landeskirche, Heike Springhart, möchte, dass die Kirche sichtbar bleibt: »Die Kirchtürme sind der sichtbare Finger Gottes in der Welt. Daneben geschieht Sichtbarkeit vor allem über Personal und aussagekräftige Verkündigung.«[86]

Die EKD-Ratsvorsitzende, Präses Annette Kurschus, ist besorgt über die Zunahme der Kirchenaustritte und sagt: »Neben der Schaffung passgenauer Angebote für alle Generationen und Lebensphasen, muss es uns gelingen, auch den Wert deutlich

---

85 Juli Zeh / Simon Urban: Zwischen Welten, S. 88.
86 In: IDEA Nr. 14 vom 6.4.2022, S. 16.

zu machen, den die formelle Mitgliedschaft für unsere Gemeinschaft auf so vielen Ebenen, in der Stadt und auf dem Land und für die Gesellschaft insgesamt hat. Ohne Seelsorge und Diakonie und ohne die gottesdienstlichen und gemeindlichen Angebote in den rund 20.000 Kirchen und Kapellen wäre das gesellschaftliche Klima ein anderes.«[87]

Wie die Dorfkirchen auf dem Land, so sind auch die Stadtkirchen erhaltenswert. Hier können und müssen freilich auch andere Nutzungsmöglichkeiten diskutiert werden. Wo sie umgewidmet werden müssen, da sie nun wirklich zu groß und zu viele sind, sollten sie wenigstens in Orte der Kommunikation, der kulturellen Begegnung, umgewandelt werden. Sie können auch genutzt werden als Urnenfriedhöfe mit einer christlichen Bestattungskultur.

Das drohende Ausmaß von Kirchenschließungen ist enorm: Im Bundesland Nordrhein-Westfalen stehen ca. 1.800 Kirchen zur Disposition.

Doch gerade auch in den Städten zeichnet sich eine desaströse Entwicklung ab im Hinblick auf Gemeindefusionen wie man sie bisher doch nur vom Land kannte. So berichtete Stephan Sticherling im Juni 2022 von den Bestrebungen, in Düsseldorf aus allen Gemeinden im Kirchenkreis eine einzige Gemeinde Düsseldorf zu machen, die dann ca. 120.000 evangelische Gemeindeglieder umfasse. Der Superintendent und Kreissynodalvorstandsmitglieder seien in den Presbyterien unterwegs, um dafür zu werben. Man argumentiere, die zwischengemeindliche Solidarität mache diese Fusion unumgänglich, man wolle ein für allemal Klarheit schaffen. Das entlaste Gemeinden, die noch Kirchen »an der Backe« hätten, die nur Kosten verursachten und aufgegeben werden müssten. Gewor-

87 IDEA-Newsletter vom 7.3.2023.

ben werde mit dem Satz: »Wir nehmen euch die Verwaltung ab und ihr kümmert euch um den Gemeindeaufbau.« Doch diese Rechnung gehe nicht auf. Stephan Sticherling verweist in seiner E-Mail an den Vorstand der Initiative »KirchenBunt« auf den im Jahr 2012 vom Kirchenkreis Düsseldorf ausgerufenen »synodalen Prozess«, der – das müsse man nach zehn Jahren nun feststellen – komplett gescheitert sei. Und er rekapituliert: Als Ziel wurde damals formuliert: ›Die Evangelische Kirche ist auch im Jahr 2030 erkennbar und einladend in der Stadt Düsseldorf präsent.‹ Dazu sollten Gemeinden fusioniert, mehrere Kirchen aufgegeben und gemeindliche Standorte nach inhaltlichen, regional abgestimmten Schwerpunkten mit Hilfe eines entsprechenden Personalkonzeptes entwickelt werden. Außerdem wurde notiert: ›Die positiven Effekte einer Umstrukturierung werden nachhaltig bis zum Jahr 2030 wirken.‹ Von ›erkennbar und einladend‹ könne nicht ansatzweise die Rede sein, rekapituliert Stephan Sticherling. »Ich weiß nicht, wie viele Leute ich inzwischen kenne, die einmal in der evangelischen Kirche aktiv oder zu Hause waren, denen aber die evangelische Kirche – bis hin zu tiefen Verletzungen – fremd geworden ist. Beispiel: Christuskirche in Düsseldorf-Oberbilk, an der ich von 1993 bis 2008 Pfarrer war: Sie wurde dem Gemeindeleben entzogen, und daraus wurde eine ›Jugend- und Kulturkirche‹ gemacht. Heute trifft sich irgendein eingeschworenes Klübchen dort, aber die Oberbilker wissen eigentlich nicht, was in der Kirche da vor sich geht. In anderen Stadtteilen ist überhaupt nicht bekannt, dass es eine ›Jugend- und Kulturkirche‹ gibt. Evangelisches Gemeindeleben ist dort nicht mehr erkennbar.«[88]

---

88 Vgl. E-Mail von Stephan Sticherling an den Vorstand von Kirchen-Bunt vom 20.6.2022.

Auf diese E-Mail von Stephan Sticherling antwortet Dr.
Hartmut Becks, Mitglied des Vorstandes von KirchenBunt, und
beschreibt pointiert die Absurdität der Entwicklung. Ich zitiere
ihn in voller Länge, so dass dem nichts mehr hinzuzufügen ist:

»Lieber Stephan, mir scheint, dass diese Vorhaben nun den traurigen
Höhepunkt einer Entwicklung einleiten, die sich nun schon über viele
Jahre schrittweise vorbereitet hat. Ich war selber einmal in Düsseldorf im
Dienst (ab 1989 Markusgemeinde Vennhausen). Damals gab es noch sehr
profilierte und geistlich erkennbare Gemeinden. Eine ›Totalvereinigung‹
wäre gar nicht vorstellbar gewesen, ja hätte geradezu lächerlich geklun-
gen, weil die Pluralität gemeindlichen Lebens dieses unmöglich zugelassen
hätte. Dazu kommt ja, dass mit diesem Ansinnen das reformatorische Ge-
meindeprinzip endgültig ausgelöscht wird. Die »Ekklesia« ist dann wieder
ganz »katholisch«, also allgemein die Gesamtkirche. Die Kirche wird zu
einer »Überinstitution« mit gewaltigen Ausmaßen, einem Servicebetrieb
mit immer unscheinbarerer Wirkung. Eine Selbstverzwergung durch
Großmannssucht! Alle wesentlichen soziologischen und religionspsycho-
logischen Untersuchungen sind sich in der Frage einig, dass nur in über-
schaubaren und nachvollziehbaren, vor allem aber vernehmbaren gemein-
schaftlichen Zusammenhängen Religion und Spiritualität überlebensfähig
ist. Darum habe ich auch die etwas drastisch wirkende Einschätzung, dass
diese ›Totalfusionsstrategie‹ zugleich zu einer protestantischen Selbstauflö-
sung führen wird. Und zwar eben nicht nur aus theologischen Gründen,
weil wir unser gemeindliches Selbstbestimmungsrecht aufgeben, sondern
weil wir im Ergebnis eine völlige Vergleichgültigung und Entfremdung
von allen realen kirchlichen Vertrauensräumen erleben werden, die unseren Glauben in der Säkulargesellschaft völlig unwahrnehmbar machen
wird. Am Ende bleibt eine aus Steuermitteln gespeiste gewaltige Großin-
stitution, die sich aus irgendwelchen unverständlichen Gründen selbst zu
legitimieren und zu erhalten versucht. Gerade wurde in unserem Nach-
barkirchenkreis Kleve zu meinem Bedauern auf der Kreissynode entschieden, die Pfarrwahl in Zukunft über einen Ausschuss des Kirchenkreises zu
regeln (möglich durch das neue Erprobungsgesetz). Beim Gespräch mit
Presbytern ist mir nicht so richtig klar, ob sie wirklich wissen, dass die
Gemeinden damit auf ihr Pfarrwahlrecht für immer verzichten. Dies ist

eine der ganz großen Errungenschaften der Reformation, und ich verstehe einfach überhaupt nicht, wie man ein solches Gut so oberflächlich und leichtfertig zur Disposition stellen kann. Alles in allem scheint der Weg zu einer ›Totalfusionskirche‹ auf die Dauer wohl unaufhaltsam zu sein. Die Behördenkirche sieht darin den effektivsten und strategisch genialsten Schritt für die Zukunft. Vielleicht sprechen wir schon bald von einer ›Gemeinde‹ im Rheinland mit 1 Mio. Mitgliedern!

Und so haben wir auf dem Weg von unzähligen Vorfusionen doch wieder den Weg zu einer Konsistorialkirche oder sogar zu einer zentral gesteuerten Verwaltungskirche vollendet. Was für ein Wahnsinn angesichts einer guten und klugen Ordnung, die uns über Jahrhunderte getragen und durchaus auch beflügelt hat… Man kann nur beten, dass der bedauernswerte Zustand, in dem sich unsere Kirche befindet, endlich auch mit diesen ideologisch falschen Entscheidungen in Verbindung gebracht wird und es dann zu einem Umdenken kommt, bevor es ganz zu spät ist… Du merkst, mir fällt nichts Angenehmeres dazu ein… Als alternatives Modell kann ich nur eine Gemeindekirche sehen, die möglichst basisnah entscheidet, Glauben vor Ort anschaulich und erlebbar macht, Subsidiarität verteidigt und demokratische Selbstbestimmung lebt. All das aber hat einen Haken: Es ist nichts Neues!«[89]

Hans-Jürgen Volk, auch bei KirchenBunt engagiert, stellt fest, dass »Entlastung« faktisch für die Gemeinden »Entmachtung« bedeutet: »In der Vergangenheit konnte man bereits beobachten, dass diese Strategie zu einem erheblichen Mehrbedarf an Personal in der zentralen Verwaltung des Kirchenkreises und damit zu Kostensteigerungen zu Lasten der Arbeit mit Menschen führte.«[90]

In der Diskussion um Fusionierungen und Totalfusionierungsstrategien oder eben deren Gegensatz: Dezentralisierung

---

89 E-Mail an Stephan Sticherling, cc Friedhelm Maurer vom 21.6.2022.

90 Hans-Jürgen Volk: Kirche in der Krise. Anmerkungen zum Zustand der Evangelischen Kirche im Rheinland, in: Info-Brief des Evangelischen Pfarrvereins im Rheinland Nr. 30/2021, S. 37.

und Rückbesinnung auf die Gemeindekirche, taucht die heikle Frage auf, ob die Kirche überhaupt noch reformierbar ist. Die Hoffnung auf wirkliche Reformierbarkeit der Kirche schwindet tatsächlich bei vielen. In der Römisch-Katholischen Kirche schwindet sie gewiss mehr, aber auch in der Evangelischen Kirche schwindet sie bei denjenigen Menschen, denen das Evangelium am Herzen liegt und denen die anvertrauten Menschen am Herzen liegen. Die Gefahr der Resignation ist durchaus vorhanden, den Kampf für eine Reformation der Kirche aufzugeben, wo so viele auf der anderen Seite nur für irgendwelche neuen Strukturen kämpfen. Manche erleben den immer neu von oben erzeugten Zwang, zu fusionieren, als »strukturalisierte Gewalt«. In den kleinen Gemeinden, die sich gegen Fusionierung wehren, wird diese Gewalt so heftig und brutal erlebt, dass Menschen den Kampf in der Kirche aufgeben, die Kirche verlassen und Neuanfänge außerhalb der beiden großen Volkskirchen suchen.

Man kann sich des Eindrucks nicht erwehren, dass die Kirche mehr Aufwand betreibt, zu verwalten, als missionarische Verkündigung zu fördern. Denn sie rüstet mit immer mehr Verwaltung auf, statt sich etwa um den Nachwuchs von engagierten Pfarrerinnen und Pfarrern zu kümmern.

Dass man sich in solchem Maße in Verwaltung stürzt, kann eine Ersatzhandlung sein. Vielleicht leidet die Kirche aber auch an einer Krankheit, die besonders in Deutschland häufig vorkommt, die man mit »German Overengineering« bezeichnet: Es wird so gründlich organisiert, dass dabei der Sinn und Zweck bisweilen aus den Augen verloren wird. In der Inflation von Wörtern in Strategie- und Umsetzungspapieren geht die Orientierung an dem einen Wort verloren.

Kirche hat kein Defizit an Worte-Machen, sondern sie hat, mit Ausnahme ihrer lobenswerten diakonischen Aktivitäten, ein Defizit an Taten, was die Verkündigung des ungeschmälerten Evangeliums betrifft. Auch für die Verkündigung gilt Erich Kästners geflügeltes Wort: »Es gibt nichts Gutes, außer man tut es.«

Zu viel Leitung von oben statt Kirchenaufbau von unten kraft des Heiligen Geistes von oben – so lässt sich provokativ die Situation beschreiben: Institutionelles, systemisches Versagen.

In der Römisch-Katholischen Kirche sieht man inzwischen hinter den Skandalen um sexuellen Missbrauch neben viel persönlichem Versagen von Amtsträgern auch dieses institutionelle und systemische Versagen. Man fordert, am »Nullpunkt angelangt«, tiefgreifende Reformen.[91]

Bevor es immer weiter Austritte aus der Kirche gibt, sollten kirchenleitende Personen, die für die negative Entwicklung der letzten Jahre hauptverantwortlich sind, endlich zurücktreten. Rücktritt von der Leitung statt Austritt von Kirchenvolk. Der frühere Vorsitzende der Evangelischen Allianz, Rolf Hille, sieht die beiden großen Kirchen in Deutschland im Sinkflug in die gesellschaftliche Bedeutungslosigkeit und fordert, es müsse »ein Ruck durch die Volkskirche gehen«[92]. Statt die Fassade zu modernisieren und »Leuchtfeuer« zu errichten (vgl. die EKD-Denkschrift), sollte die Kirche endlich darangehen, Substanz zu erhalten, in ihrem Keller aufzuräumen. Solches Aufräumen erwarte das Volk.

Denn bei aller Kritik und Distanz zur Kirche möchte das Volk mehrheitlich wohl keine Entchristlichung der Gesellschaft.

Constantin Schreiber hat 2021 einen viel beachteten Roman geschrieben, der die gesellschaftlichen Verhältnisse in Deutsch-

---

91 So äußerten sich Kardinal Reinhard Marx und auch Georg Bätzing, Vorsitzender der Bischofskonferenz, im Juni 2021.

92 In: IDEA vom 4.6.2021.

land in ungefähr dreißig Jahren zu beschreiben versucht.[93] Darin ist auch von der Veränderung in der Evangelischen Kirche die Rede. Ende des zwanzigsten Jahrhunderts, heißt es, habe man damit begonnen, die Kirchen für weltliche Veranstaltungen zu nutzen. Die Gemeinden hätten Mitglieder verloren und sich gezwungen gesehen, etwas zu tun, um die Gotteshäuser weiter unterhalten zu können. Auf die Frage eines Youtubers, warum sich immer mehr Menschen von der Kirche abgewendet haben, antwortet ein Pfarrer, das habe man sich in der Kirche auch gefragt und nicht verstanden. Pfarrer Lemke, so heißt der Protagonist im Roman, sagt:

»Wir haben uns doch immer für das Gute eingesetzt. Menschen mit eigenen Flüchtlingsbooten gerettet, Kirchenasylunterkünfte gebaut, wir haben uns von Anfang an aktiv an der Luftbrücke beteiligt und hatten als Erste eine eigene Frauen- und Diversitätsquote. Und nicht nur das! In vielen Kirchen haben wir die Jesus- und Heiligenstatuen durch geschlechts- und herkunftsneutrale Figuren ersetzt. Und weil auch die Darstellung der Gewalt am Kreuz nicht mehr zeitgemäß war und vor allem junge Menschen zu traumatisieren drohte, haben wir den Jesusfiguren statt der Dornenkronen Blumenkränze aufgesetzt und sie auf einfache Sockel gestellt.«[94] Es half nichts, obwohl Politik und Medien die Kirche für dieses Engagement feierten, traten immer mehr Menschen aus der Kirche aus. Pastor Lemke experimentierte an seiner Heilig-Kreuz-Kirche weiter mit weltlichen Veranstaltungen (z. B. Erotikmesse) und interreligiösen Feiern (z. B. Indie-Pop-Move); schließlich war die Idee geboren, die Kirche in ein interreligiöses Gotteshaus umzufunktionieren, Moschee, Synagoge und Kirche unter einem Dach. Ein Förder-

93 Constantin Schreiber: Die Kandidatin. Roman, Hamburg 2021.
94 A. a. O., S. 148.

programm des Berliner Senats für den interreligiösen Dialog stellte finanzielle Mittel dafür bereit.

Im Roman von Constantin Schreiber nehmen die angefragten muslimischen Gemeinden das Angebot, das auch die Einrichtung eines Minbars in der Kirche umfasst, begeistert an. Inzwischen stellen die Muslime die größte Glaubensgemeinschaft in Berlin. Zu Beginn des interreligiösen Gottesdienstes wird die »Diversity-Hymne« gesungen, die längst als inoffizielle Nationalhymne gilt, da sie für alle da ist, »anders als das Deutschlandlied, das nichtinklusiv ist und auf kulturelle Exklusivität anspielt.«[95] Deutschland zeige Weltoffenheit, heißt es.

So, wie der Roman die Entwicklung beschreibt, so könnte es tatsächlich kommen. Am 27. Mai 2021 wurde in Berlin der Grundstein für das interreligiöse Bet- und Lehrhaus »House of One« gelegt, tatsächlich eine Kirche, eine Synagoge sowie eine Moschee unter einem Dach. Eine Einrichtung, die man sich mit Baukosten von geschätzten 47 Millionen Euro etwas kosten lässt. Es gibt keinen Weltfrieden ohne Frieden der Religionen. Daher ist ein Dialog, auch in neuen Formen wichtig und unverzichtbar. Doch gerade der Dialog lebt von klaren Identitäten bei gegenseitigem Respekt. Und immer wieder wird es darauf ankommen, zu betonen, dass Christen und Muslime den Glauben an den einen Gott, an die Liebe Gottes und an die Nächstenliebe miteinander teilen und gemeinsam jeglicher Gewalt eine klare Absage erteilen müssen.

Durch genaues Studium der Gegenwart lässt sich wohl am besten voraussagen, was die Zukunft bringt; man muss nur aufschreiben, was man wahrnimmt, und wird dabei prophetisch.

Die Freiburger Studie zur Entwicklung der Kirchenmitgliedschaft rechnet bis 2060 mit einer Halbierung der Zahlen der

95 Ebd., S. 151.

Kirchenmitgliedschaft. Nur noch für jeden vierten Deutschen ist die Kirche für sein Leben wichtig, ergab im Januar 2023 eine Umfrage.[96] Die 75 Prozent, die die Kirche für nicht mehr bedeutend für ihr Leben halten, lassen eine noch heftigere Entwicklung des Rückganges der Kirchenmitgliedschaft befürchten. Allerdings erbrachte die Befragung auch den Befund, dass für jüngere Menschen die Kirche dann doch noch mehr Bedeutung hat als für ältere. Vielleicht zeigt sich hier schon eine Trendumkehr.

Mit diesen Perspektiven und Prognosen sei noch einmal die Frage gestellt: Müssen wir uns von der »Volkskirche« verabschieden?

Im August 2022 war im Nachrichtenmagazin DER SPIEGEL ein Artikel zu lesen mit der Überschrift »Land der Gottlosen«: Erstmals seien kirchlich gebundene Christen in Deutschland in der Minderheit, ihr Anteil betrage nur noch 49,7 Prozent, 2020 lag er noch bei 51 Prozent.[97] Stand 31.12.2021 gehörten 19,725 Millionen Menschen einer der 20 EKD-Gliedkirchen an, Ende 2020 lag die Zahl noch bei über 20,2 Millionen, ein Rückgang von 2,5 Prozent.[98] Im Koalitionsvertrag der neuen Ampel-Regierung, so heißt es in dem SPIEGEL-Beitrag weiter, werde das Christentum an keiner Stelle erwähnt. Der neue Regierungschef Olaf Scholz, in der evangelischen Kirche getauft, sei schon vor vielen Jahren aus der Kirche ausgetreten – wie das zuletzt in nur einem Jahr mehr als eine halbe Million deutscher Protestanten und Katholiken ebenfalls getan haben. Zum ersten Mal in ihrer

96 Umfrage des Markt-und Sozialforschungsinstitus INSA-Consulere (Erfurt). Für nur 7 % »sehr wichtig«, für 18 % »eher wichtig«, für 27 % »eher unwichtig« und für 44 % »sehr unwichtig« (in: IDEA-Newsletter vom 25.01.2023).
97 DER SPIEGEL, Nr. 34 vom 20.8.2022, S. 94–96.
98 IDEA, 9.3.2022.

Geschichte werde die Bundesrepublik Deutschland von einem konfessionslosen Bundeskanzler regiert. 7 der 16 Bundesminister haben bei ihrer Vereidigung auf die Formulierung »So wahr mir Gott helfe« verzichtet.

Zur Erinnerung: Nach dem Ende des Zweiten Weltkrieges waren 95,8 Prozent der deutschen Bevölkerung Mitglied in einer der beiden großen Volkskirchen, 51,5 Prozent gehörten der protestantischen Kirche an, 44,3 Prozent der Katholischen Kirche.[99] Kurz nach der Wiedervereinigung 1990 lag der Anteil der katholischen und evangelischen Christen im Land bei 72 Prozent. Können wir jetzt noch, wo wir unter die 50 Prozent-Marke gesunken sind, einen volkskirchlichen Anspruch vertreten?

Und die Zahl der Kirchenaustritte erreichte im Jahr 2022 neue Höchststände[100], offensichtlich beschleunigt sich der Mitgliederverlust weiter.[101]

Am 7. März 2023 teilte die Pressestelle der EKD in Hannover mit, dass 2022 (Stichtag 31. Dezember 2022) in Deutschland rund 380.000 Menschen aus der Evangelischen Kirche ausgetreten sind, über ein Drittel mehr als im Vorjahr 2021 (280.000). Der Trend ist eindeutig, denn 2020 waren es »nur« 220.000. Die Zahl der Eintritte in die Evangelische Kirche fällt dagegen mit rund 19.000 kaum ins Gewicht, diese Zahl hielt sich auf Vorjahresniveau. Ende 2022 gehörten somit noch 19,15 Millionen

99 Peter Seewald, Benedikt XVI., a. a. O., S. 244.

100 Vgl. Nordrhein-Westfalen, ein »Rekordhoch«: 223.509 Menschen haben 2022 die beiden großen Kirchen verlassen – zum Vergleich: 2012 waren es 53.044, 2017 waren es 72.588, 2021 waren es 155.322 (IDEA-Newsletter vom 27.1.2023). Die Zahlen für die Evangelische Kirche im Rheinland: 2012: 13.915, 2017: 20.389, 2021: 32.900 und 2022: 45.300.

101 Vgl. Nordkirche, die seit ihrer Gründung im Jahr 2012 rund ein Viertel ihrer Mitglieder verloren hat (IDEA -Newsletter vom 15.2.2023).

Menschen einer der 20 Gliedkirchen der Evangelischen Kirche in Deutschland an (2021 waren es noch 19,725 Millionen). Mitgliederverluste durch Kirchenaustritte und die demographische Entwicklung – mehr Sterbefälle als Geburten – lassen die Kirche weiter schrumpfen.

Noch einmal ein Vergleich 2021/2022 mit 1950: 41,2 Millionen evangelisch (EKD) – 2022: 19,2 Millionen; 1950: 25,2 Millionen römisch-katholisch – 2021: 21,6 Millionen; 1950: konfessionslos oder andersgläubig: 1,0 Millionen – 2021: 41,9 Millionen.[102] Eine zweifellos große Veränderung.

Doch nicht nur der Mitgliederschwund durch mehr oder weniger lautlosen Abschied von der Kirche ist zu beklagen, sondern auch die Tatsache, dass der Gegenwind gegen den christlichen Glauben und die christliche Kirche in unserem Land heftiger geworden ist. Das zeigt sich immer wieder, zuletzt etwa in dem Streit über die Inschrift am wiederaufgebauten Stadtschloss in Berlin. Auf der Kuppel ist ein weithin sichtbares Kreuz, weil der Preußenkönig Friedrich Wilhelm IV. im 19. Jahrhundert auf diesem Schloss eine Kapelle errichten ließ. In einem goldenen Spruchband steht ein aus zwei Bibelversen (Apg 4,12 und Phil 2,10) zusammengesetztes Bibelwort: »Es ist in keinem andern Heil, ist auch kein anderer Name den Menschen gegeben, denn der Name Jesu, zu Ehren des Vaters, dass im Namen Jesu sich beugen sollen aller derer Knie, die im Himmel und auf Erden und unter der Erde sind.«

Erst die Kritik am Kreuz, dem Symbol des Christentums, das für Jesu Leiden steht, das Heilsbedeutung hat, das für die Überwindung des Todes steht, für Versöhnung, Nächstenliebe, Toleranz und Freiheit. Jetzt sollen auch die biblischen Worte

---

102 Vgl. Die Mitgliederentwicklung der Volkskirchen in Deutschland, in: IDEA Nr. 11 vom 15.3.2023, S. 18.

überdeckt werden, wenn auch nur temporär als »Kunstprojekt«. Eine Informationstafel zur richtigen Interpretation der Bibelworte gegenüber einer missbräuchlichen machtpolitischen Instrumentalisierung in der Geschichte genügt den Gegnern christlicher Symbolik nicht. Von den meisten Vertretern der Kirche hört man kaum eine Stellungnahme zu diesem Protest und dem Kunstprojekt. Man hätte doch die Gelegenheit ergreifen können, entschieden Position zu beziehen, die Bedeutung von Kreuz und Bibelworten zu erklären. Viele Christen sind von ihren Repräsentanten und Repräsentantinnen in der Öffentlichkeit, den Verantwortlichen in der Leitung der Kirche, enttäuscht: Wie kann man nur so ignorant oder so feige sein, die segensreiche Tradition und Kultur des Christentums, aus der man kommt und in der man lebt, zu verleugnen?

Es befremdet auch, wenn – wie im Herbst 2022 beim G7-Außenministertreffen geschehen – das Kreuz an der Wand aus dem Saal des historischen Rathauses in Münster entfernt wird. Als Begründung nannte das Auswärtige Amt den Umstand, dass Menschen mit unterschiedlichem religiösen Hintergrund an dem Treffen im Rathaus teilnähmen.

Dass sich der Wind gegen die Kirchen verschärft, spürt man auch daran, dass die Staatsleistungen an die beiden Kirchen abgelöst werden sollen, die auf das Jahr 1803 zurückgehen. Damals wurden Kirchen und Klöster im Rahmen der Säkularisierung enteignet. Bei diesen Staatsleistungen handelt es sich nicht um eine Subventionierung der Kirchen, sondern um einen Ausgleich für eine große Enteignung. Die wird in Form von regelmäßigen Entschädigungszahlungen geleistet, die bis in die Gegenwart reichen und jährlich ca. 550 Millionen Euro in die Kassen der evangelischen Landeskirchen und der römisch-katholischen Bistümer bringen. Seit der Weimarer Reichsverfassung von 1919 stehen diese Staatsleistungen auf dem Prüfstand.

Damals gab es schon einen ersten Gesetzesentwurf dazu, die regelmäßigen Zahlungen durch eine einmalige Zahlung abzulösen. Auch im Grundgesetz von 1949 wird verlangt, dass diese Staatsleistungen abgelöst, das heißt, beendet werden sollen. Gleichwohl sahen bisherige Regierungen keinen dringenden Handlungsbedarf.

Nun scheint es aber ernst zu werden, nach dem Koalitionsvertrag von 2021 soll jetzt endlich der Verfassungsauftrag erfüllt werden. Nun soll umgesetzt werden, was in der letzten Legislaturperiode mit den vorgelegten Gesetzesentwürfen noch einmal gescheitert war. Doch wie kann eine faire Ablösung aussehen, auf welchen Betrag wird man sich einigen: 11 Milliarden Euro oder mehr oder weniger? Und was wird es bedeuten, wenn die Kirchen am Ende weniger Geld haben – und das gerade für ihre diakonischen Einrichtungen? Wird der Staat mit den jährlich eingesparten 550 Millionen Euro genauso viel leisten, wie das die Kirchen bislang mit ihren Diensten für die Gesellschaft tun? Die Staatsleistungen machen im jährlichen Budget der Evangelischen Kirche in Deutschland gut zwei Prozent aus, was nicht viel, aber auch nicht wenig ist. Zum Beispiel dort, wo es um die Weiterführung eines Kindergartens geht. Läßt sich beim Ausfall der Kirche so leicht ein anderer Träger finden, der sich mit seinem Eigenbeitrag so engagiert einbringt wie die Kirche?

Die Zahl der Christen im Land geht zweifellos zurück, der Anteil ist unter die 50 Prozent-Marke gefallen. Aber man sollte wahrhaftig nicht nur auf die Zahlen schauen, sondern sich doch endlich verstärkt der Botschaft und der mit ihr verbundenen Freude am Glauben zuwenden. Der christliche Glaube macht Freude und er hilft bei der Lebensbewältigung. Er darf nicht in den Sog der Problematisierung von Kirche gezogen werden. Wenn von der Kirche die Rede ist, und so kommt das bei vielen Menschen heute an, ist nur noch von Problemen die Rede.

Da wird gejammert auf hohem Niveau. Da ist ständig von Krise die Rede, da wird von Mitgliederschwund und fehlenden Finanzmitteln gesprochen, von Rückbau und nötigen Einsparungen. Das Thema Finanzen hat in der Kirche seit Jahrzehnten ein viel zu großes Gewicht. Die Strukturprozesse wurden vor allem eben mit dem Hinweis auf den prognostizierten Rückgang der Finanzmittel in Gang gesetzt. Ein »Kaputtsparen« wurde betrieben. »Gespart« wurde durch Personalabbau, hierbei besonders durch Einsparung von Pfarrstellen. Andererseits wurde unnötigerweise Geld ausgegeben für wenig nachhaltige Projekte und für den Ausbau von Kirchenbürokratie.

Das Christentum hat sich in seinen Anfängen ausgebreitet aufgrund der Strahlkraft des Evangeliums. Genau so kann auch heute, im 21. Jahrhundert, das Evangelium wieder Strahlkraft entfalten, wenn man es in der Kirche wiederentdeckt, das Salz kann wieder salzen, das Licht wieder leuchten.

Von einer missionarischen Kirche kann wieder ein guter Geist ausgehen, der die Welt zu einem Besseren hin verändert, im Alltag, vor Ort in den Gemeinden bis hin zur großen Weltpolitik in der Gemeinschaft der Nationen.

1999 sprach die EKD-Synode in Leipzig davon, dass Mission »Herzschlag und Atem« der Kirche sei. Dieses Narrativ wird leider durch viel schwächere und leider auch missverständliche Narrative abgelöst, wie etwa zuletzt durch das Narrativ »Lobbyistin für Gottoffenheit« oder »Agentin des Wandels«.

7. Theologie – mit Gott reden und von Gott erzählen

Der ideologische Irrweg der Kirche lässt sich darin zusammenfassen: Man will Kirche »machen«. Vollmundig werden etwa in der Evangelischen Kirche im Rheinland zwei neue Dezernentinnen-Stellen geschaffen für »strategische Innovation«, und vorgestellt werden die Stelleninhaberinnen als »Wegbereiterinnen der Kirche von morgen«, die »die notwendigen Veränderungsprozesse begleiten und unterstützen« sollen.[103] »Mixed Economy«, »Marketing«, tauchen als Begriffe auf. Für die geplanten Innovationen soll Platz geschaffen werden durch »Exnovation«. Da die »Ressourcen« begrenzt seien, »müsse man auch verabschieden, was einst bewährt, aber inzwischen nicht mehr tragfähig sei«[104].

In der neu eingerichteten Plattform »Kirche neu denken: Plattform zur Vernetzung« öffnet sich das »Fresh X-Netzwerk«[105] für eine Mitgliedschaft von Einzelpersonen, kirchlichen Initiativen und Start-ups. Ziel ist es, die Kirche gemeinsam zu verändern. »Pionierinnen und Pioniere, kirchliche start-ups, Initiativen, Aufbrüche sowie Ermöglicherinnen und Ermöglicher« sollen sich vernetzen. Gesucht sind »Menschen, die voranbringen«. Für Mitglieder des Fresh X-Netzwerks »starten gleichzeitig regelmäßige Hubs zu verschiedenen Themen und ein Verzeichnis innovativer Menschen quer durch alle kirchlichen Traditionen«. Die Fresh-X-Mitglieder »können nach Kriterien filtern oder nach Stichworten suchen und so die Menschen finden, die sie beruflich oder in einem bestimmten Anliegen weiterbringen. Und natürlich werden sie auch selbst von den richtigen

---

103 Ekkehard Rüger, in: EKiR.info 2022, S. 10.
104 Ebd., S. 10.
105 Vgl. https://freshexpressions.de/neue-vernetzungsplattform/

Menschen gefunden«, heißt es. Der neue Mensch, so scheint es, ist der innovative Mensch, der »richtige« Mensch. Der konservative Mensch ist nach dieser Logik der »falsche Mensch«. Nach einem christlichen Menschenbild, nach Bibelstellen sucht man vergeblich in diesen Verlautbarungen. Der neue Mensch in Christus (Gal 2,20), der neue Adam (Röm 6,1ff) ist hier nicht im Blick.

Die »richtigen« Menschen werden für Veranstaltungen geworben: »Angesichts schwindender Mitgliedschaftszahlen, zurückgehender Finanzmittel und einem zunehmend säkularer werdenden Umfeld stellt sich ein kirchliches ›Weiter so‹ nicht mehr als zukunftsweisend heraus. In vielen Landeskirchen und Bistümern gibt es daher die sog. Erprobungsräume und Experimentierfelder für eine Kirche der Zukunft. Diese neuen Aufbrüche und Experimentierräume werden zunehmend notwendiger, um in den vielfältigen Sozialräumen und Lebenswelten proaktiv eine dynamisch agierende Kirche voranzutreiben und als Kirche in veränderter Gestalt zukünftig präsent und relevant zu sein.«[106]

Ziel ist es also, als Kirche in veränderter Gestalt zukünftig präsent und relevant zu sein. Wo aber bleibt die Theologie in diesen Visionen und Zielen der Macher? Immer wieder ist davon die Rede, die Kirche »attraktiv« und »lebensrelevant machen zu wollen«, die Rede von »Ressourcen« und notwendiger »Neuorientierung«, auch bei Uta Pohl-Patalong: »Noch sind Zeit und genügend Ressourcen vorhanden, um die notwendigen Neuorientierungen aktiv zu gestalten und die Voraussetzungen zu schaffen, dass die Kirche mit ihren Sozialformen plausibel und relevant wird für deutlich mehr Menschen als bisher – diese

---

106 Vgl. https://vrk-akademie.de/symposium-kirche-neu-denken-kirche
-erproben-auf-der-suche-nach-neuen-formen-kirchlichen-lebens/

Chance sollte genutzt und nicht vertan werden.«[107]

Nein! Die Kirche muss nicht erst relevant werden, die Kirche ist relevant. Sie ist von Bedeutung. Und sie bleibt von Bedeutung. Aber eben nur dort, wo sie Kirche ist. Die Kirche ist freilich nicht »systemrelevant« in dem Sinne, in dem dieses Wort Kirche heute kurzschlüssig gebraucht wird vom Zeitgeist einer säkularisierten Gesellschaft: als Kirche, in der der Glaube an Jesus Christus kaum eine Rolle mehr spielt und keine wirklich gestaltende Kraft mehr entfaltet.

Wo aber an Jesus Christus geglaubt wird, kann aufrichtig bezeugt werden: Ihre Botschaft, das Evangelium von Jesus Christus, ist und bleibt sehr wohl »systemrelevant«, und sei es gerade in dem Sinne, systemkritisch zu sein um Gottes willen und um der Menschen willen.

Systeme geben Halt, können aber auch Menschen in den Würgegriff nehmen und sie ihrer Freiheit berauben. Mit der Botschaft von Jesus darf und soll sich die Kirche »einmischen« in den gesellschaftlichen Diskurs über die komplexen, nicht trivialen Systeme und konstruktiv an den Lösungsvorschlägen für die Probleme der Zeit mitwirken. Es kommt dabei alles auf den Inhalt an, den Kirche zu bieten hat. Dieser Inhalt lässt sich gerade in komplexen Systemen in einfacher Weise kommunizieren.[108] Systeme sind um so störanfälliger, je starrer sie organisiert

---

107 UTA POHL-PATALONG: Es geht nur exemplarisch. Warum die traditionelle Ortsgemeinde keine Zukunft hat, S. 11.

108 Der Mathematiker ANDREAS BECK stellt fest: »Komplexe Systeme brauchen eben gerade einfache Antworten. [...] Wenn ich komplexe Systeme habe, dann kann ich keine exakten Vorhersagen treffen. Aber ich kann gewisse Muster beschreiben. [...] Wenn ich die Zahl der Daten erhöhe, dann steigt die Zahl der Fehlinformationen exponentiell, weil die wirklich wichtigen Informationen in ihrer Anzahl gleich bleiben – ob ich sie messe oder nicht. Heißt: Je mehr Daten ich analysiere, desto größer wird die Wahrscheinlichkeit, dass ich ei-

sind. Der christliche Glaube ist kein System, schon deshalb, weil er offen ist für das Noch-Nicht, für die Vollendung der Welt, die noch aussteht.[109]

Es geht in der Botschaft, die die Kirche auszurichten hat, um eine »universale Botschaft, die für die ganze Welt unverzichtbar ist. Wo diese Botschaft fehlt, gerät die Welt aus den Fugen. Wo sie aber geglaubt und gelebt wird, da entsteht neues Leben in Freiheit, Frieden und Gerechtigkeit für die Menschen.«[110] Das Heil ist im Heiland Jesus Christus »bereitet vor allen Völkern« (Lk 2,31).

Den Inhalt bekommt man nur über Theologie. Theologie, die den Namen Theo-logie verdient: Die Rede von Gott. Eine Theologie, die zur Anthropologie wird, ist keine Theologie mehr. In der Theologie als der Rede von Gott in Jesus Christus, dem »concretissimum universale« (Eberhard Jüngel),[111] scheiden sich die Geister. Es entstehen Religionen und Konfessionen, im besten Fall kommt es zu einer Einheit in der Vielfalt, zu einer wirklichen Ökumene.

Es gibt allerdings auch die Kirchenspaltung, die Rudolf Bohren zutreffend so beschreibt: »Da sind gleichsam alle Puppen am Tanzen und ist kein Reigentanz, da wird auseinandergetanzt oder man schlurft und schleicht aneinander vorbei. Man tanzt nach verschiedenen Orchestern mit verschiedenen Rhythmen und die Zuschauer an den Rändern haben wenig Lust, an diesem müden, wüsten Durcheinander teilzunehmen und mitzu-

nem Rauschen unterliege und dadurch in eine völlig falsche Richtung laufe.« (in: FOCUS-MONEY, Nr. 21 vom 19.5.2021, S. 9f.)

109 Otto Weber: Grundlagen der Dogmatik, Band I, Neukirchen ⁵1977, S. 76.

110 Vgl. Albrecht Benz: Volkskirche im Dilemma, in: *Deutsches Pfarrerblatt* 7 / 2022, S. 408.

111 Christiane Tietz: Gott – um Gottes willen interessant, S. 6.

machen. Die Spaltung der Kirche ist das größte Hindernis für die Mission der Kirche, alle Völker zu Jüngern zu machen.«[112]

Doch an der Unterscheidung der Geister führt kein Weg vorbei. Nicht alles, was sich Theologie nennt, ist auch Theologie. Das zeigte sich im »Kirchenkampf«. Dieser Kirchenkampf in der Frontstellung »Bekennende Kirche« versus »Deutsche Christen« schwelt seit 1945 weiter, ob wir das wahrhaben wollen oder nicht. Es ist der Unterschied bereits in den Offenbarungsquellen: Tagesordnung der Welt / politische Ideologie versus Bibeltexte / Jesus Christus.

Vorsicht ist immer dort geboten, wo die Kirche meint, gemeinsame Sache machen zu müssen mit Parteien oder anderen Gruppierungen und Organisationen in Staat und Gesellschaft, oder meint, sich anbiedern zu müssen. Bei solcher Anbiederung wird schnell das eigene theologische Profil preisgegeben. So kann man auch »Volkskirche« sein wollen in dem Sinne, dass man bestimmte Bedürfnisse des Zeitgeistes befriedigt und seinen Beitrag zur Staatsideologie beiträgt. Im Kirchenkampf war aber gerade die »Bekennende Kirche« Volkskirche, indem sie sich nicht mit völkischer Ideologie »gleichschalten« ließ. Sie engagierte sich mit ihrem Widerstand gegen das nationalsozialistische System wirklich für das Volk der Deutschen, um Unheil von ihm abzuwenden. Es waren eben nicht, wie es den Anschein hatte, die »Deutschen Christen«; diese glaubten nur, im Interesse des Volkes zu agieren, haben das Volk aber verraten in ihrer Anbiederung an die nationalsozialistische Ideologie. Diese Ideologie verfolgte nur das eine Ziel, alles mit ihr gleichzuschalten, eben auch die Kirche.

Der Kirche stellt sich ihre vornehmste Aufgabe darin, sich um die gute Lehre zu bemühen. Die Lehre beginnt mit der Leh-

---

re von Gott, aller Weisheit Anfang ist die Gottesfurcht.
Der Begriff *Gottesfurcht* kann in unserer Zeit schnell miss-
verstanden werden. Nicht damit gemeint ist eine Angst vor
Gott. Im Gegenteil, um Rudolf Bohren in seiner Predigtlehre
zu zitieren: »Als Anfang der Weisheit beendigt die Furcht Gottes die Ängstlichkeit und eröffnet die Freiheit. Der Prediger, der
Gott fürchtet, braucht die Menschen nicht zu fürchten. Weil
die Furcht Gottes Befreiung beinhaltet, korrespondiert sie auch
mit der Freude.«[113]
In der alttestamentlichen Weisheit wird die Gottesfurcht als
eine sichere Festung beschrieben, als ein Schutzraum, als »eine
Quelle des Lebens, dass man meide die Stricke des Todes« (Spr
14,26f). »Die Furcht des HERRN führt zum Leben; man wird
satt werden und sicher schlafen, von keinem Übel heimge-
sucht«, heißt es (Spr 19,23). Calvin als theologischer Lehrer der
Kirche prägte den Satz, dass wir ohne lautere Gottesfurcht den
eigenen Wahngebilden ausgeliefert seien.[114] Oder, um es mit Albrecht Goes zu sagen: »Die heilige Furcht erlaubt es dem Menschen nicht, sich an Übermenschenträume zu verlieren; aber sie
entreißt ihn auch der Versuchung, unter seinen Stand zu gehen, der Droge zu verfallen, der Maschine hörig zu werden. Sie
ermächtigt ihn, die Leihgabe der göttlichen Schöpfungs-und
Ordnungsmacht so zu empfangen, dass er wird, was er werden
soll: ein wirklicher Mensch.«[115]
Wo die Kirche auf die Lehre verzichtet oder sie geringschätzt,
erzeugt sie wortreiche Leere. Wo die gesunde Lehre fehlt, wird
die Kirche krank. Das ist heute leider auf weite Strecken der Fall.
Als kranke Kirche, die Anteil an einem kranken Zeitgeist hat,

113 RUDOLF BOHREN: Predigtlehre, a. a. O., S. 262.
114 Ebd., S. 265.
115 ALBRECHT GOES: Kanzelholz, S. 52.

enttäuscht die Kirche die Erwartungen von Menschen an eine Volkskirche.

Rudolf Bohren und Harald Grün-Rath stellten bereits vor zwei Jahrzehnten in ihrem Dialog über die Kirche fest: »Das Wort ›Kirche‹ ist offensichtlich nicht mehr gesund. Es liegt im Bett unserer Wohlstandsgesellschaft und zeigt verschiedene Krankheiten; vor allem leidet es an Fettsucht. Damit ist ein Problem angedeutet, dem wir uns stellen müssen, das der theologischen Beurteilung gegenwärtiger Kirche.«[116]

Im Dezember 2022 beschrieb die *Frankfurter Allgemeine Sonntagszeitung*, wie Politiker zunehmend auf Distanz zu den Kirchen gehen. In der Regierung der Ampelkoalition gebe es kein Mitglied mehr, das in der Kirche engagiert sei. Grund für die zunehmende Distanz sei neben dem Bedeutungsverlust der Kirchen in der Gesellschaft im Allgemeinen die schleppende Aufarbeitung der Missbrauchsskandale, die die moralische Autorität von Kirche infrage stelle. Bevor die Kirchen zu was auch immer Stellung nähmen, sollten sie gefälligst erst einmal bei sich selber »aufräumen«. Auch hier die Forderung von außen: »Werdet erst einmal wieder zur Kirche!«

Beispiele gibt es genug dafür, dass Menschen die Kirche nicht mehr als Kirche erleben: Sie besuchen etwa an Heiligabend den Gottesdienst und haben den Eindruck, nur Auszüge aus Programmen politischer Parteien zu hören, im Zweifelsfall eher aus dem linken Spektrum. Oder in der Öffentlichkeit wird wahrgenommen, was auf der EKD-Synode in Magdeburg im November 2022 geschah. Dort beschäftigt man sich mit Tempolimit auf Autobahnen und Landstraßen und lädt eine radikale Klimaaktivistin der »Letzten Generation« ein, gibt denen, die die Gesellschaft mit ihren Klebe-Blockaden nerven, ein Forum, feiert sie, macht sich mit *standing ovations* bei deren Auftritt zur »PR-Agentur der Klima-Radikalen«, wird als Kirche »eine Art Greenpeace mit Gesangbuch«[117], so dass als Botschaft in der Gesellschaft ankommt, dass die Evangelische Kirche auch Gesetzesbruch zur Durchsetzung politischer Ziele befürwortet, einen Gesetzesbruch, der Menschenleben gefährden kann, weil bei den Klebeaktionen möglicherweise Hilfeleistung von Einsatzfahrzeugen behindert wird. »Kleber statt Kreuz«[118], das laufe auf die Selbstaufgabe der Kirche hinaus. Der Klima-Aktivismus der Evangelischen Kirche in Deutschland schreckt manchen ab. Umgekehrt bekommt für manche Menschen der Schutz des ungeborenen Lebens nicht die gewünschte Aufmerksamkeit und die Unterstützung der Kirche, wie überhaupt politisch konservative Positionen in ihr marginalisiert oder gar bekämpft werden. So sagen dann nicht wenige, wie das auch der Chef-Redakteur der »Welt«-Gruppe, Ulf Poschardt, sagt, dass Menschen durch die politische Einseitigkeit der Kirche aus dieser hinausgetrieben würden, dass es eigentlich nicht nachzuvollziehen sei, warum diejenigen, die nicht Rot-Grün wählen, überhaupt noch in die Kirche gehen sollten.[119]

Anstatt sich einmal wirklich mit solcher konkreten Kritik an der politischen Linkslastigkeit der Kirche auseinanderzusetzen, zieht man sich in seine Kreise zurück, applaudiert einander und ignoriert weiter die Stimmen von außen. Und man produziert ohne Kursänderung weiter im selbstreferentiellen System Kirche »Papiere«. So werde ich den Verdacht nicht los, es handele

117 DAVID WENGENROTH, in: IDEA Nr. 44 vom 3.11.2022, S. 7.

118 RALF HANSELLE, stellv. Chefredakteur von *Cicero*, zit. n. IDEA, Nr. 47 vom 23.11.2022, S. 7.

119 Reaktion auf EKD-Synode: Großes Kopfschütteln, in: IDEA Nr. 46 vom 16.11.2022, S. 16.

sich um fortgesetzte Selbst-Stabilisierungsversuche, man will um jeden Preis, ja »auf Teufel komm raus«, »zukunftsfähig« sein.

Die neueste Entwicklung ist, sich vom Selbstverständnis als Volkskirche zu verabschieden und den Kontakt zu anderen Religionsgemeinschaften und zivilgesellschaftlichen Akteuren zu suchen, um mit ihnen »gemeinsame Sache« zu machen und eben auf diese Weise zu überleben. Christlicher Glaube scheint dabei mit ganz bestimmten politischen Meinungen zu verschmelzen, was schnell das Problem aufwirft, dass sich politisch Andersdenkende als Ungläubige und Ketzer ausgegrenzt sehen müssen. Am recht harmlosen Beispiel der Beschlüsse der EKD-Synode von 2022 zum Tempolimit sei es verdeutlicht.

Pfarrer Achijah Zorn erkennt die Problematik und kommentiert: »Aus ganz normalen politischen und persönlichen Abwägungsfragen werden durch die Kirche plötzlich Fragen von Glauben und Unglauben. Mit der theologischen Zauberformel ›Bewahrung der Schöpfung‹ kann jede noch so irre Wahnvorstellung als Gottes Wille hochgejazzt werden. Natürlich ist die biblische ›Bewahrung des Gartens Eden‹ (Gen 2,15) eine christliche Grundhaltung und meine herzenstiefe Glaubenshaltung. Doch wie diese Bewahrung persönlich und politisch in der heutigen Zeit gesellschaftlich verträglich konkret umgesetzt werden kann, da gibt es keine simplen Antworten.« [120]

Um aus dieser Krise zu kommen, braucht es Theologie. Noch einmal: Theologie, die dem Begriff gerecht wird: Rede von Gott. Gott als der lebendige Gott, wie er in der Heiligen Schrift bezeugt wird. Gott in Jesus Christus, der prophetisch und kraft des Heiligen Geistes durch Menschenmund spricht.

---

120   Achijah Zorn, in: IDEA Nr. 46 vom 16.11.2022, S. 18.

Theologie als »erfinderisches Suchen« zu definieren[121], ist völlig unangemessen. Nicht wir sollen suchen und erfinden, auch keine neuen Narrative erfinden, sondern uns von den alten und bewährten Narrativen der Bibel finden lassen. Den hermeneutischen Schlüssel zu unserer Identität als Kirche finden wir in den biblischen Narrativen, in Jesu Gleichnisrede von Salz und Licht. Jesus Christus als Licht der Welt (Joh 8,12) schenkt uns das Licht, das wir aufnehmen und in seiner Nachfolge weitergeben. Wir sind der Welt unsere Identität als Kirche schuldig. Wir müssen uns nicht neu erfinden, wir brauchen nur wieder schlicht Kirche zu sein. Die Kirche ist nicht nur der Welt, sie ist sich selbst ihre Identität schuldig.

In schlichter Nachfolge gilt es, den Verkündigungsauftrag zu erfüllen. Im Pfarrberuf gilt es, die biblischen Narrative weiterzusagen, gerade auch das Widerständige in diesen Narrativen weiterzusagen. Der Kanon der biblischen Schriften weiß mehr, als wir selbst wissen. Die Geschichten der Bibel suchen den Erzähler und die Erzählerin, nicht umgekehrt. Es ist spannend, sie in zeitgenössischer Sprache auf zeitgenössische Themen zu übertragen.

Statt eigenmächtigen Philosophierens und Politisierens muss die Orientierung am Wort Gottes wieder Priorität bekommen. Die Gottesfurcht, die der Weisheit Anfang ist, muss wieder am Anfang kirchlichen Redens und aller kirchenpolitischen Maßnahmen stehen. Die Sätze aus Dietrich Bonhoeffers Vorlesung von 1932 über das Wesen der Kirche bleiben ein Vermächtnis: »Kirche ist Gemeinde, ist dort, wo dem Wort geglaubt wird und gehorcht wird; dort ist die Mitte! Kirche ist die Mitte der Welt,

---

121   So Ilka Werner, die ehemalige Vorsitzende des Theologischen Ausschusses der Rheinischen Landeskirche, in einem Einladungsschreiben zu einer Arbeitsgruppe nach Ausbruch der Corona-Pandemie.

ist die Gemeinde Gottes! Nicht so, dass Gemeinde auf sich selbst als Mitte zeigen kann (Rom!), sondern sofern sie auf den Gott weist, der die Mitte einnimmt. Die Christenheit ist nicht der Welt entnommen. Sie ist in den Alltäglichkeiten der Welt. Darum muss das Wort in der Sphäre des Alltags stehen. Die Kirche ist nicht ›Ausnahmelicht‹ außerhalb der Profanität, nicht Trennung von Kirche und Welt.«[122] Dieses Vermächtnis anzunehmen und einzulösen, bedeutet eine gewaltige Umorientierung in einer kirchlichen Praxis, die über Jahrzehnte die Theologie verändert hat. Rudolf Bohren schreibt in seinem Buch »Prophetie und Seelsorge« dazu treffend: »Die Praxis verändert unmerklich die Theologie; darin liegt ihre verführerische List. Wahre Theologie dagegen leitet zu veränderter Praxis an; darin liegt ihre heilende Kraft. Verführerische List der Praxis und heilende Kraft wahrer Theologie liegen miteinander im Streit ein Leben lang; entweder gerät die Praxis in die Krisis des Wortes, oder das Wort wird durch die Praxis korrumpiert.«[123] Zwischen Theologie und Kirche besteht ein hermeneutischer Zirkel,[124] Theologie ist Selbstkritik, die die Kirche in der ihr eigenen Freiheit übt, ohne sich dabei auf eigenen Wegen zu verirren und zu verlieren.

Die Predigt als Dienst am Wort Gottes verlangt nach neuer Hochschätzung, sie muss in Ausbildung und Weiterbildung wieder zu dem für den Gemeindeaufbau wichtigsten Thema werden. Die der Kirche angemessene Redeweise ist die prophetische Rede. »Prophetie tut der Kirche not, um sie aus ihrer Erstarrung und Sterilität zu lösen, um ihr die Zeit anzusagen, in

---

122 DIETRICH BONHOEFFER: Das Wesen der Kirche, in: DERS., Werke, Elfter Band: Ökumene, Universität, Pfarramt 1931–1932, hg. v. Eberhard Amelung und Christoph Strohm, München 1994, S. 250f.

123 RUDOLF BOHREN: Prophetie und Seelsorge. Eduard Thurneysen, Neukirchen 1982, S. 174.

124 HELMUT GOLLWITZER: Befreiung zur Solidarität, S. 26.

der sie steht. Vielleicht liegt in der weitgehenden Ausblendung der Prophetie ein Grund, warum die theologischen Bücher, die in letzter Zeit über die Kirche geschrieben wurden, einen unbefriedigt lassen: Die Sprache erreicht den Gegenstand, von dem sie spricht, kaum.«[125] Bonhoeffers Homiletik etwa wartet darauf, neu entdeckt zu werden, seine Rede vom Wort, das trägt. Es braucht keine Ablösung des traditionellen Offenbarungsparadigmas »durch ein Deutungsparadigma, um wieder anschlussfähig zu sein an die spätmoderne Denkart«.[126]

Florian Harms, Chefredakteur von *t-online*, schreibt: »Die Krisen ballen sich, und ihre Symptome zeigen sich auch hierzulande immer deutlicher. Viele Menschen fühlen sich davon überfordert, sie flüchten sich ins Private, reden sich die Lage schön oder schalten die Nachrichten ab. Andere reagieren verzweifelt, hilflos oder wütend. Es ist eine toxische Stimmung, die sich da zusammenbraut [...] In dieser prekären Lage braucht es eine moralische Autorität, die den Bürgern Orientierung gibt. Die Zuversicht verbreitet, aber auch schmerzhafte Wahrheiten ausspricht. Früher hätte man diese Autorität von Religionsvertretern erwarten können, doch die fallen aus. Die katholische Kirche erweist sich als unfähig, ihren Sumpf aus Missbrauch, Lügen und Heuchelei aufzuklären. Die Gläubigen kehren ihr scharenweise den Rücken, Kirchenforscher geben der Organisation keine zehn Jahre mehr. Die evangelische Kirche verliert sich allzu oft in maximaltoleranten Belanglosigkeitspredigten, die niemandem wehtun sollen und gerade deshalb kaum noch jemanden berühren.«[127]

125 Rudolf Bohren: Ekklesiologie, a. a. O., S. 164f.
126 Markus Beile: Vom Offenbarungsanspruch zur Deutungsperspektive, S. 612.
127 Florian Harms. www.t-online.de, 4.7.2022. exakter Link!

Das Christentum, eine über Jahrhunderte bewährte Instanz der Gewissensbildung, ein ethisch-kulturelles Gedächtnis, scheint immer mehr in Vergessenheit zu geraten, so dass die Gefahr eines Rückfalls in die Barbarei entsteht.[128] Gerade wo sich in unserer Zeit eine neue Dystopie ausbreitet von einer in nicht ferner Zukunft nicht mehr bewohnbaren Erde und große Ängste aufkommen, muss die biblische Eschatologie, die Vollendung der Welt, die neue Welt Gottes in Ewigkeit, zur Sprache gebracht werden.[129]

Statt immer neue, schmächtige, nichtssagende, ja zum Teil auch wirklich blöde Narrative in den Diskurs zu tragen (was nutzt ein »Leuchtfeuer« schon in Zeiten von GPS?), ist das Bild von Leuchttürmen nicht anachronistisch? -, statt solche Narrative wie »Hinaus ins Weite«, »Agentin des Wandels«, »Lobbyistin der Gottoffenheit« u.a.m. in den Diskurs zu tragen, sollten die biblischen Narrative wieder zur Sprache kommen. Sie sollten schlicht nacherzählt und zur Deutung unserer Zeit und ihrer Herausforderungen herangezogen werden. Die Narrative aus und über Jesu Evangelium entfalten auch im 21. Jahrhundert prophetische Kraft.

Wir leben in einer Zeit der Suche nach überzeugenden Narrativen, die den verunsicherten Menschen die Zukunftsängste nehmen können. Nach Einschätzung des Historikers Christopher Clark ist gerade die westliche Staatengemeinschaft sehr verunsichert, da ihre »Meistererzählung« von Modernität, Zusammenwachsen, Zunahme des Wohlstands durch wirtschaftlichen Aufschwung, von den Vorzügen einer liberal-demokratischen Gesellschaft, »erschöpft« scheint, in vielen Buchtiteln sei vom »Ende« die Rede: Ende der Politik, der liberalen Demokratie,

---

128   Vgl. PETER SEEWALD: Benedikt XVI., a. a. O., S. 794f.
129   Vgl. ebd., S. 970.

der Demokratie überhaupt, Ende des Kapitalismus usw.[130] An
vielen Stellen fürchtet man die Spaltung, ja den Zerfall der Gesellschaft, den Verlust des Zusammengehörigkeitsgefühls – und
das in den großen Krisen der Zeit. Die Großkrisen der Zeit,
das sind die Corona-Pandemie mit ihren gesundheitlichen und
wirtschaftlichen Folgen, das ist der unter grober Missachtung
des Völkerrechts begonnene Krieg Russlands gegen die Ukraine
mit der drohenden Gefahr weiterer Eskalation bis hin zum Einsatz von Atomwaffen und dem Inferno eines Dritten Weltkrieges, das ist schließlich der fortschreitende Klimawandel mit der
drohenden Vernichtung von Lebensgrundlagen auf dem Plane-
ten Erde.

Beim Deutschen Pfarrerinnen-und Pfarrertag 2022 in Leipzig beeindruckten die Grußworte. Der Ministerpräsident von
Sachsen, Michael Kretschmer, und der Oberbürgermeister von
Leipzig, Burkhard Jung, waren gekommen und redeten zu den
versammelten Theologinnen und Theologen. Beide sprachen
sehr eindrücklich die Bitte aus, dass die Kirche helfen möge,
dass unsere Gesellschaft in dieser Zeit der Krisen nicht ausein-
anderbreche. Und sie drückten ihre Hoffnung aus, dass sie das
auch könne.

Über dem vielen Klein-Klein in unzähligen Reformprozessen ist der Kirche die große Erzählung der Bibel abhanden
gekommen. Sie gilt es wiederzuentdecken, wie auch die Reformation im 16. Jahrhundert die Heilige Schrift als Ganzes wiederentdeckt hat. Die Reformation war, recht betrachtet, eine
Predigtbewegung. Und als Predigtbewegung war sie eine prophetische Bewegung. Es wurde mutig gepredigt, es wurde nach
Gottes Willen für die Kirche und für die Welt gefragt. Und das
bedeutet: Es wurde nicht angepasst an die politischen Mächte

130 In: FOCUS Nr.53/1 vom 28.12.2020, S. 28.

und Gewalten gepredigt. Das Volk bekam so einen neuen Respekt vor der Kirche.

In der heutigen Kirche scheint die Mehrheit des Volkes leider keine wichtige moralische Instanz mehr zu sehen. Nach einer Umfrage des Markt- und Sozialforschungsinstituts INSA-Consulere, Erfurt, im Auftrag von IDEA, Wetzlar, hält nur noch jeder sechste Deutsche (16 %) die Kirche für eine wichtige moralische Instanz. Von den Konfessionslosen sind es gar nur 4 % (ev.-landeskirchlich: 27 %, ev.-freikirchlich: 44 %, katholisch: 25 %).[131]

In der Corona-Pandemie-Krise musste die Kirche ihren Bedeutungsverlust krass erleben, sie musste feststellen: Wo Baumärkte geöffnet waren, waren Kirchen für den Gottesdienst geschlossen, weil sie nicht als »systemrelevant« angesehen wurden. Die Mehrheit des »Volkes« ist der Meinung, dass die Kirche bei der Bewältigung der Corona-Pandemie keine positive Rolle gespielt hat.

Nach einer weiteren Umfrage des Markt- und Sozialforschungsinstituts INSA-Consulere, Erfurt, im Auftrag von IDEA, Wetzlar, war nur jeder zehnte Deutsche (10 %) der Auffassung, die Kirche habe eine positive Rolle bei der Bewältigung der Krise gespielt. Von den Konfessionslosen sind es gar nur 4 % (ev.-landeskirchlich: 13 %, ev.-freikirchlich: 18 %, katholisch: 15 %).[132]

Martin Michaelis sprach im Zusammenhang der Corona-Pandemie von einer weiteren Selbstsäkularisierung der Kirche – hin »ins Abseits einer seltsamen Endzeitstimmung, die das Versiegen der geistlichen Quellen weniger fürchtet als den Ver-

---

131   Zit. n. IDEA Nr. 20 vom 19.5.2021, S. 6.
132   Zit. n. IDEA Nr. 22 vom 2.6.2021, S. 6.

lust der internetirdischen Clicks und Claques«[133]. Sie mache den Opferkult um die Gesundheit mit[134], stürze sich auf die Digitalisierung als das neue Heil und gebe das leibhaftige Wort des Evangeliums preis im Verzicht auf Präsenzgottesdienste. »Wenngleich es vor fünfhundert Jahren die Möglichkeiten des Bildschirms noch nicht gab, haben sie sich durch die damals neue Erfindung des Buchdrucks doch nicht dazu verleiten lassen, den leibhaftigen Gottesdienst zu relativieren und auf das Papier zu verbannen.«[135]

Nicht das Volk ist das Problem, sondern wie wenig die Kirche für das Volk taugt, ist das Problem. Nicht andere, aufstrebende Religionen (Islam), sind das Problem, sondern die Schwäche der Kirche ist das Problem. Die Vertrauenskrise und die Identitätskrise, das sind die Probleme.

Noch einmal Martin Michaelis: »Vertraut wird einer Kirche, die aus ganzem Herzen, mit getrostem Mut und freiem Mund standhaft ›Ein feste Burg ist unser Gott‹ zu singen vermag, besonders diese Strophe, die alles zusammenfasst, das A und O, den Anfang und das Ende: Das Wort sie sollen lassen stahn und kein' Dank dazu haben; er ist bei uns wohl auf dem Plan mit seinem Geist und Gaben. Nehmen sie den Leib, Gut, Ehr, Kind und Weib: lass fahren dahin, sie haben's kein' Gewinn, das Reich muss uns doch bleiben.«[136] In dieser vierten Strophe des wohl bekanntesten Reformationsliedes drücke sich gerade eben nicht Martin Luthers Geringschätzung der Frau oder auch des Kindes aus, wie ihm unterstellt werde, sondern das Gegenteil: Er be-

---

133 MARTIN MICHAELIS, in: *Mitteilungen des Thüringer Pfarrvereins* Nr. 1 / 2021, S. 8.

134 Ebd., S. 6.

135 Ebd., S. 10.

136 Ebd., S. 12.

schreibe, was ihm vom Vergänglichen das Allerwichtigste sei, in einer Klimax an höchster Stelle, das Letzte, was er herzugeben bereit wäre: seine Frau.[137]

Von Martin Luther und der Kirche der Reformation scheint die Evangelische Kirche heute weit entfernt. Sie feiert Reformationsjubiläen, wie zuletzt das große 500-jährige 2017, aber hält das Erbe nicht hoch, sondern gibt auf und unterlässt. Das zeigt sich zum Beispiel darin, dass bezeichnenderweise gerade diese vierte Strophe des zitierten Liedes »Ein feste Burg« nicht in dem von der Evangelischen Kirche in Deutschland anlässlich des Reformationsjubiläums 2017 herausgegebenen Liederbuch enthalten ist. Ein Beleg dafür, so muss man das werten, dass die Kirche ihre vornehmste Aufgabe vergisst: das Reich Gottes zu verkündigen als den einzig unvergänglichen Reichtum.

Auf die Inhalte kommt es an. Ich kann es nicht oft genug wiederholen. Reformation der Kirche heißt: Ruf zu den Inhalten, Ruf zur Sache. Aufgabe der Kirche als Institution ist zuerst die Pflege der Verkündigung. Wo Verkündigung des Evangeliums geschieht, stellt sich Gemeinschaft ein, wo Gemeinschaft entsteht, entstehen Orte der Verkündigung und des Versammelns, die eben wiederum so eingerichtet und ausgerichtet sind, dass sie der geistlichen Dimension entsprechen. Kirchengebäude haben eine besondere Ausstrahlung am jeweiligen Ort. Sehr viele Menschen hängen an »ihren« Kirchen, da sie sie als diese besonderen Orte erlebt haben und erleben, in ihnen Heimat gefunden haben. Synoden müssten um die Erhaltung jeder Kirche kämpfen als eines Ortes der Verkündigung für Menschen und Heimat von Menschen.

Ein Schlüsselerlebnis hatte ich bereits als junger Pfarrer, als ich feststellen musste, dass allerdings auf Synoden Inhalten, wie

137　Ebd.

etwa dem Schicksal von Gemeinden und ihren Kirchen, wohl weniger Bedeutung beigemessen wird als manchen Umständen. Als ich eine Delegierte zur Kreissynode befragte, worum es denn inhaltlich bei der Synode gegangen sei, wusste sie auch bei insistierender Nachfrage nur zu erzählen, wen sie alles gesehen hatte und was es zu essen gab... Die Unterlagen zur Synode hatte sie weder gelesen, geschweige denn durchgearbeitet, bei den Abstimmungen orientierte sie sich daran, wo sich die meisten Hände hoben.

Ein weiteres Schlüsselerlebnis hinsichtlich der Arbeit auf Synoden und der Erwartung an sie hatte ich, als ich einen namhaften Vertreter der Kirchenleitung in einer Sitzung auf der Synode sagen hörte: »Nun lasst es mal genug sein, wir wollen nächstes Jahr ja auch noch etwas zu arbeiten haben.« Offensichtlich genügt man sich selbst im selbstreferentiellen System. Auch trotz weiter rückläufigen Kirchensteuereinnahmen aufgrund von Kirchenaustritten, so muss man schon etwas zynisch vermuten, wird eine Verwalterkirche noch genug Mittel für ihr Weiterbestehen haben, wird sie weiter »Papiere« produzieren und bearbeiten. Sie wird weiter ihre Verwaltung stärken, denn schließlich muss auch der Niedergang bis zum bitteren Ende verwaltet werden.

Doch am Ende meiner Überlegungen sollen wahrhaftig nicht Ironie oder gar Zynismus herrschen. So fasse ich zusammen und will noch einmal das Positive betonen: In der Umkehr der Kirche liegt die Verheißung!

Wo die Kirche wieder aus ihren Narrativen zu leben versteht und diese Narrative, aus denen sie lebt, weitererzählt, wird sie Menschen den »einzigen Trost im Leben und im Sterben« (Frage 1 des Heidelberger Katechismus) spenden. Nur wo sie selbst »nicht mehr bei Trost« ist, kann sie das Volk nicht mehr trösten. Nur wo sie ihr Licht unter den Scheffel stellt, um es mit der

Metapher der Bergpredigt Jesu zu sagen (Mt 5,15), wo sie sich
selbst verdunkelt, leuchtet sie nicht mehr den Menschen, die im
Hause der Ökumene leben, Ökumene verstanden als die Gemeinschaft aller Menschen der bewohnten Erde.

Der Gefahr, »nicht mehr bei Trost zu sein«, kann begegnet
werden. Das ist die frohe Botschaft: Es kann trotz jahrzehnte-
langer kirchlicher Misswirtschaft letztlich leicht und schnell alles
wieder anders werden! Denn die Kirche hat nach wie vor den
bleibenden Schatz der biblischen Texte.

Vor seiner Himmelfahrt und der Erhöhung zur Rechten
Gottes (Mk 16,19) beschreibt der Auferstandene den Verkündigungsauftrag: »Buße zur Vergebung der Sünden unter allen
Völkern zu predigen (Lk 24,47). Die Kirche hat die Narrative,
die die Welt und das Leben deuten. Sie hat die Narrative, die
die Welt und das Leben im Sinne der neuen Gotteswirklichkeit
besser machen. Sie hat das, was man heute in der Wirtschaft
»Unique Selling Proposition« nennt, ein Alleinstellungsmerkmal. Mit dem Evangelium hat sie das Angebot besonderer Art,
das sich deutlich spürbar von den Angeboten jeder Konkurrenz
von Weltanschauungen und Religionen abhebt.

Die theologische Lehre ist dabei ein Burggraben, der das
Evangelium schützt vor billiger Vereinnahmung. Mit dem Evangelium lassen sich Menschen, in welchem Volk auch immer, gewinnen für die Nachfolge Jesu Christi. Konformismus mit dem
Zeitgeist brauchen Menschen nicht. Gerade junge Menschen
mögen keine Anbiederung, sie mögen keine sich künstlich jung
gebende Kirche, die sich ihrer Tradition schämt. Die Rede, die
Kirche müsse sich »attraktiver« machen, ist schlicht peinlich. Die
Kirche hat keine Ware zu verkaufen, erst recht nicht sich selbst.

Noch einmal gefragt: Was soll die Rede vom Ende der Volkskirche?

Noch ein letzter Aspekt, ein ganz wesentlicher Aspekt, der noch nicht zur Sprache gekommen ist: Der Anspruch, Volkskirche zu sein, kann nicht einfach so eigenmächtig aufgegeben werden![138] Mit dem Blick auf rückläufige Entwicklungen des kirchlichen Lebens und über der Anpreisung neuer Strukturen hat man das Wesentliche aus dem Blick verloren: Der Anspruch, Volkskirche zu sein, liegt in der neutestamentlichen Botschaft selbst begründet. Diesen Anspruch aufzugeben bedeutet: Häresie.

Das LdG-Papier beginnt mit der Frage: »Was folgt auf die Volkskirche?«[139] und unterstellt damit schon das Ende der Volkskirche. Prognosen zu kommenden Mitgliederzahlen werden bereits als Fakten gehandelt. So geschah das in der Vergangenheit immer wieder: Zur Legitimation von Strukturveränderungen, z. B. Pfarrstellenkürzungen und Gemeindefusionen, wurde mit Prognosen Druck gemacht, die als faktisch bereits eingetreten dargestellt wurden.

Das Narrativ vom Ende der Volkskirche hin zur Minderheitskirche wird so heute zu der neuen Erzählung. Sie hat den Anspruch, die alte Erzählung, die, die wirklich trägt, die auch durch schwierige und kritische Zeiten trägt, zu beenden. Diesem Narrativ widersprechen wir mit unserer Schrift und fordern eine Besinnung auf die Kirche der Reformation.[140]

Eine Kirche der Reformation hat natürlich auch heute ihre Chance. Die starken alten Geschichten der Bibel neu zu erzählen, das ist die Chance. Die großen Erzählungen sind und blei-

---

138 So auch etwa ALBRECHT BENZ: Volkskirche im Dilemma, in: *Deutsches Pfarrerblatt* 7 / 2022, S. 410.

139 LdG, S. 2.

140 Vgl. die Beiträge in dem von GISELA KITTEL / EBERHARD MECHELS herausgegebenen Sammelband: Kirche der Reformation? Erfahrungen mit dem Reformprozess und die Notwendigkeit der Umkehr.

ben: Jesus Christus ist Gottes unüberbietbare Offenbarung, er ist für unsere Sünden gestorben und hat mit seiner Auferstehung uns die Verheißung des Ewigen Lebens geschenkt, die Verheißung eines neuen Himmels und einer neuen Erde. Das allein trägt wirklich. In diesen Erzählungen ist das Entscheidende das, was Jesus sagt. Das herauszustellen macht Predigt zu Gottes Wort. Die Exegese hat hier ihr vornehmstes Ziel. Leider verliert sie das oft aus den Augen, wie Rudolf Bohren an der Perikope Mt 16,13–20 verdeutlicht: Schon die Überschrift zeige, dass das Glaubensbekenntnis des Petrus mehr interessiere als die Verheißung des Kirchenbaus durch Jesus.[141]

In der Antike hatte das Christentum »Erfolg«, weil der christliche Glaube etwas grundsätzlich Neues war. Er war tiefsinnig und anspruchsvoll, voll heilender Kraft. Die christliche Verkündigung richtete sich an alle Menschen, ob Mann oder Frau, arm oder reich, religiös oder nichtreligiös. Menschen wurde mit Gott nicht mehr Angst gemacht, keine Angst mehr gemacht vor Strafen. Der Glaube an den die Menschen liebenden Gott wurde verbunden mit sozialem Engagement und mit missionarischem Schwung. Jesus lehrte die Menschen, zu Gott Vater zu sagen, an den liebenden Vater im Himmel zu glauben. Im Vaterunser-Gebet, das er uns lehrt, stellt sich die Einheit der Christenmenschen dar, wird Spaltung in der *familia dei* überwunden, die Kirche neu entdeckt.[142]

Ich komme zum Schluss. Die vielen Aspekte, die in meiner Betrachtung der Volkskirche zur Sprache kamen, haben damit zu tun, dass ich bewusst nicht definieren will, was die Kirche ist. Rudolf Bohren hat Recht: »In einem gewissen Sinn eignet jeder

---

141 RUDOLF BOHREN: Ekklesiologie. a. a. O., S. 35: »Was Petrus sagt, ist dem exegetischen Common sense wichtig, nicht das, was Jesus sagt.«

142 Ebd., S. 231ff.

Definition eine Wirklichkeitsfeindschaft [...] Jede Definition ist ein Herrschaftsakt, das Definierte wird unterworfen, es wird beherrschbar.«[143]

Oder wie es bei Neil Postman heißt: Es gibt nicht die eine Definition, sondern Definitionen werden zu bestimmten Zwecken erfunden.[144] Begriffliches Reden vermag die Kirche selbst nicht auszusagen, im metaphorischen Reden entsteht hingegen eine Anschauung, wie sie Begriffe nicht liefern können.[145] Es bleibt die immer neue Herausforderung, dass die Sprache der Sache angemessen sei, von der sie spricht.

Eben auch die Sprache beim Sprechen von der Kirche.

Von daher gilt es wahrzunehmen und ernstzunehmen, was durch die neue Sprache mit ihren neuen Begrifflichkeiten passiert, wenn diese sich zu neuen bestimmenden Narrativen entwickeln. Wir können hier auch von »Framing« sprechen: Mit Einrahmungen in Bedeutungsumfelder, das meint »Framing«, werden bestimmte Zwecke verfolgt. Ganze Weltbilder können mit Framing transportiert werden.

Kritisch zu fragen ist, ob die neuen Begriffe: Lobbyistin für Gottoffenheit, Teamplayerin und Agentin des Wandels, noch mehr bedeuten als nur Rahmenerzählung. Ob die Autor*innen im EKiR-Diskussionspapier vielleicht doch mehr verfolgen: die im Roman von Constantin Schreiber beschriebene Interreligiösität im Sinne der von der Politik gewünschten Weltoffenheit? Wenn dem so ist, dann sollte das aber klar kommuniziert werden als sehr gezielter und sehr bewusster Umbau der Kirche der Reformation hin zu einer Kirche der Beliebigkeit, die man gerade so träumen oder sich ausdenken und gestalten kann, wie es

143 Ebd., S. 11f.
144 *Neil Postman*: Keine Götter mehr. Das Ende der Erziehung, S. 215f.
145 RUDOLF BOHREN: Ekklesiologie, a. a. O., S. 68f.

dem Zeitgeist und gesellschaftspolitischen Zielen entsprechend passt.

Die Begriffe »Lobbyistin«, »Teamplayerin« und »Agentin« haben durchaus etwas Schillerndes: Lobbyisten und Agenten manipulieren, sie haben gewiss nicht als erstes die Freiheit der Adressaten im Blick. Es geht vielmehr um Interessen und Vorteile im Kampf, wer in der Gesellschaft das Sagen hat, die Definitionshoheit, die Macht, die moralische Überlegenheit – und sei es auch nur eine scheinbare. Es ist nicht die Sprache der Rechtfertigung allein aus dem Glauben, die hier gesprochen wird, es ist vielmehr die Sprache der Selbstgerechten, die sich als Gewinner und andere als Verlierer sehen wollen. Lobbyisten wollen Politik und Gesellschaft in ihren eigenen Interessen beeinflussen, sie wirken nicht nur auf Meinungsbildung, sondern auf Gesetzgebung ein.

Versucht man, dem Begriff Lobbyistin noch etwas Positives abzugewinnen, dann das, dass die Lobbyistin sich hier für etwas Gutes einsetzt: Lobbyismus als Fürsprache. Vielleicht so: In »säkularer Zeit«[146] Menschen, die mit sich selbst fertig werden und es gelernt haben, ohne Gott zu leben, für eine neue Offenheit für Religion zu gewinnen, weil es doch genug letztlich unheilbar »religiöse« Menschen gibt? Aber Lobbyistin für Gottoffenheit? Stellt sich da nicht die Frage: Braucht Gott Fürsprache? Tatsächlich? Was ist das für ein Gottesverständnis? Die Götter, die wir selber machen, brauchen vielleicht unsere Fürsprache, aber nicht der lebendige Gott der Bibel.

Rudolf Bohren beschließt im Dialog mit Harald Grün-Rath das Buch über die Ekklesiologie mit den vielfältigen Reflexionen über die Schwierigkeit zu sagen, was Kirche sei, in dem Kapitel

---

146 RICHARD RIESS: Der Saum der Zukunft. Kirche in säkularer Zeit, S. 92.

»Die Kirche der Kinder«. Die Kirche des Vaters hat ihr Wesen im Kind. Sie ist verloren, wenn der Vater nicht mehr nach ihr fragt. Rudolf Bohren sieht das Gericht über die Kirche, wenn keine väterliche Nachfrage mehr da ist: »dann predigt sie wohl noch, aber hat nichts mehr zu sagen, dann singt sie immer noch und pflegt ihr Gebetsleben, aber da ist kein Vater, der zuhört. Wenn sie sich nicht mehr in Frage gestellt sieht, kann sie sich selbst genug sein, dann genügt es ihr, sich mit sich selbst zu beschäftigen, sich selbst dar zu stellen.«[147] Kirche braucht die prophetische Nachfrage im Sinne von Fürsorge.

Ich nehme diesen Gedanken auf: Wir Menschen sind Kinder Gottes und brauchen als Kinder Fürsorge. Jesus spricht in der Bergpredigt von der Fürsorge des Vaters im Himmel (Mt 6,25ff). Im Unterschied zu manchen irdischen Vätern fragt Gott nach seinen Kindern und lässt sie niemals im Stich, weil er sie grenzenlos liebt. Wenn man so will: In dieser Liebe braucht Gott uns Menschen. Aber er braucht keine Fürsprache, keine Lobbyistin in uns. Fürsorge und Fürsprache brauchen wir. Unser Fürsprecher vor Gott ist Jesus Christus, der uns beten lehrt »Unser Vater im Himmel«. Deshalb wenden wir uns an ihn, an Jesus Christus, und beten: Komm, Heiliger Geist! Komm, erneuere uns und Deine Kirche!

In seinen Überlegungen, was die Kirche tun solle angesichts des immer schnelleren Mitgliederschwundes, hat Alexander Garth Recht, wenn er fordert, sie müsse den lebendigen Jesus wieder ins Zentrum rücken. Und als Beauftragter der Evangelischen Allianz für Theologie, Evangelisation und Gemeindeentwicklung schlägt er die Brücke zur Präses der Evangelischen Kirche in Deutschland, Annette Kurschus, also der obersten Repräsentantin der noch existierenden Volkskirche in Deutschland, bei der er Ansätze für den Aufbruch des Glaubens sieht. Sie möchte die Hoffnungsbotschaft des Evangeliums noch stärker ins Zentrum gerückt sehen und darauf setzen: »Wenn sie damit meint, dass im Zentrum keine religiöse Hoffnungstheorie steht, sondern eine lebendige Person, nämlich Jesus, der Auferstandene, der von Gott gekommene ›Retter von Sünde, Tod und Teufel‹ (Luther), dann weist sie auf den hin, der die Quelle von Leben, Vitalität und Dynamik des Glaubens ist. Nur mit Jesus im Zentrum können wir glaubwürdige christliche Religion anbieten. Er und seine Lebendigkeit ist die einzige Hoffnung der Kirche. Er sagt: ›Ich will meine Gemeinde bauen, und die Pforten der Hölle werden sie nicht überwinden.‹«[148]

Wir machen nicht Kirche, und Kirche gehört nicht uns. Die Kirche ist des Herrn. Jesus Christus ist das Haupt der Kirche, der Mittler des Heils zwischen Gott und den Menschen. Sein Geist ist es, der erneuert und Zukunft schafft.

Kirche verstehen heißt, sie in ihrer Relation zur Trinität zu verstehen; sie ist Kirche Gottes, des Dreieinigen. Ein mangelndes Bedenken der Trinität hat praktische Konsequenzen: »Man überträgt die Einzigkeit der Person Jesu Christi und ihrer Ämter auf die Amtsträger, dabei wird die Kraft des Heiligen Geistes in ihrer Aktualität für die Kirche ausgeblendet«[149], die Kirche entwickelt eine nicht ihrem Wesen entsprechende Hierarchie und Strukturen, die in der Tat überwunden werden müssen. Immer wieder, denn die Kirche »lebt im Noch-Nicht und damit in sichtbaren Defekten, die in der Regel das verdecken, was von der neuen Schöpfung zum Vorschein kommen könnte, und was Paulus die Versichtbarung des Geistes (1. Kor 12,7) nennt«[150].

---

148 ALEXANDER GARTH: Mitgliederverlust, a. a. O., S. 18.
149 RUDOLF BOHREN: Ekklesiologie, a. a. O., S. 206.
150 Ebd., 212

Es ist die Frage, ob die Formulierung in den Schlusssätzen
des EKiR-Positionspapieres passend ist, dass es sich bei der Trinität um ein Geschehen handle, das sich als »ein dynamisches,
weltschaffendes Liebesgeschehen« umschreiben lässt.[151] Aber
immerhin geben die dieser etwas unglücklichen Formulierung
vorangehenden und die ihr folgenden Sätze Anlass zur Hoffnung auf eine geistliche Erneuerung der Evangelischen Kirche
im Rheinland: »Wir glauben an Gott, der Himmel und Erde
geschaffen hat, der uns in Christus zu neuen Menschen macht
und in seinem Geist Grenzen überwindet [...]. Das sollte reichen, um auch selbst die Evangelische Kirche im Rheinland zu
verändern.«[152]

Veränderung ja, aber nicht ständig gesucht in der Organisation, in Strukturen und Konzeptionen, sondern Veränderung:
notwendig im Denken, das wieder ein theologisches Denken
werden möge, ein Denken vom Reflektieren hin zum Beten. Ein
neues Sich-Öffnen für die Offenbarung Gottes, die ein perso-
nales Geschehen ist. Wir glauben an den lebendigen Gott, der
Wort und Liebe ist, der uns zuerst geliebt hat und der uns hört.

In dieser Besinnung wird die Kirche auch wieder missionarische Kraft entfalten und Menschen einladen wollen, von Jesus
Christus zu erzählen, so dass Menschen von seinen Gleichnissen, von seinen Worten, und darin von seiner Liebe ergriffen
werden.

Kirche ist und bleibt bis zum Jüngsten Tag ein *corpus permix-
tum*, wo Weizen und Unkraut gemeinsam wachsen, um es mit
einem weiteren Gleichnis Jesu auszudrücken (vgl. Mt 13,24–30).
Von daher müssen wir, im Glauben an das Letzte, es im Vorletz-

---

151 »E.K.I.R.2030. Wir gestalten ›evangelisch rheinisch‹ zukunftsfähig,
     S. 20.
152 Ebd.

ten miteinander aushalten. Wir müssen immer wieder das Gespräch suchen und mit guten Argumenten überzeugen wollen. Vor allem aber müssen wir in der Liebe bleiben.

Kirche wird zur Kirche als der wahren Kirche in der Nachfolge Jesu, und das heißt: Immer in der Umkehr, in der täglichen Buße: »Umkehren und werden wie die Kinder heißt: der Liebe Platz machen, der Liebe, die primär im Empfangen lebt und erst sekundär im Geben.«[153]

Also bleiben nur die Demut und das Gebet: Vater im Himmel, wir danken Dir für Deine Liebe. Jesus Christus, wir danken Dir für Deine Fürsprache. Heiliger Geist, komm und erneuere uns und Deine Kirche!

---

153 Ebd., 304.

Tafel 3:
Frauenkirche (1726–1743 erbaut), Dresden

Liebster Jesu, wir sind (nur noch) vier – oder: Das Ende der Volkskirche?

Einige überwiegend ernsthafte Überlegungen
zu einem ernsten Thema

VON ARNULF LINDEN

In diesem Beitrag wird zu erklären versucht, warum Pfarrer-schaft und Gemeinde für eine sich als Moralagentur der Ge-sellschaft verstehende kirchliche Elite im Wesentlichen bedeu-tungslos sind, diese Elite aber dennoch auf den Fortbestand der Institution angewiesen ist. Als Garant dafür gilt die Verwaltung, doch dies ist nicht ohne Risiko. (Ein gelegentlich ironischer Un-terton mag goutiert oder ansonsten verziehen werden.)

Kommt ein Skelett zum Arzt, sagt der Arzt: Sie hätten früher kommen sollen!
Ist das die Situation der evangelischen Kirche? Ist der Zeit-punkt vertan, an dem noch Genesung möglich gewesen wäre?
In einem Interview mit dem Deutschlandfunk im März 2021 hat der Bochumer Systematiker Günter Thomas, Verfasser des Buches *Im Weltabenteuer Gottes leben – Impulse zur Verantwor-tung für die Kirche* (Leipzig 2020), von dem SPD-Problem der evangelischen Kirche gesprochen. Er meinte damit nicht die zweifelsohne bestehende Affinität mancher kirchlicher Amtsträ-ger – auch prominenter – zu dieser Partei, sondern das wahr-lich kuriose Phänomen, dass deren Funktionsträger, jedenfalls auf Bundesebene, sich ideologisch immer mehr von der Basis entfernen: Die Beschäftigung mit Genderfragen, linker Identi-tätspolitik, Multikulturalismus etc. überlagert die Probleme, die

bei der ursprünglichen sozialdemokratischen Klientel im Fokus stehen, was zu deren Konversion zu anderen politischen Orientierungen bis hin gar zur AfD führt.

Entsprechend sieht es in der Kirche aus: Die Themen, die die kirchenleitenden Personen und Gremien beschäftigen, sind selten die der »normalen« Kirchenmitglieder.

Auf der Leitungsebene sind es natürlich zuallererst die immerwährenden Reform- und Strukturprobleme, die zur Produktion immer neuer Papiere, Stellungnahmen und »Kundgebungen« (so das EKD-Deutsch) führen: Statt *sola scriptura – sola structura* (ein alter Witz, zugegeben).

Dann sind es selbstverständlich die vielen gesellschaftlich-politisch-moralischen Fragen, mit denen sich Funktionsträger gern an die Öffentlichkeit wenden. Die Kirche – zuletzt explizit die EKiR – strebt ernsthaft an, zu einer sozialen »Bewegung« neben anderen oder zusammen mit anderen zu werden: Statt Karfreitag – einst höchster evangelischer Feiertag – nun Fridays for Future, statt des Gekreuzigten (und seines anscheinend überholten Sühnetodes) nun Greta Thunberg als messianische Lichtgestalt und Heilsbringerin.

Wozu braucht man noch Sühne, wenn man mit klerikal-moralischem Rigorismus auf der gerechten, der richtigen Seite steht: Wo keine Sünde mehr ist, da wird Sühne unnötig. Autoexculpierung durch Moralismus, Moralappelle als selbstarrangiertes Purgatorium.

Klimawandel also als eines der Hauptthemen dieser kirchlichen Bewegung, dann auch die bekannten Fragen von Gleichberechtigung und Gender Mainstreaming, der Einsatz für sozial Benachteiligte, für Flüchtlinge und deren Rettung aus Seenot und selbstverständlich immer wieder das mutige Eintreten gegen Rassismus, Islamophobie und Rechtsradikalismus. Auch die kirchliche Friedensbewegung ist, wenn auch weniger als früher, immer noch aktiv.

In den 8oer Jahren war die moralische Trinität: Friede, Gerechtigkeit und Bewahrung der Schöpfung. Sie ist sozusagen nach wie vor der moralische Fixstern oder auch der Stern, der zur Krippe den Weg weist, allerdings nicht zu der in Bethlehem, sondern zu der Krippe, in der die drängenden gesellschaftlichen Probleme offen sich darbieten.

Kein Dissens: Die angesprochenen Themen sind höchst brisant und dringlich, niemand wird das ernsthaft bestreiten. Strittig sind nur die daraus gezogenen Konsequenzen, die Lösungsvorschläge und Forderungen an Politik und Gesellschaft. Sie schwanken zwischen realistischem Pragmatismus und moralischem Rigorismus.

Die in der Öffentlichkeit vernehmbaren Kirchenvertreter haben sich eindeutig für die letztere Variante entschieden, sie wünschen, wie schon erwähnt, die Wandlung der Kirche zu einer sozialen Bewegung oder auch zu einer »Moralagentur« (Hans Joas) der Gesellschaft. Zum Teil erweist sich aber der radikale Moralismus als ein rein symbolisches Moralgehabe. Die moralisch odorierten Forderungen an Politik (früher hieß es immer gerne:»Bund, Länder und Gemeinden sind aufgefordert [...]«) und Gesellschaft richten sich eben fast immer nur an andere, nicht an den Fordernden persönlich (Welcher Bischof hat einen Flüchtling aufgenommen?) oder an die Kirche als Institution. Im Gegenteil, möchte man fast sagen. Die Glaubwürdigkeit selbst gesetzter moralischer Standards wird am ehesten zu ermessen sein, ob und wie im eigenen Umfeld nach diesen Standards verfahren wird oder nicht – das allein ist das Kriterium jedweder moralischen Glaubwürdigkeit.

Der Umgang mit unliebsamen Pfarrern – Stichwort: Abberufungen wegen Ungedeihlichkeit – zeigt auf nachhaltige Weise ein auffälliges Moraldefizit innerhalb der Kirche. Gisela Kittel spricht darüber hinaus in diesem Zusammenhang

von rechtsfreien Räumen innerhalb der Kirche, in denen nach
Stimmungen, Mehrheitsentscheidungen und Aktenlage rück-
sichtslos über das Schicksal von Menschen entschieden wurde
und wird.

*Dass der Ungedeihlichkeitsparagraph, eine »Leiche im Keller«
aus nationalsozialistischer Zeit stammt, ist vielfach geschildert worden, was aber keinesfalls auf zuständiger Seite zu einem Umdenken
geführt hat. Gisela Kittel verweist auf das Schicksal des rheinischen
Pfarrers Paul Schneider, der in der Nazizeit von diesem Ungedeih-
lichkeitsbeschluss betroffen wurde – der entsprechende Beschluss ging
im KZ-Buchenwald ein, als Schneiders »Abberufung« schon auf ge-
waltsame Weise von den Nazis vollzogen wurde.*

Jedenfalls ist es völlig unverständlich und durch nichts zu
rechtfertigen, dass nach solchen extremen Erfahrungen aus
dunkler Vergangenheit heute noch nicht unbedeutende Relikte
dieser Willkürjustiz in kirchlicher Praxis ihre Stellung behauptet
haben.

Dies ist nur ein gravierendes Beispiel für moralische Defizi-
te im innerkirchlichen Handeln. Daneben gibt es – allerdings
genauso wie in anderen Organisationen – viele Fälle von Mobbing, übler Nachrede, Neid, Konkurrenzdenken und so weiter
in kirchlichen Gefilden. Das ist »normal« überall dort, wo Menschen sind. Gut wäre es allerdings, nicht nach außen die moralische Karte zu spielen, sondern sich zu Fehlerhaftigkeit und
Versagen zu bekennen anstatt solche Vorkommnisse (manchmal
mit Berufung auf Joh 8: Wer unter euch ohne Sünde ist, werfe
den ersten Stein) schönzureden, zu negieren oder zu verschlei-
ern, wie es meist im Raum der Kirche üblich ist.

Kurzum: Der promulgierte Moralismus kirchenleitender Organe – Bischöfe und Synoden – ist vielfach nur ein rein symbolischer, um nicht zu sagen hypokritischer Akt – mit der Gefahr
der »Selbstbeweihräucherung«. Dieses Phänomen ist bereits aus

der politischen Sphäre wohlbekannt: Schön klingende Worte und Beschlüsse, Resolutionen oder »Verurteilungen« (von Untaten verschiedenster Art national und international), die zwar alle irgendwie »richtig« sind, aber in der Praxis so gut wie nichts bewirken – Symbolpolitik eben.

Selbstverständlich gibt es im »Kirchenvolk« immer noch genügend Menschen, die sich mehr oder weniger begeistert, mehr oder weniger engagiert an der »Moralagentur Kirche« beteiligen. Das sind in der Regel diejenigen, die sich gern in Ehrenämtern, in Synoden und Presbyterien bzw. Kirchenvorständen finden lassen. Doch deren Zahl geht zurück, wenn man sich ebenso auch anderweitig auf denselben Feldern betätigen kann, in der Politik, in der Umweltbewegung, in der Flüchtlingshilfe etwa. Und manch einem / einer, der / die in einem solchen Wahlgremium sitzt, wird wohl inzwischen als ein Licht der Einsicht aufgegangen sein, dass man dort keineswegs repräsentativ für das »Kirchenvolk«, sondern letztlich nur für sich selbst spricht, wenn es um bedeutungsvolle Resolutionen von gesellschaftlicher Relevanz geht.

Dabei ist wieder auf das von Professor Thomas angesprochene SPD-Problem der evangelischen Kirche zurückzukommen: die Mitchristen und –innen, die nach wie vor der Kirche die Treue halten, ohne sich auf den beschriebenen Feldern übermäßig oder überhaupt zu engagieren, haben andere Probleme, nämlich ihre eigenen »normalen« Lebensprobleme: Sorge um den Arbeitsplatz, Stress im Beruf, Belastungen verschiedener Art, Fragen bei der Erziehung der Kinder, Partnerschaftskonflikte, Krankheiten, Todesfälle, das ganz Normale eben.

Haben die Kirchenleitenden (noch) ein Gespür dafür oder sind sie zu sehr beschäftigt mit den »großen Fragen«, zu denen sie sich in bester Absicht im hohen Ton der Moralität öffentlich äußern?

In einer »großen Frage«, die wirklich seit über einem Jahr die Gesellschaft und jeden Einzelnen bewegt, nämlich die Corona-Krise, blieben die Kirchenvertreter auffallend still und timid. Die zweifellos richtigen Appelle der Politiker wurden von ihnen mitunter mit eigenen Worten aufgegriffen und wiederholt, ansonsten blieb das, was an »öffentlicher Theologie« sonst zu vernehmen ist, frappant versteckt. Eine Art »öffentliche Seelsorge« hätte hier notgetan.

Statt dessen folgte man den Anordnungen der staatlichen Organe willig (was im Prinzip richtig war), teilweise schon in vorlaufendem Gehorsam. Hervor stach die Verlautbarung aus der Nordkirche im Frühjahr 2020, dass eigentlich nicht notwendige Veranstaltungen nicht mehr stattfinden sollten. Gemeint waren die Gottesdienste – früher galten sie als der Kernbereich kirchlichen Lebens. Diese Verlautbarung wurde allerdings nach kurzer Zeit verschämt zurückgezogen.

Fazit: Der Hiatus von top-down, zwischen kirchenleitendem Denken und Handeln und der Lebenswirklichkeit der Kirchenmitglieder in den Gemeinden – also das SPD-Problem –, ist unübersehbar.

Dazwischen bewegen sich (oder bewegen sich nicht mehr) die Pfarrer und Pfarrerinnen in einer eigentümlichen Sandwich-Position. Bemerkenswert ist dabei schon, dass in den einschlägigen kirchlichen Reform-Verlautbarungen, genannt sei hier die »Kirche der Freiheit«, die Pfarrerschaft und mit ihr gleich die Gemeinden überhaupt kaum eine nennenswerte Rolle spielen. Warum nicht? Repräsentieren sie nur das Normale, das Langweilige, das Unspektakuläre, das, was nur im Verborgenen geschieht: im seelsorgerlichen Gespräch, in kleinen Gruppen, im Unterricht, in den Gottesdiensten, die nicht aus der Frauenkirche im Fernsehen übertragen werden, sondern in spärlich besuchten Stadt- und Dorfkirchen?

Damit ist das Problem des Mangels an Selbstwirksamkeit angesprochen, unter dem viele im Pfarrberuf leiden und der »oben«
kaum wahrgenommen wird, außer vielleicht rein statistisch.
Die Gottesdienste leeren sich, Gemeindegruppen schrumpfen,
Jugendarbeit und Kindergottesdienst sind zahlenmäßig ausge-
zehrt, der Bedarf an Seelsorge schwindet, weil er von therapeuti-
schen Berufsgruppen gedeckt wird.

In früheren Zeiten, von einem Vertreter der rheinischen Kirche treffend als »dagobertinisches Zeitalter« benannt, als also die
Geldquellen überreich sprudelten, konnte die sich anbahnende
Bedeutungslosigkeit der Kirche noch in baulichen und anderen Aktivitäten überspielt werden: Neue Kirchen, mehr noch
multifunktionale Gemeindehäuser entstanden, von denen heute
mittlerweile etliche wieder aufgegeben, verkauft oder abgerissen
werden. Diakonische Angebote – Kindergärten, Jugendheime,
Sozialstationen etc. – wurden ausgeweitet. Man konnte sich
betätigen in Organisationsfragen, die ausführlich in vielen Sit-
zungsstunden von kirchlichen Gremien – damals schon! – bearbeitet wurden. Zu den Presbyterien und Kirchenvorständen
gesellte sich eine Vielzahl von zeitaufwändig tagenden Ausschüs-
sen – in einem kirchlichen Kabarett aus Bayern hieß es: Es wird
getagt, aber es dämmert nicht. Und ob, wenn es vielleicht doch
einmal passiert, an der Dämmerung Pforte der Herr der Kirche
nahe war, sei dahingestellt.

Die Vielzahl der Sitzungen ist bis heute geblieben und hat sich
noch gesteigert, doch die Ausweitung der kirchlichen Aktivitäten
hat sich in ihr Gegenteil gekehrt. Rückbau, Konzentration heißt
die Devise. Wachsende Austrittszahlen und allgemeiner Bedeutungsverlust der Kirche in der Öffentlichkeit – trotz öffentlicher
Theologie – führen oft zu Resignation und Frustration.

Die Reaktionen auf diese Kalamitäten sehen in der Pfarrer-
schaft durchaus unterschiedlich aus. Drei Pfarrtypen sind, wie

es scheint, erkennbar – idealtypisch, Überschneidungen sind möglich:

- Nach wie vor gibt es den Pfarrer / die Pfarrerin »alter Schule«, der / die Theologe / in sein will und Seelsorge üben. Treu wie eh und je wird der aufgetragene Dienst verrichtet.
- Als zweites gibt es den Pfarrer / die Pfarrerin als Entertainer / in. Vorbild sind die entsprechenden medialen Gestalten, die sich in Fernsehen und Öffentlichkeit als solche präsentieren, meist mit einer Prise Narzissmus gewürzt. Das Leben ist Show – dann auch in der Kirche. Das kann schon in normalen Gottesdiensten praktiziert werden, die entsprechend unterhaltsam vonstatten gehen müssen, bis hin zu Großevents wie zum Beispiel bei den Lutherfeierlichkeiten 2018. In diese Reihe gehören natürlich auch die Kirchentage. Dazwischen wären überall auf Ortsebene genügend unterhaltsame Aktionen und Formate zu nennen.
- Zum dritten ist der / die Pfarrer / in als gesellschaftlich Engagierte(r) zu nennen, tätig für von Arbeitslosigkeit in großem Stil Bedrohte (durch Zechenschließungen z. B.), im Kampf gegen Rechts, im Einsatz für Benachteiligte jeder Art und auf vielen ähnlichen Betätigungsfeldern. Die Krippe der gesellschaftlich relevanten Themen ist reichlich gefüllt und lädt zur Atzung ein. Die Reihe der bespielbaren Themen ist lang: ökosozialer Wandel, Nachhaltigkeit, Klimawandel, Feminismus, Friedensethik etc. Die Ähnlichkeit dieses noch erweiterbaren Katalogs mit Positionen und Themen bestimmter politischer Parteien und (anderer außerkirchlicher) Bewegungen ist natürlich rein zufällig und keinesfalls beabsichtigt.

Jedenfalls folgt dieser Pfarrtyp zielsicher der höherenorts vorgegebenen Marschrichtung: Kirche als Bewegung.

Der Vorteil dieser Strategie, dieses Verbalaktionismus ist natürlich, dass man immer schon auf der moralisch richtigen Seite steht. Man kann eigentlich nie etwas falsch machen, denn man will ja das Gute, das gesellschaftlich Korrekte, das Notwendige, das die Welt Rettende.

Wer nun aus der normalen, scheinbar unbedeutenden, vielfach frustrierten Pfarrexistenz in höhere kirchliche Ämter aufsteigen möchte, ist gut beraten, diese Themen-Klaviatur geschickt zu bespielen. Nicht rücksichtslose Karriereleiter-Aufstiegsmethoden sind mehr nötig.

Zwar gibt es auch in der Kirche immer noch so genannte Alpha-Tiere wie in der Wirtschaft oder im Bankenwesen und in der Politik, die durch Einsatz von Intrigen, Mobbing und anderes Ellenbogen-Gehabe den Aufstieg schaffen. In der Kirche haben es solche Typen leichter als anderswo, denn die meisten Angehörigen des Pfarrstandes sind ja sanftmütige und friedfertige Zeitgenossen, geduldige Schafe, bei denen ein reißender Wolf leichtes Spiel hat.

Aber, wie gesagt, rücksichtslose Einschüchterungsmethoden sind heute selten, ja eigentlich überflüssig.

Was zählt, ist einzig die Redekunst. Wer in wohlgesetzten Worten, natürlich garniert mit passenden Bibelzitaten und Glaubensaussagen (günstig sind auch Testimonials persönlicher Betroffenheit) die gesellschaftlich-wirtschaftlich-ökologisch-soziale Lage beschreiben kann, also alle relevanten Themen, dazu die böse Welt anprangert, die Ausbeutung der Natur, natürlich den Rechtsradikalismus, den Populismus und vieles andere als Weg zur Hölle geißelt – der hat schon gewonnen!

Für den (oder die) steht der Weg nach oben offen. Also gut reformatorisch; *sine vi, sed verbo*. Nicht Alphatier-Gehabe, sondern die Kunst des Wortes zählt. Nur dass es nicht das verbum divinum ist, sondern das verbum humanum, das gesellschaftlich relevante Wort; statt *verbum revelationis* das *verbum relevantionis* – sofern diese küchenlateinische Neuschöpfung erlaubt ist.

Nun gehört zu den eigentümlichen Defiziten von Organisationen, besonders von Großorganisationen die Gefahr, dass in ihnen ein verhängnisvolles Prinzip zum Tragen kommen kann: das Peter-Prinzip, welches bekanntermaßen besagt: Beim Klettern auf der Karriereleiter erreicht mitunter der Reüssierende den Status seiner Inkompetenz. Für den Niedergang der Volkskirche mag das nur ein Seitenmotiv sein: Der falsche Mensch am falschen Platz – mit manchmal fatalen Folgen, etwa in der Personalführung (Stichwort nochmals: Abberufungen), in Finanzaufsicht (Stichwort: Finanzskandale), in Organisationsfragen schlechthin.

Sicher, Theologen, die sich zu fast allen gesellschaftlich relevanten Themen von der Atomkraft über die Pränataldiagnostik bin hin zum Klimawandel mit höchster Fachkompetenz äußern, können sich in der Gewissheit (oder doch der Illusion?) wiegen, für schlechthin alles Fachleute zu sein. Doch der Schein trügt. Warum sollte jemand, der die hohe Kunst der Rede beherrscht, die ihn (oder sie) nach oben katapultiert hat, automatisch kompetent in Personalführung oder Finanzfragen sein?

Auch nichttheologische Fachleute mit Spezialausbildung und Studium (juristisch oder wirtschaftswissenschaftlich), die hinzugezogen und in Leitungsgremien integriert werden, können den fachlichen Defiziten kaum abhelfen. Sie sind, zum Teil schon aufgrund ihrer Herkunft aus kirchlichem Milieu, so sehr klerikal (doch im evangelischen Raum sollte man besser von »geistlich« sprechen) inkulturiert, dass sie kaum gegensteuern oder korrigieren können. Vor allem sitzen sie ja immer in gemeinsamen Gremien, in denen das Prinzip der gemeinsamen Verantwortung kultiviert wird, und das heißt im *worst case*: keine Verantwortung. Wirklich böse Zungen sprechen im Blick auf

kirchliche Gremien, Behörden, Ausschüsse etc., dieses kompli-
zierte Geflecht, egal auf welcher Ebene, von verwalteter Verant-
wortungslosigkeit. Aber das ist natürlich üble Nachrede.

Doch Inkompetenz, sofern vorhanden, ist hier gepaart mit
einem hohen Grad an Inkompetenzkompensationskompetenz,
ein Begriff, den bekanntlich, allerdings philosophisch konno-
tiert, Odo Marquard geprägt hat. Bei Fehlentscheidungen, Pan-
nen oder offensichtlichem Versagen hilft die rhetorische Kunst,
die schon zum Karriereaufstieg verholfen hat, weiter. Mit wohl-
geformten Worten, garniert durch passende Bibelzitate und
Ausdruck von persönlicher Betroffenheit lässt sich auch Miss-
lungenes trefflich erklären und – entschuldigen: Alles gut!

Doch von möglichen Abwegen zurück zu den normalen
Wegen dessen, der nun die kirchliche Karriereleiter erklommen
hat – er (sie) kann sich im Glanze der höheren Amtes sonnen.
Die Niederungen des Normalpfarramtes liegen hinter ihm (ihr),
oder besser gesagt: unter ihm (ihr). Der Blick richtet sich auf
das große Ganze, die Zukunft der Kirche, der Gesellschaft, ja
der ganzen Welt – Bewahrung der Schöpfung. Das Klein-Klein
der Gemeinde interessiert wenig, es minimiert sich in der neuen
Perspektive zum nachgeordneten Bereich, wie es in der gängigen
Behördensprache heißt; der Bereich, der zwar nicht überflüssig,
aber doch übersehbar ist. Nicht anders erklärt sich die gar nicht
so erstaunliche Tatsache, dass in den großen kirchlichen Reformpapieren von Gemeinden, von Pfarrerinnen und Pfarrern
gar nichts oder nur am Rande etwas zu lesen ist.

Und doch bleibt aus diesem nachgeordneten Bereich etwas
Unberechenbares bestehen, das in den Augen der höheren kirchlichen Amtsträger risikobehaftet ist. Da gibt es in den Gemeinden, in der Pfarrerschaft noch Etliches an unformiertem Indivi-
dualismus, den man sich herausnimmt (früher sprach man von
evangelischer Freiheit, jetzt ist es Querulantentum). Einige an

der Basis Wirkende wagen es sogar, wider den Stachel zu löcken, indem sie auf überalterten Positionen der Bibelinterpretation oder gar der tradierten Moral beharren. Und überhaupt ist der untergeordnete Kirchenbereich eine träge Masse, unbeweglich und erregt den Verdacht der Unreformierbarkeit. Hier kommt wieder das von Günter Thomas diagnostizierte SPD-Problem der Evangelischen Kirche ins Spiel: Die Basis macht nicht mit bei den Fortschritts-Konzepten der oberen Ebenen – fatal!

Fatal, wenn die Basis nicht oder nur teilweise, meist aber träge und behäbig den Weg der Reformen, der Umwandlung der Kirche zur Bewegung, den Marsch der »Brüder (und Schwestern) zur Sonne, zur Freiheit« mitgehen will oder kann. Fatal, weil die Basis natürlich erhalten bleiben muss, das volkskirchliche Korsett, das erst die höheren Institutionen – Leitungsebenen, Akademien, Beauftragte für Spezialfragen etc. – möglich macht. Ist die Lage desparat? Was ist dagegen zu tun?

Die Lösung ist leicht gefunden: Die volkskirchliche Struktur bleibt erhalten, indem ihre Verwaltung gestärkt wird. Also Reduzierung der Pfarrstellen wegen unkalkulierbarer Unzuverlässigkeit ihrer Inhaber und Inhaberinnen, Augmentation der Administration!

Auf Verwaltung ist Verlass, Funktionieren ist ihr Prinzip, das »Objektive« ist ihr eigen, Subjektivismus ist nicht gefragt. Die Verwaltung muckt nicht auf, sie ist langmütig und freundlich, sie eifert nicht, treibt nicht Mutwillen, sie bläht sich nicht auf (?, s. u.), sie verhält sich nicht ungehörig, sie sucht nicht das Ihre (?), sie lässt sich nicht erbittern … kurzum: die Verwaltung ist das verlässliche Werkzeug in der Hand derer, die zu bestimmen haben und den Weg vorgeben.

Doch halt: Die eben in Klammern gesetzten Fragezeichen signalisieren schon: Ganz so einfach ist der Umgang mit Verwaltung nicht. Wie bereits das oben genannte Peter-Prinzip sich gleich wie ein Coronavirus auch in der kirchlichen Organisation einnistet, so drohen der Verwaltung zwei andere verhängnisvolle Gesetze: Murphys Law und Parkinsons Gesetz.

Im allseits bekannten Parkinsonschen Gesetz gilt u. a. das Phänomen der sich stets vermehrenden Zahl von Angestellten; jeder Vorgesetzte möchte so viele Mitarbeiter unter sich haben, wie möglich (ob effektiv wirkend oder nicht, ist gleichgültig). Ein anderer Lehrsatz dieses Gesetzes beschreibt die Tendenz von Verwaltungen, sich innerhalb des Systems gegenseitig Arbeit zu übertragen – ohne oder nur mit geringer Außenwirksamkeit. Selbst wenn die Einrichtung, für die die Verwaltung arbeitet, nicht mehr oder nur noch rudimentär existieren sollte, hätte die Verwaltung noch genug Aufgaben, und sei es nur das Spitzen und Zählen von Bleistiften.

Auf allen kirchlichen Ebenen wurde getreulich, aber natürlich unwissentlich und unbeabsichtigt, dieses Gesetz befolgt: Vermehrung der Verwaltungsstellen auf Kosten der eigentlichen kirchlichen Arbeit, d. h. in der Regel: Streichung von Pfarrstellen.

Das andere Gesetz, das von Murphy, hat mindestens genauso perhorreszierende Effekte: »Alles, was schiefgehen kann, wird auch schiefgehen.« Das trifft natürlich nicht das normale Aufgabenspektrum der Verwaltung. Alles, was »wie immer« läuft (»Das haben wir immer so gemacht!«), wird treu und zuverlässig abgearbeitet. Murphys Gesetz schleicht sich viral ein, wenn es um Neues geht, um Innovation (»Das haben wir noch nie so gemacht!«). Die Verwaltung ist des Neuen Feind! Ein sprechendes Beispiel für diese traurige Tatsache ist der Versuch, die kaufmännische Buchführung in der kirchlichen Finanzverwaltung anstelle der bewährten Kameralistik einzuführen. Das Ergebnis war und ist, jedenfalls zunächst, ein Desaster, und über Monate und Jahre waren Unübersichtlichkeit und chaotische Verhältnisse das Resultat.

Die Folge für kirchenleitende Gremien war und ist, dass man sich mit der Aufarbeitung dieser Fehlentwicklung intensiv zu beschäftigen hat, dass immer wieder nachgesteuert und korrigiert werden muss.

Das bindet Energie, die doch eigentlich für die gesellschaftlich relevanten Fragen, mit denen sich die Kirche als Bewegung beschäftigen will, zur Verfügung stehen sollte. Die Kirche ist, keineswegs nur wegen dieses Desasters, wieder einmal nur mit sich selbst beschäftigt, auf Synoden, in Pfarrkonventen, auf Tagungen und anderswo. Da ist es nur ein kleiner Trost, dass der Staat als Master of Desaster ein gutes (schlechtes) Vorbild abgibt für das Versagen von Verwaltung: BER, Elbphilharmonie und andere Großprojekte sowie seinerzeit die zum Teil desaströs gemanagte Anti-Coronakampagne sind eine getreue Erfüllung von Murphys Gesetz.

Aber sei's drum, das volkskirchliche Korsett soll und muss erhalten bleiben, dafür ist die Verwaltung haftbar zu machen, und sie muss unter allen Umständen gestärkt werden, koste es, was es wolle.

Volkskirche, wie ein träger Ozeandampfer einerseits (wenn auch nur rudimentär-korsetthaft) – kirchliches Avantgarde-Bewusstsein der Speerspitzen des gesellschaftlichen Fortschritts andererseits – passt das zusammen? Volkskirche, die von der Botschaft lebt, die »allem Volk widerfahren soll«, auch denen, die einem politisch nicht nahe stehen – und eine kleine fortschrittliche Elite, die als Moralagentur auf der richtigen Seite steht und die Richtung der gesellschaftlichen Entwicklung weist … kann das funktionieren?

Offensichtlich ja, aber nur wenn Volkskirche lediglich als sklerotisierter Rahmen für die Aktivisten der Elite verstanden wird und als solche in ihre Schranken gewiesen wird. Volkskirche und Elitekirche – ein Widerspruch, eine Schizophrenie?

Es gibt dabei noch einen sachlich-inhaltlichen Aspekt. Hier ist ein letztes Mal zurückzukommen auf die Aussagen von Professor Günter Thomas. Er diagnostiziert drei verschiedene kulturelle Kräfte, die derzeit in unserer Gesellschaft wirksam seien: den Vitalismus, den Neo-Stoizismus und die verzweifelte Hoffnung. Für Letztere ist kennzeichnend die Dystopie, die Erwartung einer Katastrophe. Die Zeit läuft ab, sie reicht nicht aus, »time is running out«, so Thomas in seiner Darlegung. Die Probleme der Klima- und Umweltkatastrophe, der Flüchtlingskrise etc. sind so dringlich, dass, wenn überhaupt, nur radikale Maßnahmen helfen können.

Auf die Frage des Interviewers, welche dieser drei Kräfte prägend für das Selbstbild der evangelischen Kirche sei, antwortete Thomas spontan: die verzweifelte Hoffnung. Dies sei aber nicht die Haltung in den Gemeinden, sondern derjenigen, die in der öffentlichen Wahrnehmung der Kirche beherrschend seien, also ihrer offiziellen Vertreter, der kirchlichen Elite.

Ob die Haltung der verzweifelten Hoffnung in Einklang zu bringen ist mit der biblischen Hoffnungsvorstellung, ist eine Frage, die für sich zu klären wäre. Aber eines fällt auf: »Verzweifelte Hoffnung« ist Attitüde der Apokalyptik. Es ist »fünf vor zwölf« oder sogar schon »fünf nach zwölf«, das Ende, die Vernichtung, die Katastrophen stehen unmittelbar bevor. Das ist die Sprache von apokalyptisch-sektiererischen Gruppen von Qumran samt Vorläufern durch die gesamte Menschheits- und Kirchengeschichte bis heute.

Zugleich ist es Sprechen und Denken einer notwendigerweise kleinen Gruppe, einer Sekte eben, eines »heiligen Restes«, der einer dem Untergang geweihten Masse gegenübersteht. Diese moralistisch-apokalyptische Gruppe, als die sich Kirchenvertreter wortgewaltig präsentieren, muss notwendigerweise klein, eine Minderheit bleiben, denn wenn alle, oder wenigstens die

Mehrheit, so dächten und handelten im Sinne der Katastrophenabwehr, dann wären die apokalyptischen Moralrigoristen überflüssig, nicht mehr notwendig mangels Geschäftsgrundlage. Nur wenn es das Gegenüber einer verstockten, selbstzufriedenen Mehrheitsgesellschaft gibt, haben Moralprediger ihre Berechtigung, nur so können sie im Namen der apokalyptisch-dystopischen Wahrheit in Wahrnehmung ihres »Wächteramts« wirken und auftreten. Also nochmals: Apokalyptische Gruppen müssen wesenhaft klein und meist exklusiv bleiben, sonst verschwinden sie im zähen Brei der pluralistischen Gesellschaft.

Wir haben also das schizoide Bild eines Antagonismus von Volkskirche als (wie die übrige Gesellschaft) notwendig existierendes Gebilde einerseits und die moralistisch-apokalyptisch und sektiererisch anmutende Gruppierung der Mahner und Warner, tendenziell exklusiv, auf jeden Fall exkludierend, nämlich die, die bockig und unbußfertig sind.

Im besten Fall sind die Volkskirche, also die »Normalchristen« die, die »mitgenommen« werden sollen und müssen, die sich den moralischen Appellen fügen sollen – aber ist das das Bild von Kirche und Christsein, das der Protestantismus hervorgebracht hat?

Notwendig sind Volkskirche und Gesellschaft als Gegenbild, als negative Folie, von der sich die Guten, die Retter der Menschheit positiv abheben können.

Notwendig ist die Kirche als Institution aber ganz einfach auch deshalb, weil sie den finanziellen Rahmen nach wie vor gewährleistet, aber auch die Illusion einer weiterhin bedeutsamen gesellschaftlichen Größe abgeben kann, die traditionell eine wichtige Rolle in Staat und Gesellschaft spielen kann und soll.

Aber in Wahrheit ist sie nur noch das Gerippe, *sola structura*, ein Skelett. Die Botschaft, die in dem Satz »ho logos sarx egeneto«, steckt, ist weitgehend verdampft. Sie ist nur noch das Topping für eine selbstgewisse Moralität.

Eine Selbstmazeration hat stattgefunden. Das Fleisch ist flüchtig. Was bleibt, sind nur noch Knochen und knochenharter Moralismus mit Bedrohungspotential. *Sola structura, sine carne, sine spiritu.* Sollte das so sein? Ist das Skelett zu spät zum Arzt gekommen?

Das Deutschlandfunk-Interview mit Prof. Günter Thomas ist im Internet nachzuhören unter: https://www.deutschlandfunk.de/ theologe-guenter-thomas-das-spd-problem-der-evangelischen. 886. de.html?dram:article_id=494007.
Die Ausführungen von Prof. Gisela Kittel sind nachzulesen unter: https://www.david-gegen-mobbing.de/wp-content/uploads/ 14540-DAVIDn-HPnK-Kittel-Appell-und-Warnung.pdf.

Tafel 4:
Evangelische Kirche (15. Jh.), Kellenbach / Hunsrück

Volkskirche: Rückblick und Ausblick

Zwischen Institution und Unternehmen

VON STEPHAN STICHERLING

Institution. Der Altenberger Dom gehört zweifellos zu den schönsten Kirchen des Rheinlandes, und nicht nur das: Er ist in hervorragendem Zustand und in bester Verfassung, Heimstätte der kleinen, aber lebendigen evangelischen Dom-Gemeinde und Zentrum des ebenso lebendigen bergischen Katholizismus, in unmittelbarer Nachbarschaft zu der für das Kölner Erzbistum wichtigen Jugendbildungsstätte. Er ist ein Ort bedeutender evangelischer und katholischer Kirchenmusik mit seiner berühmten Orgel und beliebtes Ziel vieler Tagestouristen aus der Region.

Das war nicht immer so. Es gab Zeiten, da war er nicht mehr als eine Ruine. Er hätte auch gut eine bleiben können. Dass es anders kam, war nach der Säkularisation von 1803 keineswegs selbstverständlich. Die Wiedererrichtung des Altenberger Doms ging nicht auf die Initiative der katholischen oder der evangelischen Kirche zurück. Es waren Frauen und Männer aus der Wirtschaft, dem Adel und der Politik, die den Wiederaufbau ermöglichten und damit einen Ort für blühendes kirchliches Leben schufen. Der fromme Preußenkönig Friedrich Wilhelm IV. wird im Allgemeinen mit dem Vormärz, der Revolution von 1848 und der Ablehnung der Kaiserkrone assoziiert und ging nicht gerade als Lichtgestalt in die deutsche Geschichte ein. Aber ohne ihn gäbe es den Altenberger Dom nicht, der damit zum Sinnbild geworden ist für das, was wir mit »Volkskirche« meinen, also die Kirche als in die Gesellschaft integriertes und integrierendes Ereignis des öffentlichen Lebens.

Die Kirche als Volkskirche stößt keineswegs nur auf Beifall. Ich kann mich noch gut erinnern, wie in meiner Jugendzeit der ältere Prediger einer landeskirchlichen Gemeinschaft (die bei uns im Oberbergischen Missionsverein heißt) bei einer erregten Diskussion im Anschluss an einen Gebetsabend der Evangelischen Allianz keinen Zweifel an seiner Haltung zuließ: »In meiner Bibel lese ich nichts von Volkskirche!« Er gehörte ihr an, wie das bei den Gemeinschaftsleuten in der Regel der Fall war, aber er verachtete sie. Damit stand er nicht allein. Die Rede von »Taufscheinchristen«, »Neuheiden« oder »Karteileichen«, und dass die Kirche »weitgehend tot« sei, das waren geläufige Sprachspiele. Eine Verachtung der Kirche war üblich. Sein Leben Jesus übergeben zu haben oder Jesus in sein Leben eingelassen zu haben, darauf kam es an und das gehörte zum guten Ton.

Mein Elternhaus war dazu das Gegenmodell. Als Pfarrer hatte mein Vater einen guten Draht zu den frommen Oberbergern. Aber auf Distanz zur Kirche zu gehen, wäre ihm nie in den Sinn gekommen. Er gehörte der Michaelsbruderschaft an, deren Leitsatz er sich zu eigen gemacht hatte: Wir können an der Kirche nur bauen, wenn wir selbst Kirche sind. Zwischen der Verachtung der Kirche und der Liebe zu ihr habe ich meinen eigenen Weg finden und mir meinen eigenen Reim machen müssen. Vielleicht liegt hier die Wurzel für mein ambivalentes Verhältnis zur eigenen Kirche, das mich bis heute prägt.

Als ich dann selbst Pfarrer werden wollte und mein Theologiestudium aufnahm, war der tiefgreifende Wandel schon spürbar.

Nach dem Zweiten Weltkrieg konnten die Kirchen in der sich nach und nach demokratisierenden Gesellschaft »zunächst den ihnen verfassungsmäßig zustehenden Wirkungsrahmen extensiv ausschöpfen. Sie profitierten von der kollektiven Regression, die das Nazi-Regime und sein Zusammenbruch bedeuteten.« Sie haben in diesen Jahren eine »quasi-hoheitliche Rolle und eine privilegierte Position gewinnen können«.[1] Aufgrund der in den Erfahrungen des Kirchenkampfs gewonnenen Einsichten strebten sie einen Öffentlichkeitsauftrag an und betrachteten sich als Partnerinnen des Staates. Dem entsprach eine – nicht nur öffentlich-rechtliche, sondern auch von der bürgerlichen Gesellschaft mitgetragene – Privilegierung der Kirchen[2]. Das Leben in durchaus auch die Kirche selbst nicht verschonenden, immer unübersichtlicheren, technokratischen Institutionen machte die Frage nach einer »symbolisch vermittelten Interaktion« (Habermas) dringlich und »kraft ihres Herkommens und ihres Auftrages ist die Kirche eine solche Institution symbolischer Interaktion«. Diese ihr angetragene Rolle rieb sich allerdings mit ihrem Bestreben, »das exklusiv Besondere des christlichen Glaubens […] im öffentlichen-institutionellen Handeln« zu behaupten. Daher wurde »die symbolische Interaktion […] allzu eng innerkirchlich-kerngemeindegemäß« ausgelegt, »nicht aber allgemein ethisch und kulturprotestantisch«[3].

In den 1960er Jahren schwand die Selbstverständlichkeit, mit der die Sonderstellung der Kirchen hingenommen wurde. Die höchstrichterliche Rechtsprechung begann, den verfassungsmäßig garantierten Rahmen eher restriktiv auszulegen und die Privilegierung der Kirchen geriet »ins kritische Kreuzfeuer von Illustrierten, Parteien und Verbänden«; Kirchenleitungen und Pfarrer waren verunsichert und brachten dies durch allgemeines Wehklagen und Rückzugsgefechte zum Ausdruck.[4]

---

1   MARSCH 1970, 216.
2   Ebd.
3   Ebd., 218.
4   Ebd., 219f.

Der Verlust von Dominanz war aber nicht gleichbedeutend mit einem Verlust von Bedeutung. Die Kirchen waren nicht auf dem Rückzug, machten aber einen – vielleicht dramatisch zu nennenden – Funktionswandel durch. Wolf-Dieter Marsch schlug 1970 die Korrektur eines »Verständnisses von Kirche als vollmächtiger Repräsentantin des gesellschaftlichen Ganzen« zu einem Verständnis als »Verband unter anderen Verbänden« und als »Dienstleistungsbetrieb« (unter anderen Dienstleistungsbetrieben) vor. Sie solle bereit sein, »rational einsichtig um ›die Wahrheit‹ (zu konkurrieren)« und auf gesellschaftliche Publizität zu setzen.[5] Die Kirchen konnten sich nicht mehr auf die Anerkennung ihrer Rolle als gesellschaftlicher Vormund stützen, sie mussten sich in den Wettbewerb mit konkurrierenden gesellschaftlichen Akteuren begeben. Sie mussten also die Entlassung des erwachsen gewordenen Zeitgenossen aus ihrer Vormundschaft in die Mündigkeit und Selbständigkeit anerkennen.

Die gewandelte Funktion ließ sich daran ablesen, »wie stark nicht-theologische, nämlich gesellschaftliche Faktoren die Kirchlichkeit mitbedingen, wie sehr die faktische Existenz der Kirchen als Teil der Gesellschaft, und nicht ihre theologische Selbstinterpretation, infrage steht«.[6] Gestalt, Rolle und Funktion der Kirchen im gesellschaftlichen Gefüge waren nicht mehr in erster Linie Ergebnis der theologischen Reflexion, sondern ergaben sich vor allem aus der gewandelten Einstellung und Haltung gegenüber der Kirche. Diese drückte sich in »distanzierter Kirchlichkeit« aus, die aber nicht gleichbedeutend mit Abkehr von Kirche war. Im Gegenteil: Die große Mehrheit wünschte sich die »Anwesenheit von so etwas wie Kirche«[7] im

5 Ebd., 221, vgl. dazu Dahm 1971, 112f.
6 Marsch 1970, 136.
7 Dahm 1971, 105.

Sinne einer »Hintergrunderfüllung« (Arnold Gehlen)[8]. »Die Kirche soll vielmehr da sein – und zwar nicht in ihren selbstgewählten Aufgaben, wohl aber in den ihr gesamtgesellschaftlich zugewiesenen Funktionen – stellvertretend fürs eigene Engagement. Man kann sich ihrer versichern, auch ohne sich mit ihr zu identifizieren. Man kann jedoch auch diese Identifikation nach dem Maß subjektiver Freiheit vollziehen.«[9] Man sollte also nicht jeden Sonntag in die Kirche gehen müssen oder vielleicht auch gar nicht – wichtig war nur, dass die Kirche im Dorf blieb und dass dort auch Gottesdienst stattfand, so, wie es bisher immer war.

Diese Entwicklung musste zu Spannungen zwischen dem kirchlichen Selbstverständnis und der tatsächlichen Funktion der Kirche führen, zwischen dem »Auftrag« und den tatsächlichen »Alltagsfunktionen«[10]. Traditionsgemäß war Kirche immer mehr oder weniger identisch mit Gemeinde, aber: »Von ›der Gemeinde‹ kann man nicht mehr sprechen.«[11]. »Wo […] der ekklesiologische Begriff der ›Gemeinde‹ in den kirchensoziologischen der ›Ortsgemeinde‹ oder ›Kirchengemeinde‹ usw. hineingetragen wird, muss die Wirklichkeit der Kirche natürlich defizitär erscheinen.«[12] Dass Kirchenmitgliedschaft oder auch nur die Teilnahme an Gottesdiensten und Amtshandlungen gleichbedeutend mit Vergemeinschaftung, mit Teilnahme oder Mitwirkung an Gemeinschaft ist, davon war keine Rede mehr. Die tatsächliche Gemeinde, die regelmäßig an Gottesdiensten Teilnehmenden, die »Kirchentreuen« machten nur noch eine deut-

8   Marsch 1970, 122.
9   Ebd., 140.
10 Dahm 1971, 100.
11 Marsch 1970, 145.
12 Lück 1978, 70.

liche Minorität aus (Marsch spricht von 3–10 %[13]). Aufgrund der immer noch weitverbreiteten Gleichsetzung von ›Kirche‹ und ›Gemeinde‹ hatte diese Gruppe aber nachhaltig Einfluss darauf, wie sich Kirchlichkeit äußert. Das war deswegen problematisch, weil diese »Kern-Gemeinde« sich zu einem guten Teil »aus gesellschaftlich Verunsicherten, sozial Desorientierten und Nicht-Stabilisierten zusammen(setzt), die den anderen, Pfarrern und Laien, dadurch das Leben schwer machen, dass sie ihre subjektiv treue Normerfüllung als Maßstab von Kirchlichkeit allgemein anlegen.«[14]

Aus dieser Sicht mussten diejenigen Kirchenmitglieder, die sich nicht an den kontinuierlichen Gemeinschaftsformen beteiligen, zu den »Untreuen« werden und es ist gut denkbar, dass sie dies zum Anlass nahmen, daraufhin tatsächlich »untreu« zu werden, also aus der Kirche auszutreten.[15] Vermutlich stellte sich im Bewusstsein vieler Kirchentreuer, aber auch vieler Kirchenverantwortlicher die distanzierte Kirchenmitgliedschaft als eine Art Vorstufe zum Kirchenaustritt dar und wird nicht als eine eigene, legitime Gestalt der Mitgliedschaft angesehen. Die unterschiedliche Betrachtung der Kirche entweder als Gemeinde oder aber als gesellschaftliche Funktion, als Dienstleistung verhinderte immer wieder »eine übergreifende oder implizite Gemeinsamkeit der Interessen« und führte »leicht zu gegenseitiger

---

13 *Marsch* 1970, 140.

14 Ebd., 138. »Der Pfarrer wird allzu leicht dazu verführt, diese kerngemeindliche Gesellungsformen entweder programmatisch mit der Realität der Kirche zu verwechseln oder sich in Polemik gegen sie zu erschöpfen« (ebd.).

15 Nach Dahm konnte für eine Entscheidung zum Kirchenaustritt »die aktuelle Haltung der Kirche und insbesondere die des eigenen Gemeindepfarrers ein ganz erhebliches Gewicht haben«. (DAHM 1971, 106)

Verständnislosigkeit, zum Abbruch der Kommunikation, zum Kirchenaustritt.«[16]

Die Kirche entwickelte sich also anders, als es in den theologischen Lehrbüchern stand. Die (gottesdienstliche) Gemeinde war nicht mehr das Zentrum, sondern nur noch eine Funktion der Kirche, die im Extremfall sogar ohne Gemeinde existieren konnte. Die Kirchenmitglieder stellten sich nicht mehr ihrem Anspruch, nahmen aber mitunter ihre Angebote wahr. Sie hatte »zwar das Monopol auf Weltauslegung und Wertbestimmung verloren«, ihr wurde »aber eine arbeitsteilig-organisatorische Zuständigkeit für Sinnfragen, für ›letzte Werte‹ und für Kontingenzbewältigung nach wie vor zugeschrieben«[17]. Die Kirche richtete keine Ansprüche mehr an ihre Mitglieder, diese richteten ihre Ansprüche vielmehr an sie. Sie wurde zur Dienstleistung in Konkurrenz zu anderen Dienstleistungen, von denen es beruhigend zu wissen ist, dass sie da sind, auch wenn man sie selbst nicht oder nur im Bedarfsfall in Anspruch nimmt.

Es ist nicht unwichtig zu bedenken, dass die Konnotation »Gemeinschaft« beim Begriff Gemeinde nicht von Anfang an gegeben war.[18] Ursprünglich wurden damit Grundstücke bezeichnet, die allen Bewohnern eines Ortes oder eines Gebietes gemeinsam gehörten und öffentlich zugänglich waren. Heute würde man etwa von öffentlichem Eigentum sprechen. Dementsprechend meint der politisch-zivile Begriff der Gemeinde ja auch die Gesamtheit der Bewohner einer Region. Der Begriff »Gemeinde« deckt sich weit mehr mit dem Bedeutungsgehalt »Öffentlichkeit« als mit dem Bedeutungsgehalt »Gemeinschaft«. Dass im

---

16 DAHM 1971, 103.

17 Ebd., 133.

18 Darauf hat Christian Möller hingewiesen (MÖLLER 1987, 13ff.).

kirchlich-umgangssprachlichen Sprachgebrauch der Begriff der
Gemeinde häufig dazu benutzt wird, um sie von der Öffentlichkeit gerade zu unterscheiden, stellt eine deutliche Bedeutungs-
verschiebung dar. Auch für die Reformatoren war die Kirche
in erste Linie eine öffentliche Institution.[19] Die Confessio Au-
gustana setzt das völlig selbstverständlich voraus, wenn *publice
docere aut sacramenta administrare* als Auftrag des kirchlichen
Amtes bezeichnet wird. Das war die Gestalt von Kirche, die
den Menschen geläufig war und *damit* hatten die Reformatoren kein Problem. Auch in der Zeit um 1800 wird völlig selbstverständlich vorausgesetzt, dass Kirche ein Teil der öffentlichen
Daseinsfürsorge, also Institution ist.[20] Christliche Gemeinschaft
fand dagegen in den Großfamilien«, den »Häusern« statt. Hier
war der Ort der privaten christlichen Lebenspraxis im Gegensatz zur öffentlichen christlichen Lebenspraxis, die in der Kirche
geübt wurde und in der Obhut des Pfarramtes lag. Der »Kleine
Katechismus« ist für die Hand des Hausvaters bestimmt, dem
die Gestaltung des christlichen Lebens in der Familie und die
Unterweisung oblag. Im »Allgemeinen preußischen Landrecht«
wird etwa festgelegt: »Jeder Hausvater kann seinen häuslichen
Gottesdienst nach Gutbefinden anordnen.«[21] Dem folgen weitere Bestimmungen. Der Hausgottesdienst in der (Groß-)Familie
war demnach eine geläufige und selbstverständliche Einrich-

---

19 Dass Luther die gemeinschaftsbildende Funktion der Kirche schon im
    Blick hatte, darauf zeigt die »dritte Weise des Gottesdienstes in der
    Schrift zu deutschen Messe von 1526 hin. Luther sah aber dafür be-
    kanntlich die Zeit noch nicht gekommen. – Vgl. Lück 1978, 80.
20 Das weist Wolfgang Lück anhand des »Allgemeinden preußischen
    Landrechtes« von 1794 auf (Lück 1978, 18ff.).
21 Lück 1978, 21. In der heute vielfach zu beobachtenden Wertschätzung
    der Familiengottesdienstes, der Amtshandlungen oder des Hausbesu-
    ches durch den Pfarrers sieht Lück einen Reflex der Bedeutung, die die
    Familien als Ort christlicher Lebenspraxis einst spielten (23f.).

tung. Entscheidend ist, dass das dort gepflegte geistliche Leben nicht in der Verantwortung des Pfarrers, sondern des Hausvaters lag, dass die Familie, das eigene Haus zum natürlichen Ort, zum zweiten Standbein christlicher Existenz wurden. Die öffentliche, dem Pfarramt anvertraute Kirche existierte davon unabhängig, war aber Voraussetzung dafür, dass es so etwas wie eine häusliche, familiäre, private Spiritualität gab. Es war also über Jahrhunderte völlig normal, eine gemeinschaftliche und eine öffentliche Existenzweise des Christentums zu unterscheiden, diese aber auch aufeinander zu beziehen. Es gab also keinerlei Anlass, von der öffentlichen Institution Kirche zu fordern, sie solle sich als Gemeinschaft gestalten. Diese hatte woanders ihren Ort.

Erst unter dem Einfluss der Hugenotten, des Pietismus oder der Theologie Schleiermachers verdrängte die »Gemeinschaft« die »Institution« im Blick auf die Frage, was Kirche sei. Das geschah parallel zur langsamen Auflösung der Großfamilie, der Ausgliederung der Kirchengemeinde aus der bürgerlichen Gemeinde gegen Ende des 19. Jahrhunderts und den industrialisierungsbedingten gesellschaftlichen Verwerfungen.[22] Angesichts der Überforderung der parochialen Strukturen in den Städten und Industrialisierungszentren forderte der Berliner Großstadtpfarrer Emil Sulze, die riesigen Parochien in vereinsrechtlich organisierte Untereinheiten zu gliedern, »deren Mitglieder sich kennen und lieben und ihre Liebe einander durch die Tat vor allem durch ernste seelsorgerische Arbeit beweisen«[23]. Nach 1945 wurde das Vereinswesen, das in den 1920er-Jahren der (durch die Abschaffung der Staatskirche) geschwächten verfassten Kirche noch selbstbewusst gegenüberstand, mehr und mehr »ein-

22 LÜCK 1978, 26.
23 Ebd., 38 (unter Verwendung eines Zitates von WINKLER, Eberhard, die Gemeinde und ihr Amt, Stuttgart 1973, S. 26f.).

gemeindet«, »verkirchlicht«. Die Vereine wurden zu kirchlichen
Werken und organisatorisch – etwa durch Aufsicht des Kirchen-
vorstands oder des Pfarrers – an die Kirche angebunden. Die
Kirchengemeinde wurde mit ihren Gruppen und Kreisen selbst
vereinsartig gestaltet; es entstand das, was wir als »Gemeindeleben« bezeichnen.[24] Das hatte zur Folge, dass die dort Engagierten sich als eigentliche Kirchengemeinde, als »wahre Kirche«
verstanden.[25] Damit zerbrach ihre Einheit; »was vorher noch auf
dem Boden der für alle offenen Kirchengemeinde relativ unver-
bunden und in einem offenen Pluralismus nebeneinander existieren konnte, wurde jetzt durch den ›inneren‹ Kreis deutlich
voneinander abgegrenzt«[26].

Diese Entwicklung muss man bei der der Betrachtung der
Kontroverse der 1980er Jahre zwischen der »Kirche als Anstalt«
oder »Institution« und der »Kirche als Gemeinde« im Blick haben, die hier mit Hilfe der Gegenüberstellung der Standpunkte
von Wolfgang Lück und Michael Herbst dargestellt werden soll:
Wolfgang Lück hält am »Anstaltscharakter der Kirchengemeinde« unbedingt fest. »Getaufte und konfirmierte Mitglieder
dürfen nicht aufgrund von Ausschließlichkeitsgebaren bestimmter Gemeindevorstellungen heimlich exkommuniziert werden.

24 Ebd., 42.
25 Diesem Selbstverständnis entsprechen weitgehend auch die theologi-
    schen Normen, »die dem Bild von Hirt und Herde folgen« und »de-
    ren kirchenrechtliche Ausprägung [...] den Strukturen der Gemein-
    dekirche ein deutliches Übergewicht verleihen« (KUGLER 1983, 585).
    Der Sonntagsgottesdienst wird hier als das alle integrierende Symbol
    gedeutet, in dem sich das »Wir-Gefühl« artikuliert. Gemessen daran,
    muss die Realität des Sonntagsgottesdienstes weitgehend defizitär er-
    scheinen. Nach Kugler ist aber nicht der Gottesdienst, sondern die
    Person des Pfarrers das Symbol, durch das das Gemeindeleben in sei-
    nen verschiedenen Ausformungen zusammengehalten wird. (ebd.)
26 LÜCK 1978, 46.

Christliche Gemeinschaft darf nicht von vorneherein nur in der Kirchengemeinde möglich sein. Um der Verschiedenheit der Mitglieder willen muss die Kirche mehr sein als ›Gemeinde‹ im Sinne von Gemeinschaft. Die funktionale Theorie stellt in dieser Beziehung ein notwendiges Korrektiv dar zur Gemeindetheorie. Sie versucht die Kirchengemeinde offenzuhalten für alle ihre Mitglieder. Aber auch um der christlichen Wahrheit willen darf die Kirchengemeinde [...] nicht auf bestimmte Sozialgebilde festgelegt werden. Es muss offenbleiben, dass sich der christliche Glaube immer neue Formen sozialer Gestaltung erschließt. Gegenüber der Theorie der Kirchengemeinde als ›Gemeinde‹ ist also mit allem Nachdruck an dem Charakter der Heilsanstalt festzuhalten.«[27] Allerdings kann diese prinzipielle Offenheit zur Folge haben, dass »die darin angedeutete Vielfalt und Uneinheitlichkeit [...] eine schwere Belastung für die Kirche als Organisation darstellt«[28]. Das ist aber eine unvermeidliche Folge der »Freiheit eines Christenmenschen«; die Reformation ist dieses Risiko eingegangen.

Michael Herbst hat sich dagegen klar für die Gleichsetzung »Kirche = Gemeinschaft« entschieden. »Gemeinschaft als Anteilhabe an Wort und Sakrament, aber auch als Anteilhabe aneinander (Apg 2,42; 1. Kor 11f) gehört zu den Säulen des neutestamentlichen Gemeindebegriffs. Man müsste schon völlig den Bezug zu ›der Apostel Lehre‹ (Apg 2,42) aufgeben, wollte man darauf verzichten. Dafür hätten die Verfasser der neutestamentlichen Schriften wohl nur ein ungläubiges Staunen übriggehabt, wenn man ihnen erklärt hätte, Christen könnten auch ohne den Bezug zum Leib Christi existieren, ja ein Leben fern von den Schwestern und Brüdern sei genauso als christlich

---

27 Ebd., 80f.
28 Ebd., 81.

anzuerkennen, wie das gemeinsame Leben der Christen. Das ganz Normale wird damit seiner Normalität und Normativität enthoben, die Weisungsbefugnis neutestamentlichen Denkens bestritten.«[29] Die »Freiheit eines Christenmenschen« (und des mündig gewordenen Zeitgenossen) und die »Weisungsbefugnis« des Neuen Testaments bzw. die neutestamentliche Normalität oder Normativität stehen jedoch in Spannung zueinander: Aus der Freiheit eines Christenmenschen wird Verbindlichkeit und aus der Verantwortung des mündigen Zeitgenossen wird Gehorsam. Der missionarische Gemeindeaufbau nimmt die Existenz der öffentlichen Kirche, der Volkskirche, zunächst dankbar an. Sein Interesse an der Volkskirche ist aber nur ein mittelbares. Sein Ziel ist die geglaubte Gemeinde in der erfahrenen Kirche. Die Kirche als Institution wird nicht mit der Gemeindekirche identifiziert, wohl aber durch sie – und nur durch sie – legitimiert. Die öffentliche Kirche – solange sie noch da ist – hat in erster Linie die Funktion, zum »Korridor« zur Gemeinde zu werden.

Ich erinnere mich noch sehr gut, wie auch mich damals die Frage, ob die Kirche Anstalt bzw. Institution oder Gemeinde ist, umgetrieben hat. Ich war, von meinem Elternhaus her, in der Volkskirche zu Hause und zugleich dem missionarischen Gemeindeaufbau verpflichtet. Ich wollte mich daran beteiligen, Gemeinde zu bauen, das aber in der Volkskirche. Im Rückblick ist mir inzwischen klar geworden, dass diese Verunsicherung auch mit einer etwas einseitig ekklesiologischen Sichtweise zu tun hatte. Die Frage, was Kirche ist, habe ich vor allem aus der biblischen und dogmatischen Sicht gestellt, also allgemein und grundsätzlich und unabhängig von der tatsächlich vorhandenen

29 Herbst 1987, 53.

Kirche. Auch die Barmer Erklärung antwortet auf diese Frage rein ekklesiologisch und dogmatisch. Sie hat nicht die konkrete Kirche im Blick, sondern das, was Kirche auf jeden Fall zu sein hat, woran sie zu messen ist, wenn sie nach biblischen und dogmatischen Maßstäben Kirche sein will. Mit einem auf solche Weise geschulten Blick bin ich an die Arbeit gegangen und wollte »Kirche« bzw. »Gemeinde bauen«. Nicht, dass das, was ich vorfand, keine Kirche war, aber doch nur ansatzweise, nicht so richtig. Sie war etwas, worauf man aufbauen konnte, aber auch musste. Was mir damals fehlte, war der kirchentheoretische Blick. Zwar konnte ich die Kirche als *communio sanctorum* beschreiben, als *creatura verbi*, als »die durch das Wort Gottes begründete Gemeinschaft der Glaubenden«[30], ich kannte ihre Kennzeichen wie Einheit, Heiligkeit, Katholizität und Apostolizität und das, was sie zur wahren Kirche macht, nämlich Verkündigung des Evangeliums und den schriftgemäßen Vollzug der Sakramente. Ich wusste um die Bedeutung des allgemeinen Priestertums, konnte die Unterschiede zur römisch-katholischen Kirche benennen und mir war der Unterschied zwischen einem bischöflichen und einem presbyterial-synodalen Kirchenverständnis klar.

Was mich damals nicht im ausreichenden Maß interessierte, war die Kunst, diesen »dogmatischen Lehr- und Wesensbegriff« von der Kirche »auf einen gegebenen kirchlichen Zustand mit dem Zweck einer kritischen Beurteilung und gegebenenfalls Verbesserung dieses Zustandes«[31] zu beziehen. Diese Kunst wird als Kirchentheorie bezeichnet. Sie »stellt die Verbindung her zwischen dem christlichen Wirklichkeitsverständnis, so-

---

30 W. Härle, Kirche, dogmatisch, in: TRE XVIII, 285 (zit. n. Preul 1997, 2).

31 Preul 1997, 3.

weit die Kirche darin vorkommt und eine Rolle spielt und der Erfahrungswirklichkeit des kirchlichen und religiösen Lebens der Gegenwart, einschließlich der hier wahrnehmbaren Wandlungsprozesse«[32]. Sie verknüpft also die Kirche, wie wir sie tatsächlich wahrnehmen, mit dem, was wir von der Kirche glauben. Sie fragt danach, warum und wie die Kirche so geworden ist, inwieweit sie Kirche ist, und sie entwirft ein Konzept, wie das, was ist, weiterentwickelt und weiterverfolgt werden kann. Sie setzt also nicht ein bei dem, was Kirche sein soll, sondern bei der Kirche, wie sie tatsächlich ist. Diese tritt auf diese Weise »als Institution oder ein soziales System« in Erscheinung, »das sich als ein Gefüge von Positionen, Ämtern und Funktionen präsentiert«[33]. Als »ein geschichtlich entstandenes und sich wandelndes Gebilde«[34] ist sie empirisch, z. B. soziologisch beschreibbar. Die Kirchentheorie bezieht die Ekklesiologie, die empirische Beschreibung der konkreten Kirche und eine Konzeption für die Gestaltung und Weiterentwicklung aufeinander.

Neben dem, wie Kirche sich in dogmatischer Hinsicht beschreiben lässt, ist sie auch ein gesellschaftliches System, das zu anderen gesellschaftlichen Systemen in vielfältigen Beziehungen und Wechselverhältnissen steht. Sie hat ihre Funktion in der Gesellschaft, sie nutzt ihr.[35] Sie ist ein kultureller Faktor, spielt im Lebenslauf des Menschen eine Rolle, übernimmt Mitverantwortung bei der politischen Urteils- und Willensbildung und im Blick auf die Überlebens- und Weltprobleme.[36] In diesem

---

32 PREUL 2008, 321.
33 PREUL 1997, 10.
34 A. a. O.
35 Vgl. R. SCHMIDT-ROST, Vom Nutzen des Evangeliums für die Gesellschaft, in: Infobrief des Ev. Pfarrvereins im Rheinland 29 (2020), 3.
36 Vgl. PREUL 1997, 15ff.

Sinne ist die Kirche ein integrales Element des Gesellschafts-Ganzen, d. h. sie kann nicht einfach weggedacht werden, ohne dass die Gesellschaft, und das gewiss nicht zu ihrem Vorteil, erheblich verändert wird.»Welchen Schaden müsste die Gesellschaft auf Dauer nehmen, wenn die Kirche aus ihr verschwände oder zu einer Schatten- und Winkelexistenz verurteilt wäre?«[37] Mit anderen Worten: Die Gesellschaft braucht so etwas wie Kirche. Sie ist auf »ethisch orientierende Gewissheiten angewiesen, und diese gründen ihrerseits in Annahmen über die Struktur der Wirklichkeit und den darin enthaltenen Vorstellungen über Natur und Bestimmung des Menschen [...] Handeln orientiert sich – außer in situativen Gegebenheiten – an bestimmten *Normen*; diese sind von ethischen Prinzipien aus zu beurteilen (und ggf. zu korrigieren); diese Prinzipien sind auf *Wertvorstellungen* bezogen, um deren Realisierung es geht; und diese Wertvorstellungen sind ihrerseits in kommunikativ zu etablierenden *Wirklichkeitskonstruktionen* begründet.«[38] Dieser »Bedarf von ethisch orientierendem Wissen und Deutungskompetenz ist Voraussetzung jeder gesellschaftlichen und lebensweltlichen Funktion der Kirche«[39]. »Dass die Kirche als *creatura verbi* entsprechend dem Selbstverständnis des christlichen Glaubens einen bestimmten Auftrag von Gott hat, wird auf ein Bedürfnis bezogen, das in der Gesellschaft schon da ist bzw. immer neu von ihr erzeugt wird – was natürlich nicht bedeutet, dass dieses Bedürfnis einfach zu bestätigen und zu bedienen sei. Aber ohne (kritische) Bezugnahme auf ein solches Bedürfnis kann die Kirche nichts bewirken.«[40] Sie trägt so zur »Integration und Stabilisierung der Gesellschaft«

---

37 Ebd., 13.
38 Ebd., 162 (Hervorhebungen im Original).
39 Ebd., 160.
40 Ebd., 128f.

bei, auch dann, wenn es im Sinne von »Herrschaftskritik oder
Kritik an den entsprechenden bürgerlichen Tugenden und Normen« geschieht. Das heißt mit anderen Worten: Nicht nur Gott
hat einen Auftrag an uns, den wir durch Verkündigung, Gottesdienst, Bildung, Gebet und Seelsorge wahrnehmen – auch die
Gesellschaft hat – auch wenn ihr das nicht immer und wenn das
nicht jedem bewusst sein mag – einen Auftrag an uns. »Keine
Gesellschaft kommt ohne Religion aus«; jede Gesellschaft benötigt sie, »damit sie überhaupt funktionieren und gedeihen kann.
Es gibt zwar fast in jeder Gesellschaft einzelne Personen, die sich
für ›religiös unmusikalisch‹ erklären, aber es gibt keine religi-
onslose Gesellschaft. Gesellschaften, die die Religion abschaf-
fen wollten, waren darin erstens nicht sehr erfolgreich, und sie
haben zweitens Ersatzideologien oder Ersatzmythen von Staats
wegen propagiert, weil nämlich brutale Unterdrückung allein
keine Gesellschaft zusammenhält«[41].

Beides, den Auftrag Gottes und den Nutzen für die Gesellschaft aufeinander zu beziehen, das ist der Sinn der Kirchentheorie. Sie nimmt die Kirche als Volkskirche nicht nur wahr,
sondern auch ernst. »Volkskirche heißt nicht, dass alle in der
Kirche sind, sondern dass Kirche so zu gestalten ist, dass alle
in ihr sein und sich in ihr wohlfühlen könnten, wenn sie nur
etwas mit der Botschaft der Kirche anzufangen wissen.«[42] Sie
zeichnet sich durch ein »differenziertes Angebot von zielgrup-
penorientierten Veranstaltungen« ebenso aus wie durch einen
»auf ›das ganze christliche Volk‹ (M. Luther) ausgerichteten
Gottesdienst [...] Zentrifugale Anstrengungen zielgruppen-
spezifischer Art [...] müssen in ein ausgewogenes Verhältnis zu
zentripetalen, auf Stärkung der Mitte des kirchlichen Lebens

41 Preul 2008, 303.
42 Ebd., 357.

gerichteten Bemühungen gesetzt werden«[43]. Durch den wichtigen siebten »Kirchen«-Artikel der Augsburger Konfession werden die »unverfälschte Verkündigung und die schriftgemäße Handhabung der Sakramente zur Einheitsbedingung der Kirche (bzw. der Kirchen) erklärt«, aber alles andere, wie »Ämterstruktur, Gemeindegröße, Organisation, Veranstaltungsformen, Riten und Zeremonien«[44], sind demnach variabel, wobei sich die Ortsgemeinde, der sonntägliche Gottesdienst als ihre Mitte, die Predigt, das allgemeine Priestertum und das Pfarramt sich als Wesensmerkmale der evangelischen Kirche erwiesen haben. Dabei ist die Kirche als gesellschaftliche *Institution* zu verstehen. Sie ist – anders als bei Wolfgang Huber – »nicht primär in der sogenannten Zivilgesellschaft« zu verorten, die »alles an Organisationen abdecken soll, was weder Staat noch Wirtschaft ist und deren Unzulänglichkeiten kompensieren will.«[45] »Das Bewusstsein von der Kirche als Institution im Gefüge aller gesellschaftlichen Institutionen ist im gegenwärtigen Protestantismus und besonders auch in der gegenwärtigen Praktischen Theologie notorisch unterentwickelt. Die uns zur Zeit von allen Seiten angetragenen Empfehlungen zu einer konsequenteren Bedürfnis- und Kundenorientierung [...] haben als solche ja immer nur die Beziehung der Kirche auf den je Einzelnen und seine private Existenz zum Gegenstand und blenden alle gesellschaftlichen Bezüge und Leistungen der Kirche systematisch aus.«[46] »Die bloße Tatsache, dass wir Institutionen haben, die der Religionspflege dienen und als solche anerkannt werden, nötigt den Staat, aber auch andere Institutionen dazu, sich selbst in

43 A. a. O.
44 Preul 2008, 356.
45 Ebd., 358, Anm. 11.
46 Ebd., 359.

Sachen Religion zurückzuhalten, also keine eigene Weltanschauung, keine Staatsreligion und keine Ersatzreligion auszubilden und den Leuten aufzunötigen.«[47] Allein die bloße Existenz der Kirchen verhindert also, dass andere gesellschaftliche Systeme sich religiös, ideologisch oder weltanschaulich überhöhen, was automatisch zu entsprechender Bevormundung und Nötigung führen würde.

47 Ebd., 312.

Organisation. Als ich nach der Beendigung meines Studiums als Vikar in den Dienst der Rheinischen Kirche trat, war die Frage »Volkskirche oder Gemeindekirche« geklärt. Ich orientierte mich in den ersten Amtsjahren am »missionarischen Gemeindeaufbau«, der in der Rheinischen Kirche von Kollegen wie Klaus Teschner, Hans-Hermann Pompe oder Hermann Kotthaus vertreten wurde. Mit großer Selbstverständlichkeit gehörten Gemeindeaufbau und Volkskirche zusammen. Die Volkskirche als öffentliche Institution war nicht das Ergebnis eines bestimmten Kirchenkonzeptes, sondern, wie beschrieben, das Ergebnis einer durchaus folgerichtigen historischen Entwicklung. Bei Schleiermacher war »Volkskirche« noch ein Konzept, allerdings als Alternative zur damaligen Staatskirche. Wenig später war die Volkskirche nicht nur Konzept, sondern bittere Notwendigkeit. Johann Hinrich Wichern und Emil Sulze nahmen wahr, dass die evangelischen Kirchenstrukturen angesichts der entstehenden Industrie- und Massengesellschaft völlig überfordert waren und zeigten Wege auf, wie die Kirche damit umgehen könne. Gerhard Hilbert, praktischer Theologieprofessor in Rostock, entwickelte während des Ersten Weltkrieges die Idee der Volksmission. Mit der Weimarer Verfassung und dem Ende der Staatskirche wurde die Kirche dann tatsächlich eben nicht zur Freikirche, sondern zur Volkskirche, die als Körperschaft des öffentlichen Rechts weiterhin ein maßgeblicher und systemrelevanter Bestandteil der Gesellschaft blieb. Der Generalsuperintendent der Kurmark, Otto Dibelius, erkannte in dieser Entwicklung ein großes Erneuerungspotenzial und entwickelte die Vision eines »Jahrhunderts der Kirche«. Aber schon weniger Jahre später wurde die Aufbruchstimmung überrollt von dem Versuch, aus der Volkskirche eine völkische Kirche zu machen. Teile der Kirche wehrten sich dagegen und schlossen sich zur Bekennenden Kirche zusammen, die aber trotz der Barmer Er-

klärung in sich zerstritten war. Nach dem Zweiten Weltkrieg
waren die Bestrebungen, an der Kirche der Zeit vor dem Dritten
Reich anzuknüpfen, stärker als die in der Bekennenden Kirche
wach gewordenen Interessen an eher freikirchlich orientierten
Strukturen, wie sie manchen führenden Leuten in der Bekennenden Kirche vorschwebten. Auch in der Rheinischen Kirche
behielten die konsistorialen Elemente die Oberhand, wenn auch
unter presbyterial-synodalen Vorzeichen und mit einem durch
die Barmer Erklärung bestimmten Selbstverständnis.[48] Das war
meine Kirche, in der ich aufgewachsen war und in der ich arbeiten würde.

Aber schon damals war wahrnehmbar, dass die Dinge sich
– nicht schlagartig, dafür aber nachhaltig – ändern würden.
Der Grund ist in der Tatsache zu suchen, dass die Kirche als
öffentliche Institution vor allem traditionsgeleitet ist. Mit Tradition ist nach Wikipedia »die Weitergabe von Handlungsmus-
tern, Überzeugungen und Glaubensvorstellungen u. a. oder das
Weitergegebene selbst« gemeint, »Tradition geschieht innerhalb
einer Gruppe oder zwischen Generationen und kann münd-
lich oder schriftlich über Erziehung, Vorbild oder spieleri-
sches Nachahmen erfolgen«[49]. Dabei muss die Tradition keineswegs (wie in Brauchtumsvereinen, z. B. einem Karnevals- oder
Schützenverein) aktiv gepflegt werden. Sie wird auch am Leben
erhalten, wenn sie stillschweigend, mit großer Selbstverständlichkeit, mit selten bewusst werdender Gewohnheit und ohne
das Bedürfnis, sie zu hinterfragen, von Generation zu Generation weitergegeben wird. Seit dem Religionsedikt von Thessalo-
niki des römischen Kaisers Theodosius aus dem Jahre 380 (das
die Annahme des katholischen Glaubens für jeden römischen

---

48 Vgl. auch KAMINSKY, Evangelisch am Rhein.
49 https://de.wikipedia.org/wiki/Tradition (abgerufen am 22.3.2021).

Bürger obligatorisch machte) und dem Augsburger Religionsfrieden von 1555 (der die Konfessionszugehörigkeit von dem jeweiligen Landesherrn abhängig machte) bis zur Weimarer Verfassung war die Mitgliedschaft in der Kirche praktisch identisch
mit der Staatsbürgerschaft. Es gab nie einen Grund, sie in Frage
zu stellen, weil es keine Alternative dazu gab. So hat die Kirchenmitgliedschaft bis in die Gegenwart hinein den Charakter einer
sogenannten »traditionalen Bindung«, »eine von Generation zu
Generation weitergegebene Anhänglichkeit an eine Organisation, die vor allem durch Gewohnheit und Selbstverständlichkeit
motiviert ist« [50]. »Man hat sich daran gewöhnt, einer Kirche anzugehören, so dass man kaum auf den Gedanken verfällt, auszutreten. Die Kirchen gehören wie die Schulformen, wie Vor-
urteile und Volkswagen zu den eingefahrenen Gewohnheiten
des Deutschen, zum Inventar der Gesellschaft« [51]. Dass die Kin-
dertaufpraxis dabei eine maßgebliche Rolle spielt, ist leicht einzusehen. »Die Mitgliedschaft ist gänzlich zugeschrieben. Dass
es ›katholisch‹ oder ›evangelisch‹ *ist*, erfährt das Kind mit gleicher Selbstverständlichkeit, wie dass es deutsch, männlich oder
weiblich ist« [52]. Die evangelische Kirche war eine »Religion ohne
Entscheidung« (Hans-Otto Wölber). Vor allem die Ereignisse
um die Studentenrevolte 1967/68, deren öffentliche Wirkung
von der an Bedeutung gewinnenden Massenkommunikation
verstärkt wurde, führte zu einem langsamen, aber nachhaltig
wirkenden Bewusstseinswandel, der sich durch die zunehmende Individualisierung gesellschaftlicher Bindungen seit Langem

50 Kuphal 1979, 162.
51 So wurde dieses Phänomen 1967 von Hans Fischer-Barnicol be-
    schrieben in: Stern 13/1967 (zit. nach: Kuphal 1979, 215).
52 Kuphal 1979, 196; Herv. im Original.

latent vorbereitet hatte.[53] Den Mitgliedern der Gesellschaft war zunehmend die Entscheidung auferlegt, welche Bindungen sie eingehen wollen und welche sie (wieder) lösen wollen. Das wirkt sich auch auf die Kirchenmitgliedschaft aus, die damit nicht mehr aus Gewohnheit fraglos und selbstverständlich ist. Sie bedarf nun einer Begründung. Sie muss nun plausibel sein. Zwar mögen noch immer viele Kirchenmitgliedschaften von der Art traditionaler Bindung sein, doch in zunehmendem Maße sehen sich die Kirchenmitglieder veranlasst, zumindest sich selbst gegenüber Gründe für die Mitgliedschaft zu benennen. Das führt zum einen dazu, dass sie ihre Mitgliedschaft reflektieren und sich klar werden, warum sie Mitglied sind und auch weiterhin sein wollen. Zum anderen werden alle diejenigen, denen die Mitgliedschaft nicht plausibel ist, entsprechende Konsequenzen ziehen

Als Folge davon sieht sich die öffentliche Institution immer stärker veranlasst, sich mehr und mehr zur Organisation zu wandeln. Eine Organisation unterscheidet sich unter anderem dadurch, dass sie nicht, wie die Institution, durch eine aktiv oder stillschweigend gepflegte Tradition, sondern durch Ziele geleitet wird. Diese Ziele müssen nach einem vorher festgelegten Verfahren festgelegt, dekretiert, durchgesetzt und dann überprüft werden. Während die Institution von den vielen Beteiligten in der Breite durch hier und jetzt vor Ort notwendige Entscheidungen kontinuierlich in Bewegung gehalten wird, muss eine Organisation zentral gesteuert werden, und diese Steuerung muss zügig von oben nach unten kommuniziert und umgesetzt werden. »Organisationen [...] zeichnen sich dadurch aus, dass sie 1. ein klares Programm formulieren, sich 2. ein eindeutiges Handlungsziel geben, und zur Verfolgung dieses Ziels braucht

---

53 Ebd., 228ff.

es dann 3. materielle und personelle Ressourcen«[54], die gefunden und möglichst effektiv eingesetzt werden müssen.

Es ist leicht nachzuvollziehen, dass dieser für kirchliche Verhältnisse ungewohnte Vorgang Verunsicherung, Unruhe und auch Widerstand hervorruft. Dennoch ist kaum in Frage zu stellen, dass dieser Wandel von der Institution zu einem – um den Begriff von Hauschildt aufzunehmen – Hybrid aus Institution und Organisation angesichts der geschilderten Entwicklung unvermeidbar ist. Das reine Festhalten an der überkommenen Institution hätte langfristig in eine Sackgasse geführt. So waren die 37 Jahre von meinem Vikariat bis zu meinem Ruhestand von diesem Wandel geprägt. Dass diese Entwicklung bei mir im Laufe der Zeit sehr entgegengesetzte Stimmungen ausgelöst hat, von Aufbruchstimmung bis zu Verletzungsgefühlen, sei am Rande angemerkt. Wichtiger ist die Frage nach den leitenden *Zielen*, die an die Stelle der bisher die Institution leitenden Tradition getreten sind. Hier ist möglicherweise die wichtigste Quelle der Unruhe zu finden, die diesen Wandel begleitet. Ziele müssen gefunden, erarbeitet, formuliert, abgestimmt, beschlossen, vermittelt, durchgesetzt, überprüft und angepasst werden. Dies alles, so hat sich gezeigt, bindet erhebliche Energien, Aufmerksamkeit, Finanzressourcen und Lebenszeit und ist ebenso eine Quelle zahlreicher Konflikte. Im Folgenden möchte ich auf einige der zahlreichen Versuche des Übergangs von der Institution zur Organisation hinweisen, die im Laufe meiner Dienstzeit unternommen wurden und dabei auf die Ziele aufmerksam machen, welche dabei verfolgt wurden. Während der Anlass

---

54 Hauschildt 2007: https://www.ekd.de/synoden_assets/download/07–11-19-Hauschildt_Organisation_der_Freiheit_(2).pdf (gel. am 22.3. 2021) – auch die folgenden Zitate bzw. Anspielungen stammen von dort. Zum Thema Kirche als Institution und Organisation ausführlich HAUSCHILDT/POHL-PATALONG, 2013, 157–219.

dazu immer der gleiche war, die Kirchenaustritte und der zu erwartende Rückgang der finanziellen Ressourcen, gab es bei der Formulierung und Festlegung der Ziele eine gewisse Variationsbreite.

Noch in den ersten Jahren meines Dienstes habe ich die Kommunikationskampagne »misch dich ein« des Kölner Stadtkirchenverbandes (1992 bis 1994) miterlebt. »Die Kirchen werden immer leerer, die Kirchenaustritte mehren sich. Die Begründungen für die Austritte aus der evangelischen Kirche werden zunehmend diffuser«[55]: Diese Feststellung stand am Beginn der Überlegungen. Die Zielsetzung: »Kirche soll von innen heraus ›reformiert‹ werden. Ein Zuwachs an Qualität (nicht unbedingt an Quantität nomineller Mitglieder) soll erreicht werden. Die Zahl der Gemeindeaktivitäten soll erhöht werden. Die Attraktivität der Kirche soll von innen heraus – durch die Gemeinden und die Gemeindeglieder selbst – gesteigert werden.«[56] Auffällig ist, dass zwar die leerer werdenden Kirchen und die Kirchenaustritte der Anlass sind, aber ein Zuwachs an Quantität nomineller Mitglieder nicht unbedingt angestrebt wird. Dann ist aber wieder von der »Attraktivität der Kirche« die Rede, doch wohl in der mehr oder weniger eingestandenen Hoffnung, sie möge sich verstärkend auf die Verbundenheit ihrer Mitglieder auswirken und sie vom Austritt abhalten. Es handelte sich bei diesem Projekt nicht um eine Werbekampagne, sondern um eine Kommunikationskampagne. Sie sollte »nicht für die Kirche werben, sondern ›Kommunikation in und mit der Kirche initiieren. Die

---

55 GÜNTER A. MENNE, »Misch dich ein. Die Kommunikationskampagne des Stadtkirchenverbands Köln«, in: http://docplayer.org/22545558–1992–4-misch-dich-ein.html. 1998 (abgerufen am 24.3.2021).

56 A. a. O. (wie auch die folgenden Zitate).

Mitglieder [...] sollten im Sinne eines inneren Aufbruchs ‚interaktiv‘ ihre Kirche selbst neu beleben.« Dafür stand auch das Logo »misch dich ein«. Es sollen »Dialogimpulse« gesetzt und »Dialogzentren« geschaffen werden. Einzelne Module waren z. B. eine Kampagnenzeitung, Workshops, eine Sommerakademie, ein Aktionsforum, eine Plakat-Aktion, Verkehrsmittelwerbung, ein evangelisches Fest am Reformationstag u. a. m. Das Projekt löste wegen seiner Neuheit ein riesiges Medienecho aus. Warum es dann gleichwohl nicht mehr fortgeführt werden konnte, hatte der Leiter der mit der Durchführung beauftragten Agentur selbst auf den Punkt gebracht: »Es hat lange gedauert, bis den Beteiligten klar wurde, dass mit einer Werbekampagne für die Wahrheit – sprich: den Glauben – nicht geworben werden kann.« Außerdem: »Die Kirche ist [...] nicht beratungsfähig, da sie sämtliche Impulse zur Veränderung in einer nicht hinreichend lernfähigen Organisation absorbiert.« Hier stießen also zwei Kulturen aufeinander, die nicht zueinander passten und sich bis zum Schluss fremd geblieben waren. Auch etwas anderes passte nicht: Für eine Institution mit basisdemokratischem Selbstverständnis wie die Evangelische Kirche war es nicht angemessen, dass dieses Projekt gewissermaßen von oben her verordnet wurde. Zwar wurde es von 85% der Synodalen gebilligt, »doch nur vielleicht 20 Prozent der Gemeinden beteiligte sich dann aktiv an der Kampagne«. Es zeigte sich, dass das »Hybrid« von Institution und Organisation dann doch nicht so reibungslos funktioniert, wenn die für die Organisation erforderlichen klaren Strukturen und die nötige straffe, zielgerichtete Führung auf basisdemokratisch selbstbewusste und streitfreudige Gemeinden stößt.

Wenige Jahre später machte das »evangelische München-Programm« Schlagzeilen. Peter Barrenstein, Unternehmensberater und Direktor bei McKinsey und Mitglied eines Kirchen-

vorstands in München, regte dieses pro-bono-Projekt an, um
»Struktur, Arbeitsweise und Effizienz« der Evangelischen Kirche
im Dekanat München zu untersuchen. »Drei Teams mit sechs
McKinsey-Beratern und acht Kirchenmitarbeitern haben eineinhalb Jahre lang das evangelische Dekanat der bayerischen
Landeshauptstadt durchleuchtet und dabei mehr als 600 Kirchenmitglieder sowie 150 haupt- und ehrenamtliche Mitarbeiter
aus 17 Gemeinden befragt.«[57] Dieses »Programm [soll] es der
Kirche ermöglichen, ihren Auftrag und ihre Aufgaben besser zu
erfüllen – indem es Vorgehensweisen erfolgreicher Unternehmen für die Kirche nutzbar macht«[58]. Im Anschluss daran und
dadurch angeregt, führte die Bayrische Landeskirche »Mitarbei-
tendenjahresgespräche« u. a. mit den Pfarrerinnen und Pfarrern
ein und veröffentlichte dazu »Richtlinien für die dienstliche Beurteilung von Pfarrer/innen in der evangelisch-lutherischen Landeskirche in Bayern«. Kritiker warfen der bayrischen Landeskirche vor, damit wie in der Wirtschaft ein »Controlling« bzw. eine
»Leistungsbeurteilung« zu installieren, was diese jedoch bestritt.
Der damalige Landesbischof Johannes Friedrich stellte solche
Gespräche als »ein[en] Dienst an den Pfarrerinnen und Pfar-

57 WOLFGANG EHRENSBERGER, Kirche auf dem Prüfstand in: *Die Welt*
    vom 5. August 1996 (https://www.welt.de/print-welt/article653828/
    Kirche-auf-dem-Pruefstand.html; abgerufen am 26.3.2021).
58 PETER F. BARRENSTEIN, Was die Kirche von der Wirtschaft lernen
    sollten, in: *Süddeutsche Zeitung* vom 8. März 2002 (http://altarchiv.
    hospitalkirche-hof.de/thema/oekonomisierung.htm#Es%20kann%20
    der) (abgerufen am 26.3.2021). Auf dieser Seite der Hospitalkirchen-
    gemeinde in Hof finden sich weitere aufschlussreiche Artikel aus der
    Süddeutschen Zeitung, die im Zusammenhang mit dem München-
    Programm erschienen sind. Die folgenden Zitate von BARRENSTEIN,
    CHRISTIAN NÜRNBERGer (13. Februar), JOHANNES FRIEDRICH (19. Feb-
    ruar 2002) und CHRISTIAN MÖLLEr (5. März 2002) entstammen eben
    dieser Seite.

rern« dar, »niemand denkt daran, die Leistung eines Pfarrers,
einer Pfarrerin [...] zu bewerten«. Sie hätten »das Recht, dass ihr
Dienstvorgesetzter sich einmal im Jahr wenigstens zwei Stunden
Zeit nimmt für sie«[59]. Barrenstein nimmt sich dafür ausdrücklich die Wirtschaft zum Vorbild: »Erfolgreiche Unternehmen
setzen alles daran, ihre Mitarbeiter für die Unternehmensziele
zu mobilisieren und sie zu kontinuierlich besseren Leistungen
zu führen. Dazu gibt es regelmäßige Personalgespräche, Feed-
back für Vorgesetzte, Fortbildungsprogramme, aber auch moti-
vierende Gehaltssysteme. Individuelle Stärken sollen gefördert
und vorhandene Schwachstellen ausgeräumt werden [...] Mehr
Effektivität heißt hier das Ziel. Dazu gilt es, alle Strukturen,
Kernprozesse und Systeme so auszurichten, dass sie die Mitarbeiter bei der Umsetzung der gewählten Strategien wirklich unterstützen.« Was am Ende als wichtigstes Ergebnis festgehalten
wurde, wirft die Frage auf, ob es dafür dieses Aufwandes bedurft
hätte: »Weniger überraschend wirkt hingegen das Ergebnis: Die
Kirche soll sich auf ihre Kernkompetenzen konzentrieren, die
›Kommunikation des Evangeliums für den Menschen von heute
und morgen‹.«[60]
     Die Kritik am evangelischen München-Programm war deut-
lich vernehmbar. »Seitdem krempeln Nadelstreifentheologen
die Kirche um, fordern eine ›Corporate Identity‹ der Kirche und
die ›Konzentration aufs Kerngeschäft‹. Und wenn es einem Pfarrer einfach nicht gelingen will, Business und Kirche gedanklich

59 Wenn Barrenstein (im Amtsblatt der pommerschen Evangelischen Kir-
    che 1998 S. 94; https://www.kirchenrecht-nordkirche.de/kabl/26290.
    pdf, gel. am 26. März 2021) meint, dass es »einen Mechanismus geben
    muss, der auch kirchliche Mitarbeiter dazu zwingt, systematisch das
    eigene Tun und Unterlassen zu reflektieren«, dann geht es aber wohl
    nicht nur darum, den Pfarrerinnen und Pfarrern etwas Gutes zu tun.
60 WOLFGANG EHRENSBERGER, a. a. O.

zusammenzubringen? Dann wird es befohlen. Zwischen oben und unten besteht mehr denn je ein Machtverhältnis, und wer die Macht hat, der hört nicht zu, sondern ordnet an und degradiert den Pfarrer zum Untertan«, lautet das Fazit von Christian Nürnberger.

Unternehmen Im ersten Teil dieser Abhandlung wurde der Weg von der Ekklesiologie zur Kirchentheorie nachgezeichnet. Wir haben gelernt, nicht nur zu fragen, was die Kirche ist, sondern auch danach, wie sich die real vorfindliche Kirche, unsere Kirche im Hier und Jetzt, in ihrem Gewordensein und Werden verstehen lässt, etwa ihr Weg von der Bewegung zur Institution. Dass dabei die Ekklesiologie nicht verloren gehen darf, hat z. B. Reiner Preul sehr deutlich gezeigt.

Das Thema des zweiten Teils war der Weg der Kirche von der Institution zur Organisation bzw. zu einem Hybrid aus beidem. Dass dabei die Ekklesiologie, der Blick auf die Kirche, auf das, was die Kirche ausmacht, weitgehend verloren gegangen ist, wurde als wichtigster Grund für das Scheitern vieler solcher Versuche, die Kirche umzubauen, erkennbar. Dass gleichwohl der Wandel der Kirche von einer Institution zu jenem Hybrid unvermeidlich ist, wird hier nicht bestritten. Worauf es dabei ankommt, ist, dass die Kirche als Kirche das bleibt, was sie zur Kirche macht.

Von diesem dritten Teil an möchte ich den weiteren Weg unserer Kirche zu einer echten Volkskirche beschreiben. Dabei wechselt irgendwann der Modus von der Beschreibung dessen, was ist bzw. geworden ist, zur Erzählung dessen, was werden kann und soll. Sie aber beginnt mit ernüchternden Zugeständnissen, nämlich dass Volkskirche, so oder so, unbeweglich, alltäglich und konventionell ist – und zu sein hat.

Selbstverständlich ist es für die Kirche lebensförderlich, wenn sie in hohem Maße flexibel, beweglich und wandlungsfähig ist. Aber das wird sie nur sein können, wenn sie auf der anderen Seite ihre festen, vertrauten und verlässlichen Orte hat, die die Leute kennen und die in ihrer Nähe sind. So mobil die Menschen heute sein mögen – sie haben gleichwohl immer ihren Ort, wo sie wohnen, zu Hause sind und Heimat haben. Und dazu gehört noch immer in aller Regel die Kirche in ihrer Nachbarschaft. Sie hat nur Sinn, wenn sie verlässlich da und zugänglich ist, auch wenn sie keinen Gebrauch von ihr machen. »Es ist das Wiedererkennen des Konkreten, der vertraute Ort, die heimatliche Kirche, das bekannte Gesicht, das viel überzeugender als jedes Rollenbild Vertrauen und Orientierung vermittelt und die Erwartungsbildung lenkt [...] Die Überschaubarkeit der Ortsgemeinde stellt in der modernen, funktionalen Gesellschaft eine besondere Chance dar [...]«[61], sie »stellt deshalb keine antiquierte Organisationsform der Kirche in der Gemeinde dar«[62] und hat sich »trotz aller sozialen Strukturveränderungen als unverzichtbarer Rahmen für die Gemeindepraxis erwiesen«[63].

In gleicher Weise schadet es der Kirche nicht, wenn ihre Funktionäre durch besondere oder durch Weiterbildung erworbene Kompetenzen, ein unverwechselbares Profil oder ungewöhnliche Initiativen auf sich aufmerksam machen. Aber ihre große Stärke sind Pfarrerinnen und Pfarrer, die vor allem da sind und ansprechbar sind. Sie sind keine Spezialisten, sondern vor allem Generalisten, zuständig für den ganz normalen Alltag vor Ort mit seinen vielfältigen und immer wiederkehrenden, menschlich-allzumenschlichen Erfahrungen. So wie »eine gute Hausärztin [...] durch keinen Facharzt zu ersetzen« ist, weil es »ihre Stärke ist, [...] das Allgemeine zu sehen und sich nicht auf Spezifisches zu begrenzen und ihren Blick zu sehr einzugrenzen«, ist »die Gemeindepfarrerin [...] in ihrer Gemeinde prinzipiell zuständig, wenn es um die Ansprechbarkeit in Bezug auf

---

61 Isolde Karle, Der Pfarrberuf als Profession, 244.

62 Ebd., 245.

63 Winkler, Art. »Pfarrei«, in: TRE, Bd. 26, 348–350 (zit. n. Isolde Karle, Der Pfarrberuf als Profession, 245).

geistliche Fragen oder Probleme der Gemeindeleitung geht«[64].
Das Pfarramt wurde etabliert, um Ansprechbarkeit und »Erreichbarkeit in existentiellen Situationen und seelsorgerlichen Fragen [zu] gewährleisten, die Sachgerechtheit der Vermittlung christlicher Glaubensinhalte sicher[zu]stellen und damit die Verhaltenserwartungen in den Gemeinden [zu] stabilisieren und Erwartungssicherheit [zu] garantieren«[65].

Ebenso werden Innovation und Kreativität die Kirche voranbringen – aber sie könnten sich nicht entfalten, es sei denn auf dem Boden der Jahrtausende währenden Überlieferung, die in biblischen Texten, in Liturgien, Liedern, Ritualen und im ununterbrochenen theologischen Diskurs ihren Ausdruck findet. Denn »nur durch die überzeugende Vermittlung von kulturell anspruchsvollen und intern reich differenzierten Inhalten, wie sie die biblisch-christliche Überlieferung zur Verfügung stellt, ist es möglich, dem Strukturaufbau und der Identitätserhaltung von Personen zu dienen, bewährte Muster für die Lösung existentieller Probleme zur Verfügung zu stellen, Erinnerungen und Erwartungen in Form eines lebendigen kulturellen Gedächtnisses zu pflegen und damit den Handlungs- und Entscheidungsspielraum von Individuen und Gemeinschaften zu erweitern«[66].

Kennzeichen der Volkskirche sind also Verlässlichkeit, Vertrautheit, Beheimatungsfähigkeit und Erwartungssicherheit. Diese zu gewährleisten, ist vor allem die Aufgabe des Pfarramtes, das »die Amtsperson deshalb gezielt frei von der Sorge um den eigenen Lebensunterhalt« stellt, wodurch es »die Kontinuität, Stetigkeit und Erwartungssicherheit im Hinblick auf die

64 Isolde Karle, Der Pfarrberuf als Profession, 236f.

65 Ebd., 237.

66 Ebd., 171f.

Evangeliumsverkündigung zu gewährleisten« sucht.[67] Dagegen scheinen unterschiedliche kirchliche Reformprojekte der letzten Jahrzehnte vor allem Flexibilität, Wandlungsfähigkeit, Beweglichkeit, Originalität, Unkonventionalität als entscheidende Merkmale der Kirche zu setzen. Die Frage, ob beides miteinander vereinbar ist oder gar im Widerspruch zueinander stehen, gibt Anlass, in aller Kürze einen Blick auf Reformvorhaben der letzten Jahre zu werfen, hier auf die »Kirche der Freiheit« (und die »zwölf Leitsätze«), auf den Düsseldorfer »Synodalen Prozess« (als Beispiel für ein regionales Projekt) so wie auf das GOTT-Offenheitspapier der rheinischen Synode 2021.

»›Kirche der Freiheit‹ hat vor zehn Jahren eine gute Zeit, seine Zeit gehabt, aber wer das heute wiederholen wollte, wäre mit dem Klammerbeutel gepudert. Man kann das auch nicht wiederholen. Das wäre nicht sinnvoll.«[68]

Dieses Fazit zieht Thies Gundlach, einer der Initiatoren des Impulspapieres »Kirche der Freiheit«, zehn Jahre nach dessen Veröffentlichung. Hat er damit indirekt das Scheitern der »Kirche der Freiheit« eingeräumt? Hier sei noch einmal an die Ausgangslage im Jahr 2006 sowie an die Formulierung der Ziele des Impulspapieres erinnert.[69] Damals ging man davon aus, dass die Gesamtbevölkerung bis 2030 in Deutschland um gut 6% schrumpfen und die Zahl der älteren Menschen deutlich anstei-

---

67 Ebd., 163.

68 https://www.deutschlandfunkkultur.de/zehn-jahre-impulspapier-kirche-der-freiheit-mit-viel-pathos.1278.de.html?dram:article_id=358310: Interview des Deutschlandfunks mit Thies Gundlach am 26. Juni 2016 (abgerufen am 18.5.2021).

69 Die folgenden Angaben entstammen einer kurzen Zusammenfassung des Impulspapieres: http://www.gemeindepaedagogik-westfalen.de/fileadmin/sites/gemeindepaedagogik/dokumente/Kurzfassung_Kirche_der_Freiheit.pdf (abgerufen am 18.5.2021).

gen würde. Die evangelische Kirche büßt bis zu einem Drittel ihrer Mitglieder und etwa die Hälfte ihrer Finanzkraft ein. Dann ist mit einer Taufbereitschaft von 80 Prozent und einem durchschnittlichen Gottesdienstbesuch von 4% zu rechnen. Der Traditionsabbruch und eine Konfessionslosigkeit werden zu einem ernstzunehmenden Phänomen, verbunden damit wird ein religiöses Analphabetentum sein, weniger wegen inhaltlicher Wissenslücken als vielmehr wegen dem Fehlen christlich-religiöser Erfahrungen.

Vor allem im Osten drohen vielen Kapellen und Kirchen, die nicht mehr genutzt und unterhalten werden können, Leerstand und Verfall.

Diesen Erwartungen setzt das Impulspapier eindeutig formulierte Ziele entgegen. So soll sich die Zahl derer, die von kirchlichen Kernangeboten Gebrauch machen, auf ca. 50% der Mitglieder verdoppeln. Am Gottesdienst sollen nicht nur 4%, sondern 10% teilnehmen. 100% aller Kirchenmitglieder sollen getauft, kirchlich getraut und kirchlich bestattet werden. Es werden weitere Ziele formuliert, die hier nicht aufgeführt werden müssen.

Deutlich wird an diesen Beispielen, dass das kirchliche Geschehen einem unternehmerischen Denken unterworfen wird, wie es schon bei den oben beschriebenen Projekten »misch dich ein« und »Evangelisches Münchenprogramm« erkennbar geworden ist. An die Stelle des Vertrauens auf den Heiligen Geist und der Eigendynamik kirchlichen Wachstums, wie es sowohl im Neuen Testament wie auch von den Reformatoren durchgehend vorausgesetzt wird, tritt straffe Planung, Zielkontrolle und Qualitätsanalyse.[70] Dies macht einen tiefgreifenden Mentalitätswan-

---

70 »Damit Kirche auch in Zukunft auf qualitativ hochwertigem Niveau arbeiten kann, muss die Analyse der Qualität der kirchlichen Arbeit in

del erforderlich, der im Impulspapier auch angesprochen wird. Dass Thies Gundlach von diesen Forderungen zehn Jahre später abgerückt wäre, lässt er in den folgenden Äußerungen des DLF-Interviews nicht erkennen:[71]

»Das Impulspapier hatte die Frage nach der Qualität kirchlicher Arbeit aufgeworfen; diese Frage ist naturgemäß nie abschließend zu beantworten, Qualität muss immer wieder neu überprüft werden. Außerdem ist die Leitung der Kirche durch Zielvorgaben mittlerweile nahezu selbstverständlich geworden. Allerdings habe ich auch noch keinen Weg gefunden, Ziele so zu formulieren, dass nicht auch mitschwingt: Wir wollen noch besser werden. Das empfindet mancher als Kritik.«

Zugleich muss er indirekt andeuten, dass die im Impulspapier sehr genau festgelegten Ziele nicht erreicht worden sind:

»Viele profilierte Gemeindeangebote und originelle Gottesdienstformate wachsen gegen den Trend; die Bildungsangebote von den evangelischen Schulen bis zu den Glaubenskursen wachsen ebenso wie die Möglichkeiten, am Verkündigungsdienst unserer Kirche mitzuwirken. Das Engagement ehrenamtlicher Mitarbeit ist beeindruckend. Das alles kann aber nicht darüber hinwegtäuschen, dass gültig bleibt: Wir werden kleiner, ärmer und älter.«

Die Konsequenz wäre, von diesen Zielen abzurücken und neue zu formulieren. Ob dies geschehen ist, lässt sich an den 2020 veröffentlichten und von der EKD-Synode gebilligten »Zwölf Leitsätzen« überprüfen, die offensichtlich in der Tradition des Impulspapieres verstanden werden wollen. Auch wenn

---

allen Bereichen, also auch im Bereich des Pfarrdienstes, auf überzeugende Weise durchgeführt und weiterentwickelt werden. Das Instrument der Visitation ist dafür unerlässlich. Es wird nötig sein, darüber hinaus ein begleitendes Qualitätsmanagement zu entwickeln.«

71   A. a. O.

sie sprachlich eine gewisse Nähe dazu erkennen lässt, sind die Schwerpunkte hier doch deutlich anders gesetzt. Evangelische Tradition, Überlieferungsreichtum und Vielfalt werden stärker gewürdigt:

»Der Glaube an Jesus Christus gewinnt Gestalt als Frömmigkeit, die persönliche Haltung, christliche Traditionen und praktische Spiritualität verbindet. Frömmigkeit ist die freie, selbstbewusste Form, Gott in Jesus Christus nachzufolgen und in dieser Welt zu bezeugen. Sie bleibt angewiesen auf Gemeinschaft, auf Rituale und Formen [...] Dazu bedarf es der Kenntnis der kirchlichen Tradition als Quelle geistlichen Lebens. Evangelische Frömmigkeit lebt aus dem Umgang mit der Heiligen Schrift. Daraus erwächst die Fähigkeit, eigene und neue Formen von Spiritualität zu entwickeln. Kirchlicher und diakonischer Bildungsarbeit kommen dabei eine zentrale Bedeutung zu« (1. Leitsatz – Frömmigkeit)[72].

Ebenso erfährt die Ortsgemeinde Wertschätzung, und ihre Schlüsselbedeutung steht nicht mehr in Frage:

- »Ankerpunkt bleiben starke und ausstrahlungsfähige Gemeinden in verschiedenen Formen. Daneben treten sorgfältig abgestimmte und leicht zugängliche Angebote und Initiativen auf regionaler Ebene und im digitalen Raum. Kleine, dezentral vernetzte Gruppen werden mit ihren Aktivitäten herkömmliche Strukturen und Begrenzungen aller Art kreativ infrage stellen.« (11. Leitsatz – Strukturen)
- »Geistliche Gemeinschaft und Weitergabe des Evangeliums geschieht in Form persönlicher Beziehungen. Ortsgemeinden

---

72 Alle Zitate aus den »Zwölf Leitsätze« stammen von https://www. ekd.de/zwoelf-leitsaetze-zur-zukunft-einer-aufgeschlossenen-kirche-60102.htm (abgerufen am 18.5.2021).

stehen wie alle anderen kirchlichen Einrichtungen vor der
Herausforderung, kirchlich Hochverbundenen Heimat zu
bieten und gleichzeitig neue Kontaktflächen für Menschen
zu eröffnen, die bisher wenig mit Kirche zu tun haben.

- »Starke und handlungsfähige ortsbezogene Gemeinden (Parochien) werden in Zukunft ebenso eine zentrale Rolle spielen.« (7. Leitsatz – Kirchenentwicklung)

Starke und handlungsfähige ortsbezogene Gemeinden bedürfen aber der Ergänzung durch »inzwischen bewährte regionale Gemeindeverbünde oder Formen guter Zusammenarbeit von gemeindlichen und übergemeindlichen Diensten«:

- »Die Kirche wird flexibler und an wechselnden Orten präsent sein. Kasualien und christliche Lebensbegleitung werden vielfältiger und individueller. Wir probieren mit Erwachsenen, Kindern und Jugendlichen neue, der jeweiligen Situation und den örtlichen Bedingungen angepasste Formen der Versammlung um Wort und Sakrament aus. Hierfür werden zusätzliche Ressourcen bereitgestellt. Das Gottesdienstangebot wird insgesamt kleiner und sollte deswegen gemeindeübergreifend besser abgestimmt werden. Es wird zunehmend durch alternative gottesdienstliche Feiern und Formen spiritueller Gemeinschaft an unterschiedlichen Orten und zu unterschiedlichen Zeiten bereichert. Sie ergänzen schon jetzt den traditionellen Sonntagsgottesdienst. Dies muss bei der Statistik des Gottesdienstbesuchs berücksichtigt werden, um Entwicklungen besser zu erkennen und darauf zu reagieren.« (7. Leitsatz – Kirchenentwicklung)
- »Wir öffnen bestehende kirchliche Strukturen für Kooperationen. Kirchengemeinden, Regionen und diakonische Einrichtungen richten ihre Aktivitäten zunehmend gemein-

wesen- und sozialraumorientiert aus. Wo eine nachhaltige Abstimmung gelingt, werden wir eigene Angebote profilieren, konzentrieren und gegebenenfalls reduzieren.« (4. Leitsatz – Mission)

Keinen Zweifel aber lassen die »Zwölf Leitsätze«, dass die zentrale Steuerung des kirchlichen Lebens, ebenso wie für das Impulspapier, eine Schlüsselbedeutung hat:

- »Eine innovationsorientierte, dynamische und verschlankte Organisationsstruktur der Kirche stellt hohe Ansprüche an das gesamtkirchliche Leitungs- und Steuerungshandeln.« (10. Leitsatz – Leitung)
- »Die evangelische Kirche braucht zur Umsetzung der Reformen eine bessere interne Abstimmung und den Willen zur Zusammenarbeit. Es wird häufiger Entscheidungen geben, bei denen es nicht allen recht gemacht werden kann. Wir müssen mit Blick auf die Zukunft der gesamten Kirche Prioritäten setzen.« (10. Leitsatz – Leitung)
- »Die evangelische Kirche wird in Zukunft organisatorisch weniger einer staatsanalogen Behörde, sondern mehr einem innovationsorientierten Unternehmen oder einer handlungsstarken zivilgesellschaftlichen Organisation ähneln.« (11. Leitsatz – Strukturen)

Entscheidend soll also sein – mit Blick auf die Prioritäten der gesamten Kirche –, dass die unteren Ebenen umsetzen, was auf den darüber liegenden Ebenen beschlossen wurde. Eigeninitiative und Eigenverantwortung und der Blick auf das, was vor Ort, hier und jetzt, notwendig und sinnvoll ist, werden dem untergeordnet. Der Begriff »Mentalitätswandel« taucht in den »Zwölf Leitsätzen« nicht mehr auf – der Sache nach lassen sie keinen Zweifel daran, dass er notwendig ist, wenn die Kirche den Charakter eines innovationsorientierten Unternehmens oder einer handlungsstarken zivilgesellschaftlichen Organisation bekommen soll. In der Reformdiskussion wird dies häufig als »Top-down«-Strategie bezeichnet, während die Beschreibung der Kirche durch das Neuen Testament und durch die Reformatoren eher eine »Bottom-up«-Wirkung erkennen lässt. Am Beispiel des synodalen Prozesses des Kirchenkreises Düsseldorf unter dem Motto »Zukunft Kirche« lässt sich die von oben nach unten orientierte Kirchenleitung veranschaulichen.

Mit großer Mehrheit verabschiedete die Synode des Kirchenkreises Düsseldorf 2012 ein Konzept zur »Standortplanung 2020 / 2030«[73], das einen damals sogenannten »Synodalen Prozess« einleiten sollte. Als Ziel wurde formuliert:

• Die Evangelische Kirche ist auch im Jahr 2030 erkennbar und einladend in der Stadt Düsseldorf präsent.

Bis zum Jahr 2020 sollten diese Maßnahmen umgesetzt sein:

• Jede (Gesamt-)Kirchengemeinde ist so groß, dass sie möglichst 3 volle Pfarrstellen, mindestens aber 2 volle Pfarrstellen vorhält.
• Eine große Zahl von Pfarrstellen ist im uneingeschränkten Dienst besetzt.
• Gemeindliche Standorte sind nach inhaltlichen Schwerpunkten in regionaler Abstimmung und mit Personalkonzept entwickelt.

---

73 Standortplanung 2020/ PDF Free Download (docplayer.org) (abgerufen am 21.5.2021). Alle diesbezüglichen Zitate entstammen diesem Dokument.

- Kirchengebäude sind als Standorte nur dort in Betrieb, wo deren Versorgung durch Pfarrstelleninhaber auch in Vertretungsfällen möglich ist, also mindestens zwei 100%-Pfarrstellen im Dienst aufrechterhalten und zusätzlich Küsterdienst und Kantorendienst vorhanden sind.

Folgende Vorteile verspricht sich die Synode:

- Eine so dimensionierte Kirchengemeinde kann die kirchlichen Kernaufgaben erfüllen und auskömmlich wirtschaften.
- Einer Aufsplitterung von Pfarrstellen wird entgegengewirkt.
- Neben den Pfarrstellen können voraussichtlich 2,5 bis 3 Stellen für weitere hauptamtlich Mitarbeitende am Standort finanziert werden.
- Die Konzentration der Arbeit auf weniger Kirchengebäude nimmt Rücksicht auf schrumpfende Personalressourcen. Gleichzeitig kann ein intensives und attraktives Angebot am Standort vorgehalten werden.
- Die positiven Effekte einer Umstrukturierung werden nachhaltig bis zum Jahr 2030 wirken.

Als Konsequenz wird festgehalten:

- Damit sich die Gemeinden in Zukunft und für die Zukunft so aufstellen können, bedarf es intensiver Kooperationen bis hin zur Bildung von Gesamtgemeinden oder Fusionen.

Die Düsseldorfer Gemeinden hatten sich mit dieser nahezu einmütigen synodalen Entscheidung praktisch selbst entmachtet und die Verantwortung für das kirchliche Leben in ihrer Stadt dem Kirchenkreis übertragen. Neben dem Gemeindealltag blieb ihnen lediglich die Sorge um die Umsetzung dieses und aller folgenden synodalen Beschlüsse, die vor allem zur Zusammenlegung von Gemeinden zu Gesamtgemeinden und zur Schließung mehrerer Kirchen und Standorte geführt haben. Eigene Initiativen, Projekte oder Entwicklungen konnten sie damit kaum noch anstoßen, weil sie sich in erster Linie als Teil des von ihnen umzusetzenden »Synodalen Prozesses« verstehen mussten.

Die Frage liegt nahe, ob für die Erreichung des allgemein und unverbindlich formulierten Zieles – »Die Evangelische Kirche ist auch im Jahr 2030 erkennbar und einladend in der Stadt Düsseldorf präsent« – eines solchen umfangreichen und tiefgreifenden Prozesses bedurft hätte. Alle einschlägigen Beschreibungen der Kirche im Neuen Testament – etwa in Joh 15, Apg 2, Röm 12, 1. Kor 12, Eph 4 u. a. m. – und ebenso die Aussagen der Reformatoren zum Wesen der Kirche lassen keinen Zweifel daran: Wer sich zu Christus bekennt, sich taufen lässt und Teil der Gemeinschaft der Glaubenden wird, übernimmt damit geradezu zwangsläufig und automatisch Verantwortung für die Gemeinde, der er von nun angehört. Das kann aber *nur* die Gemeinde vor Ort als Netz von Personen sein, die sich »face to face« wahrnehmen und kennen und sich sonntags zum Gottesdienst und darüber hinaus treffen und in Verbindung bleiben, niemals aber anonyme Organisation, für die ein erheblicher Bedarf an Delegationen, Gremien, Kommunikation und Verwaltung nötig ist, und die aus berufenen und begabten Gliedern auf der einen Seite Kunden macht, die Dienstleistungen in Anspruch nehmen, auf der anderen Seite Dienstleistende, die entsprechende Angebote bereit stellen (»Gleichzeitig kann ein intensives und attraktives Angebot am Standort vorgehalten werden«).

Neun Jahre später sollte sich dann zeigen, dass es darum in erster Linie gar nicht ging, sondern vorrangig mit Blick auf die notwendige Anpassung der kirchlichen Verhältnisse an die prognostizierten finanziellen Rahmenbedingungen um die konsequent auszubauende Zentralisierung des evangelischen kirchlichen Lebens in der Landeshauptstadt. Das wurde besonders deutlich, als auf der Synode des Kirchenkreises im April 2021 die Fortführung des »Synodalen Prozesses« mit einem unter der Überschrift »Zukunft Kirche 2.0« gebündelten Maßnahmenpaket beschlossen wurde. Die ursprüngliche Zielsetzung, also die Erkennbarkeit als Evangelische Kirche und die einladende Präsenz, werden in der Vorlage nicht mehr erwähnt. Unter dem Eindruck der zu erwartenden Entwicklung hinsichtlich der Mitgliederzahl, des Rückgangs an Steuereinnahmen und des Abbaus an kirchlichen Arbeitsplätzen will der Kirchenkreis »organisatorisch beweglicher werden«, was die »Durchlässigkeit der Abgrenzungen sowohl zwischen den kirchlichen Handlungsfeldern als auch zwischen den Diensten des Kirchenkreises und den Kirchengemeinden« betrifft, wie auch die Erkenntnis, dass »wir nicht mehr alles überall für alle tun können.« Zwar werden Fragen gestellt, die den Rückbezug auf den biblischen Auftrag sichern sollen:

- Entspricht unser Handeln unserem Auftrag? Oder anders formuliert: Was würde Jesus dazu sagen?
- Wie wirksam ist unser Handeln? Oder biblisch gefragt: Werden wir zu Menschenfischern?
- Verstehen die Menschen in der Stadt, was wir tun? Oder kommunikationstheoretisch: Können wir unser Handeln vermitteln?
- Setzen wir unsere Ressourcen so ein, dass wir gut, gerne und wohlbehalten qualitativ hochwertige und nachhaltige Arbeit leisten? Oder salutogenetisch gefragt: Gibt es eine befriedigende Entsprechung zwischen Anspruch und Wirklichkeit?

Solche Fragen können aber nicht mehr von den Gemeinden selbst, sondern nur noch synodal beantwortet werden. Die Frage – um sie vorsichtig zu formulieren – stellt sich, wie sich ein solches Vorgehen noch mit dem Selbstverständnis der Evangelischen Kirche vereinbaren lässt. Echtes Wachstum von Glauben und Gemeinde ist nur vor Ort und von Angesicht zu Angesicht möglich und kann unter solchen Voraussetzungen nicht mehr ernsthaft erwartet werden. Was bleibt, sind die organisationsbezogenen Anpassungsnotwendigkeiten, aber diese enthalten nicht wirklich eine zukunftsweisende Perspektive.

Dieser Mangel an Perspektive ist auch den Mitgliedern der Landessynode bewusst, die 2021 das Impulspapier »Lobbyistin der GOTT-Offenheit – Zum öffentlichen Auftrag und Auftreten einer Minderheitskirche«[74] verabschiedet haben. Sie ziehen die Konsequenz daraus, indem sie sich von der Volkskirche verabschieden. So wird gleich zu Beginn des Papieres festgestellt:
»In naher Zukunft werden weniger als die Hälfte der in Deutschland lebenden Menschen Mitglied einer christlichen Kirche sein. Es wird keine mehrheitlich christliche Bevölkerung mehr geben. Damit erreicht eine Entwicklung, die seit Jahrzehnten im Gange ist, eine neue Qualität.« (2)
Und weiter heißt es:
»Die Strukturen, die die Kirchen ausbildeten, zielten auf flächendeckende religiöse Versorgung durch ein doppeltes Parochialprinzip: Jede Straße jeden Dorfes und jeder Stadt gehört zu einer evangelischen und einer katholischen Kirchengemeinde [...] Diese Phase ist zu Ende. Es gibt kein selbstverständlich von

---

74 https://landessynode.ekir.de/wp-content/uploads/sites/2/2020/12/ LS2021_74-DS08-Lobbyistin-Gottoffenheit.pdf. (Die Zahlen in Klammern beziehen sich auf die Seitenzahlen dieses Papiers.)

der Mehrheit der Bevölkerung getragenes christliches Kirchtum mehr. Die Erosion der Strukturen und der Mitgliederschwund der großen Kirchen lassen den Begriff »Volkskirche«, was seine quantitative Dimension angeht, leer werden. Es gibt sie nicht mehr.‹ (3)

Allenfalls die sechste Barmer These erlaubt es noch, den zentralen qualitativen Aspekt, »sich mit der eigenen Botschaft ›an alles Volk‹ zu wenden«, aufzunehmen, was aber in diesem Papier nicht weiter verfolgt wird (3); stattdessen sehen die Landessynodalen ihre Kirche als »Lobbyistin der GOTT-Offenheit«[75] (4), als »Teamplayerin« (5) sowie als »Agentin des Wandels« (5). In dem Papier kommt der Zwiespalt zum Ausdruck, in dem sich die Kirche befindet: Auf der einen Seite wird kirchliches Handeln noch immer dankbar oder zumindest wie selbstverständlich angenommen, auf der anderen Seite wird der Raum, den die Kirchen in der Öffentlichkeit einnehmen, zunehmend in Frage gestellt.

Diese bisher selbstverständlich gewährten öffentlichen Räume werden zunehmend hinterfragt. Wenn in absehbarer Zeit die Mehrheitsgesellschaft nicht mehr einer christlichen Kirche angehört, geraten eingespielte Traditionen von zwei Seiten unter Veränderungsdruck: von der Pluralisierung von Religionszugehörigkeit und von der Säkularisierung[76] her. Wie können die

---

75 Soll mit dieser Formulierung das Anliegen der sechsten Barmer These aufgegriffen werden? Zumindest ausdrücklich scheint dies nicht der Fall zu sein. Darüberhinaus ist wohl davon auszugehen, dass »die neugierige Frage nach Gott und seiner Gnade und Liebe, für Nächstenliebe und Barmherzigkeit, für das Vertrauen auf die Verheißung und die Möglichkeiten und gegen einen bloßen innerweltlichen Realismus« *nicht* dasselbe wie die »Botschaft von der freien Gnade Gottes« ist, die »an alles Volk auszurichten ist«. Auf der anderen Seite gibt es im Laufe des Papieres einige Formulierungen, die sich in der Tat im Sinne der sechsten Barmer These verstehen lassen.

76 Hervorhebung im Original.

Kirchen damit umgehen, ohne in ein ständiges Rückzugsgefecht verwickelt zu werden? Immer wieder gelingen Bündnisse, wenn die Kirchen es fertigbringen, den Nutzen der öffentlichen Präsenz von Religion für die ganze Gesellschaft aufzuzeigen. Sowohl Vertreter/-innen nichtchristlicher Religionen als auch säkularisierte Milieus reagieren jedoch empfindlich, wenn sie den Eindruck haben, die großen Kirchen verteidigten bloß ihre Privilegien und hielten an überkommenen Rechtstiteln fest. (13) Gelegentlich wird jede religiöse Form (z. B. im Blick auf Gottesdienste im öffentlichen Raum, St. St.) mit dem Hinweis auf Pluralisierung oder Neutralität unterbunden. Wo das geschieht, finden spirituelle Aspekte des Zusammenlebens keinen gemeinsamen öffentlichen Ausdruck mehr und werden nicht ins Private, sondern ins Verborgene gedrängt und damit der Wahrnehmung entzogen. Kirche will als Lobbyistin der Gottoffenheit [...] Raum für religiöse Bedürfnisse in der Gesellschaft freihalten. (14f.)

Trotz aller guten Argumentationen, trotz glaubwürdiger Personen und trotz der Bereitschaft zu Zusammenarbeit und Kompromissen ist zu erwarten, dass die verlässliche Bereitstellung öffentlicher Handlungsräume für die Kirche abnimmt. Jede Erwartung, diesen Trend umzukehren, führt zu unrealistischen Ansprüchen und Überlastung der haupt- und ehrenamtlichen kirchlichen Mitarbeitenden. Es geht eher darum, gemeinsam und einander ermutigend ein evangelisches Selbstverständnis zu entwickeln und zu bewahren, aus dem heraus Kirche Chancen der Wirksamkeit an öffentlichen Orten ergreift, auch wenn diese zeitlich begrenzt sind. (17)

Die Diskussionen um die öffentliche Präsenz der Kirchen und die ambivalenten Kasualerfahrungen zwischen intensiven Begegnungen und insgesamt abnehmender Inanspruchnahme markieren die gegenwärtige Übergangszeit, in der eine immer noch große Kirche nicht mehr Volkskirche ist und gleichzeitig noch völlig unklar ist, wie eine künftige Gestalt von Kirche hierzulande aussehen kann. (19)

Es lässt sich gewiss ausgiebig darüber diskutieren, ob die evangelische Kirche noch Volkskirche ist oder schon nicht mehr. Innerlich haben sich aber die Landessynodalen offensichtlich bereits von der Volkskirche verabschiedet. Nach den Jahren eines durch die »Kirche der Freiheit« genährten Zweckoptimismus (»Wachsen gegen den Trend«) tritt an die Stelle nun, zumindest in der Rheinischen Landessynode, eine Art Zweckpessimismus. Den Synodalen unterläuft jedoch dabei ein fataler Fehler: Sie setzen »Volkskirche« mit »Mehrheitskirche« gleich und »Christen« mit »Kirchenmitgliedern«. Ihnen hat sich die Frage nicht gestellt, ob dann *alle* Kirchenmitglieder – in welchem Sinn auch immer – Christen waren und sind, und ob umgekehrt alle, die aus der Kirche austreten, aufhören, Christen zu sein und zu glauben. Wird die Zahlung der Kirchensteuer auf diese Weise nicht gerade zur Grenzmarkierung zwischen wahrer und falscher Kirche? Wie verhalten sich sichtbare und unsichtbare Kirche zueinander, wie Glauben und Kirchenzugehörigkeit, und welche Rolle spielt in diesem Zusammenhang eigentlich die Taufe? Alle diese Fragen werden in dem GOTT-Offenheitspapier nicht gestellt. Völlig ausgeblendet bleibt auch die zutiefst christliche Prägung der Kultur, in der wir leben, die auch durch die »Säkularisation«, was immer darunter auch zu verstehen ist, nicht abgeschüttelt werden kann. Unsere Zivilisation als »nicht mehr christlich« oder »nachchristlich« zu beschreiben, verfehlt ihren Charakter völlig. Ebenso trifft es die Lage nicht, die Kirchen zu einem gleichberechtigten Sinndeutungs- oder Weltanschauungsangebot unter vielen zu erklären. Bevor wir in aller Bescheidenheit anderen den Vortritt lassen (und uns gar dafür entschuldigen, dass wir noch da sind), wäre allerdings die Frage

angebracht, ob nicht manche der Vorrechte, die die Kirchen in
Anspruch nehmen, angemessen, sinnvoll und für die Wahrnehmung ihres Auftrages notwendig sind.

Als die Überschrift – »Lobbyistin der GOTT-Offenheit« –
deutender Kernsatz des Papiers ist wohl diese Formulierung auf-
zufassen: »Die Kirche wirbt als parteiliche Aktivistin für einen
offenen Himmel, d. h. für eine neugierige Frage nach Gott und
seiner Gnade und Liebe, für Nächstenliebe und Barmherzigkeit, für das Vertrauen auf Verheißung und Möglichkeiten und
gegen einen bloß innerweltlichen Realismus«. Da die Synode
auf der gleichen Tagung die Barmer Theologische Erklärung
zur offiziellen Bekenntnisschrift der Rheinischen Landeskirche
erhoben hat, wird sie sich fragen und um eine hier notwendigerweise sehr klare und unmissverständliche Antwort bitten
lassen müssen, inwieweit sie damit »im Dienst seines eigenen
Wortes und Werkes durch Predigt und Sakrament« steht, »das
die Botschaft von der freien Gnade Gottes« ausrichtet »an alles
Volk«, und nicht im »Dienst irgendwelcher eigenmächtig gewählter Wünsche, Zwecke und Pläne«. Bevor dies nicht – wie
gesagt, in aller notwendigen Eindeutigkeit – geklärt ist, sind
alle anderen angeschnittenen Fragen, wie etwa die nach der
»Teamplayerin« und nach der »Agentin des Wandels« belanglos
und interessieren niemanden. Ein Alleinstellungsmerkmal, also
etwas, das die Kirche unverwechselbar kennzeichnet, sind der
Lobbyismus für einen offenen Himmel, die neugierige Frage
nach Gott usw., das Vertrauen auf Verheißung und Möglichkeiten in keinem Fall – und was mit »Vertrauen gegen einen
bloß innerweltlichen Realismus« gemeint sein könnte, wird
nicht wirklich deutlich.

Inzwischen und überraschend schlagartig ist die Lobbyistin
der GOTToffenheit jedoch aus dem synodalen Diskurs wieder
verschwunden. Stattdessen richten sich alle Blicke auf *E.K.I.R.*

2030. Wir gestalten »evangelisch rheinisch« zukunftsfähig[77]. Während die »Lobbyistin« die Frage reflektiert, was auf uns zukommt und wie wir uns darauf einstellen sollten, geht es im E.K.I.R.-2030-Papier wieder nur darum, zu retten, was zu retten ist. Die Grundaussage lautet: »*Wir haben kein Erkenntnis-, sondern ein Umsetzungsproblem [...] Wir sind gut im Diskutieren, aber schlecht im Verändern.*« Die von der Lobbyistin aufgeworfene Frage, was auf uns zukommt, wird, kaum verhüllt, als »Umsetzungsproblem« für erledigt deklariert. Sie wäre aber exakt die Frage, die zu beantworten jetzt dringend geboten ist. Die Projekte »Mitgliederorientierte Modellgemeinden«, »Mitgliederkommunikationssoftware«, »Freie Gemeindewahl unter Mitnahme der Kirchensteuer bei Umgemeindung«, »Anstellung von Pfarrpersonen im Kirchenkreis beziehungsweise der Region«, »Mixed economoy« und all die anderen blenden diese Frage definitiv aus. Sie dienen ausschließlich der Rettung und Erhaltung des Systems, ohne sich darum zu kümmern, was jetzt dran ist. Die in den Projekten angestrebten strukturellen Veränderungen dienen ausschließlich der Anpassung an das System, um dessen Gefährdung zu verringern und dessen Existenz zu sichern. Weil das E.K.I.R.-2030-Programm außerordentlich komplex und kaum in seinen Implikationen zu überschauen ist, bedarf es einer zentralen Steuerung und eines scharfen Kommandotons von oben. Was eigentlich soll damit bezweckt werden? Sollen damit die Austritte aus der Kirche gebremst werden? Sollen Menschen motiviert werden, wieder in die Kirche einzutreten? Soll die Teilnahme an kirchlichen Veranstaltungen gefördert werden? Sollen finanzielle Effekte ausgelöst werden? Soll die allgemeine Stimmungslage aufgehellt werden? Soll die Kirche stärker ins

---

77 https://landessynode.ekir.de/beitrag/e-k-i-r-2030-wir-gestalten-evangelisch-rheinisch-zukunftsfaehig/.

Gespräch gebracht werden? Es gibt keine Kriterien, an denen sich ablesen ließe, ob »E.K.I.R.-2030« zum Erfolgsmodell wird oder zum Scheitern verurteilt ist. Es ist fast schon typisch für die Lage, dass mit großem Aufwand was auch immer inszeniert wird, aber keine Instrumente zur Verfügung stehen, mit denen sich feststellen ließe: Hat es eigentlich was gebracht? Hat sich die Aufwand gelohnt? Die Folge davon ist, dass alle erst mal stolz darauf sind, was für tolle Ideen sie haben – und irgendwann verschwinden alle diese Projekte und Modelle ziemlich schlagartig in Vergessenheit und keiner redet mehr davon, so als wäre nichts gewesen.

Bevor die Frage gestellt wird, inwieweit wir noch Volkskirche sind, muss zunächst danach gefragt werden, ob wir denn Volkskirche sein wollen und sollen. Ich plädiere hier mit Nachdruck dafür, das zu sein, was wir tatsächlich sind und was wir zu sein gar nicht verhindern können, nämlich Volkskirche. Mir liegt daran, dass wir mutig, fröhlich, zuversichtlich und beherzt den uns gestellten Auftrag, Volkskirche zu sein, annehmen. Diesem Ziel sollen die folgenden Ausführungen dienen.

Volkskirche. Seit Thomas Luckmann[78] wissen wir, dass Religion unsichtbar, zur unsichtbaren Religion werden kann. Jan Assmann spricht synonym vom »kulturellen Gedächtnis«, das er von Tradition oder Überlieferung unterscheidet, denn damit »wird lediglich der Vorgang, die Kulturtechnik der Weitergabe und Aufnahme als solcher bezeichnet, ohne einen Hinweis auf die Triebkräfte, Interessen und Bedürfnisse, die diese unausgesetzte Arbeit des Weiterreichens und Aufnehmens motivieren«[79]. Die unsichtbare Religion »bezeichnet den allgemeinen, funktional bestimmten Rahmen, den die einzelnen Religionen auf ihre je spezifische Weise ausfüllen […] Sie steht auch innerhalb einer gegebenen Kultur als übergeordneter und letztfundierender Sinnrahmen über den verschiedenen Feldern kultureller Praxis, die sich innerhalb dieses Sinnrahmens oder ›Weltbildes‹ ausdiffenziert haben«[80], wozu auch die der jeweiligen Kultur eigene Religion gehört. Der Geltungsschwund und die Marginalisierung auf Grund der sogenannten Säkularisierung bezieht sich auf die sichtbare, nicht aber auf die unsichtbare Religion. Denn Religion, die unsichtbar wird, verschwindet deswegen nicht einfach. Wenn Wasser verdunstet, wird es auch unsichtbar, aber es hört nicht auf zu existieren. Es behält seine Fähigkeit, seinen Aggregatzustand erneut zu ändern und als Nebel, Wasserdampf, Tautropfen oder Kondenswasser wieder in Erscheinung zu treten. Während in früheren Jahrhunderten das Christentum der Niederschlag einer mehr oder weniger allgemeinen Haltung war, deren Aneignung von jedem erwartet wur-

78 THOMAS LUCKMANN, Die unsichtbare Religion (1991), Frankfurt 9,2020.

79 JAN ASSMANN, Unsichtbare Religion und kulturelles Gedächtnis, in: ders., Religion und kulturelles Gedächtnis (2000), 5,2018, 45–59; hier: 45.

80 A. a. O., 45f.

de, ist es heute der Ausdruck einer persönlichen Entscheidung,
ob man eine Haltung im Sinne des christlichen Glaubens oder
eine andere einnimmt. Aus einer mehr oder weniger verbindli-
chen und weitgehend unreflektierten und selbstverständlichen
Gepflegenheit ist ein freibleibendes Angebot geworden. Während das Christentum früher selbstverständlicher Bestandteil
des öffentlichen Lebens und der gesellschaftlichen Kultur war,
ist Religion heute weitgehend aus der Öffentlichkeit ausgewan-
dert, wirkt unsichtbar im Hintergrund oder wandert in die Pri-
vatsphäre aus und wird zur Privatsache.[81] In der Öffentlichkeit
ist sie dadurch weitgehend unsichtbar, oder besser: ungreifbar
geworden, weil sie immer weniger feste Formen ausbildet oder
einnimmt. Es dampft und wabert überall vor Religion. Sie kann
sich jederzeit und überall, wenn die Voraussetzungen und Bedingungen dafür gegeben sind, verflüssigen oder kristallisieren
und wird damit wieder sichtbar. Die sichtbar werdende Religion
wirkt wiederum auf die unsichtbare zurück, denn diese bleibt
nicht starr und wird sich nach Wachstumsgesetzen stetig wandeln. Zwar wird die Erinnerung an das Christentum nie aus ihr
verschwinden, aber denkbar ist schon, dass sich der Abstand
vergrößert und zugleich die Fähigkeit, es zu verstehen, verrin-

81 Im Blick auf die gegenwärtige Lage beschreibt LUCKMANN den »Nie-
    derschlag« der Religion als etwas, was sich vor allem in der Privatsphä-
    re ereignet: »Mittlerweile sind auf dem ›Markt‹ der ›heiligen Universa‹
    keineswegs nur noch die traditionell christlichen, spezifisch religiösen
    Repräsentationen vertreten. Vielmehr müssen diese mit religiösen
    Orientierungen (modellhaften Rekonstruktionen verschiedener Trans-
    zendenzerfahrungen) unterschiedlicher Herkunft konkurrieren. Der
    Warenmarkt der Transzendenzen beruht auf dem Vertrieb über Mas-
    senmedien – Bücher, Zeitschriften, Radio, Fernsehen –, Akademien
    und Seminaren, seelentherapeutischen Praxen und umherschweifen-
    den Gurus aus allen Ecken der Welt […] Sie konkurrieren auch mit
    Lebensorientierungsmodellen, die sich aus Rekonstruktionen diessei-
    tiger Transzendenzen ableiten.« (LUCKMANN, 180)

gert. Daraus erwächst der Auftrag, dessen sich die Kirchen nicht einfach entledigen können. Sie konkurrieren nämlich *auch* mit ideologischen, fundamentalistischen und totalitären geistigen Mächten, die ihrerseits jede sich ihnen bietende Gelegenheit nutzen werden, um als Katalysator einen solchen Niederschlag zu bewirken.[82]

Voraussetzung dafür ist, dass der Mensch als Mensch darauf angewiesen ist, sich selbst zu transzendieren. »Die subjektive Erfahrung ist, für sich betrachtet, auf die schlichte Gegenwart beschränkt und bar jeden Sinns. Sinn [...] wird erst in deutenden Akten konstituiert. Dabei wird ein subjektiver Vorgang rückblickend erfasst und in Deutungsschemata eingeordnet [...] Mit anderen Worten: Der Sinn einer Erfahrung hängt strenggenommen vom ›Stehenbleiben und Nachdenken‹ ab, d. h. von Akten, durch die subjektive Vorgänge einem Deutungsschema zugeordnet werden [...] Wenn wir den Begriff in seiner grundlegenden Bedeutung verwenden, können wir sagen, dass das Deutungsschema die fortlaufende Erfahrung ›transzendiert‹«[83]. Diese Selbst-Transzendierung ist Voraussetzung dafür, dass der Mensch sich zu einem individuellem Selbst entwickelt und seine Biographie eine zusammenhängende Gestalt annimmt.[84] Er entwickelt

---

82 Das GOTT-Offenheitspapier geht von einer allseitigen Dialogfähigkeit voraus, wenn es die Kirche als »Team-Playerin« beschreibt. Mit fundamentalistischen, ideologisch verfestigten oder gar Totalität anstrebenden Haltungen ist aber ein Dialog nicht möglich.

83 LUCKMANN, 81.

84 Ebd., 83. »Wir halten es [...] für unvermeidlich, dass vieles geschieht, das wir nicht wollen, und das wir vieles wollen, das nicht eintritt. Oft müssen wir warten, oft warten wir vergebens. Vieles, das wir hoffnungsvoll bewirkt haben, schwindet dahin; andererseits hinterlassen unsere Taten auch gegen unseren Willen Spuren, auf die wir stoßen, nachdem wir die Tat selbst längst vergessen haben. Jeder Mensch merkt, dass er in der Welt nicht allein ist. Er begegnet anderen, seinesgleichen. Er

für sich eine Weltansicht, ein Universum, ein Bild vom »Insgesamt der Wirklichkeit« (Assmann), Luckmann selbst spricht vom
»heiligen Kosmos«. Diese Sicht erlaubt es ihm, sich in ihr einzu-
ordnen und durch sie die alltäglichen Vollzüge zu rechtfertigen.
So sehr der Mensch vor der Notwendigkeit steht, sich selbst
zu transzendieren, so wenig ist er in der Lage, dies aus sich selbst
heraus zu tun. Er braucht dazu den Anstoß und die Anregung
von außen. Subjektive Transzendenzerfahrungen müssen »inter-
subjektiv rekonstruiert« werden, wozu »symbolische Bezugnah-
men und Markierungen, Erzählungen, in welchen die Erfahrungen mythologisiert und zur Wiedererzählung bereitgestellt
werden, und Rituale, in welchen die Erfahrungen kommemo-
riert werden«[85], gehören. Nicht, dass das Subjekt die objektive »gesellschaftliche Konstruktion der Wirklichkeit« (Berger /

sieht, dass seinesgleichen älter werden und sterben. Er weiß, dass er
selbst einmal geboren wurde, und er folgert, dass andere ihn überleben
werden. Wir gewöhnen uns daran, täglich immer wieder aufzuwachen
und nachts wieder einzuschlafen. Wir gewöhnen uns an bestimmte
Verrichtungen, wir übernehmen längst geschaffene Ordnungen. Der
Alltag nimm seinen gewohnten Gang; seine Grenzen erschrecken uns
nicht allzusehr. Aber was, wenn uns alte Gewohnheiten verlassen und
wenn uns die Möglichkeit des Nichtaufwachens bestürzt? Schon in
der alltäglichen Einstellung wird die Welt von uns allen als eine Wirklichkeit erfahren, zu der wir gehören, mit der wir aber nicht identisch
sind. Wir können uns zwar mit ihr vertraut mache, wir können aber
nicht eins mit ihr werden.« (a. a. O., 166f.)

85 Ebd., 171. Jan Assmann (Das kulturelle Gedächtnis, 20) hat auf die
Parallele zur Entwicklung der Sprache aufmerksam gemacht: »Auch
die Sprache und die Fähigkeit mit anderen zu kommunizieren, entwickelt der Mensch nicht von innen, aus sich heraus, sondern nur im
Austausch mit anderen, im zirkulären oder rückgekoppelten Zusam-
menspiel von Innen und außen. Bewusstsein und Gedächtnis sind
individualphysiologisch und -psychologisch nicht zu erklären und er-
fordern eine ›systemische‹ Erklärung, die die Interaktion mit anderen
Individuen einbezieht. Denn Bewusstsein und Gedächtnis bauen sich
im Einzelnen nur kraft seiner Teilnahme an solchen Interaktionen auf.«

Luckmann) eins zu eins zu übernehmen genötigt ist – aber seine
eigene Weltansicht wird er nicht unabhängig von ihr entwickeln,
sei es, dass er sich kritisch und auswählend mit ihr auseinandersetzt oder dass er sie unbewusst und unreflektiert übernimmt.[86]
Nun ist offensichtlich, dass nicht nur das Christentum auf
die gesellschaftliche Wirklichkeit Einfluss nimmt. Vielmehr
treten hier dem Christentum konkurrierende Geistesmächte
an die Seite, etwa in Gestalt anderer Religionen wie des Islams,
oder philosophisch-humanistischer (und sich vom Christentum
emanzipierender) Vorstellungen oder der Berufung auf die wis-
senschaftliche Erkenntnis u. a. m. Man wird jedoch dem Christentum nicht gerecht, wenn man es »als Überbleibsel einer traditionellen Form der Religion am Rande der Gesellschaft« ansieht,
aber auch nicht, wenn man es lediglich »als eine unter vielen Ma-
nifestationen neue aufkommender [...] Formen der Religion«[87]
beschreibt. Es handelt sich vielmehr um einen maßgeblichen
Bestandteil unseres kulturellen Erbguts: »Mitten in den großen
Lagerhallen des kulturellen Gedächtnisses stoßen wir nach wie
vor auf die biblischen Traditionen. Sie hat einmal die Strukturen des kulturellen Gedächtnisses mitgestaltet. Sie hat irreversibel alle Traditionen menschlicher Verantwortung übergeben.
Und sie fällt noch heute aus ihrer Umgebung heraus. Sie ist das
Gegenteil von Beliebigkeit, denn sie fordert eine Entscheidung
[...] Wenn man sich mit den moralischen und politischen Katastrophen der Vergangenheit unseres Landes auseinandersetzt, die

---

86 »Konkrete subjektive Erfahrungen der Transzendenz sind immer mehr
oder weniger vollständig an gesellschaftlich konstruierten, objektivie-
renden Mustern solcher Erfahrungen ausgerichtet. Empirisch [...]
wird die Vielfalt subjektiver religiöser Erfahrungen wie die Vielfalt der
gesellschaftlichen Gegebenheiten mit grundlegend religiöser Funktion
sozial konstruiert.« (LUCKMANN, 173)

87 Ebd., 143.

irreversibel Bestandteil unseres kulturellen Gedächtnisses geworden ist, so kommen einem unwillkürlich biblische Kategorien in
den Sinn: Erinnerung als Pflicht, Vergessen als Schuld, Haftung
für vergangene Vergehen, Scham und Trauer über den Verrat ele-
mentarster ethischer Normen, Umkehr von bösen Wegen und
Hoffnung auf Gnade und Vergebung.«[88] Unsere Kultur ist bis
in die Wurzeln vom Christentum geprägt und geformt; geriete
te dies in Vergessenheit oder würde dies bewusst ausgeblendet
und ignoriert, dann müsste, was faktisch ausgeschlossen ist, für
sie ein neuer Wesenskern entwickelt werden – oder aber unsere
Gesellschaft verlöre, das gemeinsame Fundament und die Fähigkeit, sich mit sich selbst zu identifizieren und den dazu nötigen
Diskurs zu führen. Es gehört auch zur Rolle der Kirche, an dieses
Erbgut zu erinnern und es durch darstellendes Handeln im Bewusstsein zu halten[89]. In diesem Sinne hat sie öffentliche Verant-

88 Gerd Theissen, Tradition und Entscheidung, in: Jan Assmann / Tonio Hölscher (Hg.), Kultur und Gedächtnis, 1988, 170–199, hier:
189.

89 Jan Assmann spricht hier von kultureller Kohärenz, genauer von der
»konnektiven Struktur«, die jede Kultur ausbildet (Das kulturelle
Gedächtnis, 16 und 91): »Was einzelne Individuen zu einem solchen
Wir zusammenbindet, ist die *konnektive Struktur* eines gemeinsamen Wissens und Selbstbilds, das sich zum einen auf die Bindung
an gemeinsame Regeln und Werte, zum anderen auf die Erinnerung
an eine gemeinsam bewohnte Vergangenheit stützt.« (a. a. O., 16f.,
Hervorhebung im Original) Wichtig ist in diesem Zusammenhang,
dass die Erinnerung daran im Sine eine »Herstellung von Gleichzeitigkeit« (a. a. O., 84) keineswegs nur vergewissernden, bestätigenden,
»fundierenden« Charakter hat, sondern, je nach Situation, auch die
Rolle einer Gegengeschichte oder einer »kontrapräsentischen« Erinnerung einnehmen kann und zum Widerstand ermutigen will. Assmann nennt als biblische Beispiele dafür die Bücher Daniel und Esther
(a. a. O., 83). In gleicher Weise tritt die Kirche in ihrer Freiheit der Gesellschaft entweder seelsorgerlich vergewissernd oder aber prophetisch
beunruhigend gegenüber.

wortung übernommen. Dem entspricht die Tatsache, dass sie die
Gestalt einer öffentlichen Institution angenommen hat, z. B. in
Gestalt eines flächendeckende Parochialsystems und eines ana-
log zum Einwohnermeldeamt gestalteten Meldewesens mit den
damit verbundenen Verwaltungsstrukturen oder des Pfarramtes
als beamtenanalog zu besetzenden öffentlichen Amtes. Als öffentliche Einrichtung wird sie mit einer Steuer finanziert, eben
der Kirchensteuer.

Der öffentliche Charakter der Kirche wird dadurch einge-
schränkt, dass die Kirchensteuer, wenn man von der Art und
Weise des Einzugs durch die Finanzämter absieht, keine Steuer
im eigentlichen Sinn ist. Ein Kennzeichen der Steuer ist, dass
nicht die Steuerzahlenden selbst entscheiden, ob sie zu zahlen ist
oder nicht. Eine Steuer wird vom Gesetzgeber, von der Reprä-
sentation der Öffentlichkeit beschlossen und als Verpflichtung
denen, die sie zahlen sollen, auferlegt. Keine steuerpflichtige
Person kann über ihre Steuerpflichten selbst entscheiden. Dass
die Kirchensteuer im strengen Sinn keine Steuer ist, sondern ein
freiwilliger Mitgliedsbeitrag, fiel niemandem groß auf, solange
die Zahlung der Kirchensteuer von mehr oder weniger allen ge-
zahlt wurde. Heute tritt die Kirche zwar als öffentliche Einrichtung in Erscheinung, sie wird aber finanziell privat und durch
freiwillige Beiträge gestützt.

Alle oben beschriebenen Reform-Maßnahmen konzentrieren sich darauf, diese finanzielle Basis – neben der Rekrutierung
zusätzlicher Einnahmen durch freiwillige Aufwendungen wie
Fundraising, Spenden oder Kollekten – zu sichern und im besten Fall auszubauen. Das kann die Institution mit institutionel-
len Mitteln nicht mehr leisten und ist nur möglich, wenn – wie
ebenfalls oben dargestellt – aus der Institution eine Organisation oder ein Hybrid aus beiden wird. Die Frage nach dem öffentlichen Charakter wird damit ausgeblendet oder als unerheblich

eingestuft; die Kirchensteuer reicht jedenfalls nicht mehr aus, die Kirche als öffentliche Institution zu beschreiben. Institution bewahrt Bestehendes oder aus sich heraus aus eigenen Kräften Wachsendes; Organisation wird dagegen nötig, wenn Bestehendes gezielt ausgeweitet oder vergrößert oder dessen Schrumpfen oder Zusammenfallen verhindert werden soll. Die Institution will erhalten und bezieht sich auf das, was da ist und (von selbst) geschieht, Organisation will gestalten und muss sich Ziele setzen. Das führt zwangsläufig irgendwann zur Erkenntnis – das ist das Stadium, in dem wir uns gerade befinden –, dass die Kirche keine öffentliche Kirche, also keine Volkskirche mehr ist, und die Frage steht im Raum, was für eine Art der Kirche wir denn sind und sein wollen und sollen, wenn wir auch keine Frei(willigkeits)kirche im klassischen Sinn zu sein anstreben. Dann aber stellt sich die Frage, ob die Kirche öffentliche Kirche sein und wodurch der Charakter der Kirche als einer öffentlichen Einrichtung gewährleistet werden soll.

Wenn Thomas Luckmann Recht hat und sich die unsichtbar gewordene Religion nicht einfach nichts geworden ist und sich jederzeit niederschlagen und »kondensieren« kann, dann liegt es nahe, solche Orte zu schaffen bzw. zu bewahren, wo dies geschieht. Nicht die kirchensteuer-»pflichtige« Mitgliedschaft und nicht die Mehrheitskirche sind die Grundlage einer öffentlichen Kirche. Was sie ausmacht, sind verlässlich offene Kirchen(gebäude), Mündigkeit und Selbstverantwortung der Gemeinde, das Priestertum der Getauften, die Freiheit des Pfarramtes, die Kommunikation des Evangeliums in Wort, Sakrament, Gebet, Segensritualen und prophetischer Ansage, geschwisterliche Verbindlichkeit im Zentrum der Gemeinden und die Begegnung von Angesicht zu Angesicht, »face to face« mit den Menschen, deren Wege sich mit denen der Gemeindeglieder kreuzen (Nächstenliebe). An die Stelle der Kirchensteuer-»pflicht« als Ausweis der Volkskirche, als Mehrheitskirche verstanden, treten Zugänglichkeit, Verlässlichkeit, Präsenz, Mündigkeit und Verantwortung der öffentlichen Kirche. Welche Gestalt die dafür nötige finanzielle Verbindlichkeit haben soll, ob weiterhin in Gestalt der Kirchensteuer oder in anderen Gestalten, ist eine weitere Frage, die sich dann, aber auch *erst* dann stellt, wenn die Frage nach der öffentlichen Gestalt der Kirche (vorläufig) beantwortet ist.

Die Frage nach der Volkskirche, der öffentlichen Kirche muss bei den Kirchengebäuden und Kirchenräumen einsetzen. Sie vor allem sind es, die Kirche sichtbar machen. Sie stehen in den Zentren und an markanten Orten, sie prägen das Bild der Städte und Landschaften, aus denen sie sich nicht wegdenken lassen. Aber von den Ausnahmen touristisch interessanter »Leuchtturm«-Kirchen sind sie verschlossen[90] und nicht zugänglich und nur zu den Stunden der Gottesdienste und Konzerte für kurze Zeit geöffnet. Kirchen in prominenter Mittelpunktlage, die aber verschlossen sind, beschreiben die Situation ziemlich treffend. Offene Kirchen prägen das Stadtbild, geschlossene Kirchen – auch! Der Zugang zur Kirche müsste durch die Gemeinde »organisiert« werden.

Darauf müssten die Menschen rund um die Kirche warten. Sie könnten nicht einfach von sich aus in die Kirche gehen. Sie müssten sich informieren, was wann und für wen stattfindet, sie müssten durch autorisierte Personen eingelassen werden. So weit kommt es in den allermeisten Fällen gar nicht erst. So steht die Kirche die ganze Woche lang verschlossen da, abweisend, fremd, kalt, desinteressiert, gleichgültig dem gegenüber, was um sie herum geschieht.

---

90 Dass es derzeit einen erfreulich deutlichen Trend zu »verlässlich offenen Kirchen« gibt, soll hier allerdings nicht verschwiegen werden.

Es gehört zu den Irrtümern der evangelischen Kirche, zu meinen, es gäbe keine heiligen Orte – wenn sie das nicht wären, müssten sie in der Tat für niemanden offenstehen. Sie sind aber Orte, an denen sich Gott und Mensch begegnen. Hier wird das Wort ausgerichtet, das Gott zum Menschen gesprochen hat. Hier rufen Menschen seinen Namen an. Hier wird ihm in Gesang und Musik die Ehre erwiesen. Hier wird in Taufe und Abendmahl der Bund geschlossen und erneuert. Hier werden Menschen bei ihrer Taufe, Konfirmation, Trauung, Ordination und ähnlichen Gelegenheiten gesegnet. »Fürwahr, der HERR ist an dieser Stätte, und ich wusste es nicht! [...] Wie heilig ist diese Stätte! Hier ist nichts anderes als Gottes Haus und die Pforte des Himmels.« (Gen 28,16f)

Warum soll es Menschen verwehrt werden, sich an diesem Ort aufzuhalten, der ihnen Asyl gewährt, wo das Wort ergeht, das sie meint, wo der Name wohnt, den sie anrufen dürfen? Die Kirche ist Ort der »Hineinführung und Einführung in die Wirklichkeit des Heiligen, also des Namens Gottes und seiner verheißungsvollen Gegenwart«[91]. Sie hat eine kaum zu unterschätzende Wirkung auf das Dorf oder den Stadtteil, wenn sie, in der Tat als heiliger Ort, kontinuierlich, von morgens bis abends[92] geöffnet und zugänglich bleibt. Auch wenn es über lange Zeiten niemanden gibt, der diesen Ort aufsucht – allein das

---

91 WOLFGANG VORLÄNDER, »Offene Kirchen – Orte der Einkehr, der Stille und des Gebetes«, Vortrag auf dem 1. Kongress zur Initiative »Offene Kirchen« in der Ev. Kirche von Westfalen am 27. Oktober 2007 in Minden (https://www.amd-westfalen.de/fileadmin/dateien/dateien_isenburg/OK/Vortrag_Vorlaender_OK_271007.pdf), Seite 6.

92 »Mut zur ganztägigen Öffnung! Oft ist es frustrierend, um 12.15 Uhr vor einer verschlossenen Kirche zu stehen, um zu erfahren, dass sie von montags bis mittwochs von 10 bis 12 Uhr geöffnet ist, donnerstags von 15–16.30 Uhr; freitags wieder von 10–12 Uhr (außer an Markttagen); samstags gar nicht und Sonntags zur Gottesdienstzeit.« (a. a. O., Seite 7)

Wissen, dass es diesen offenen, zugänglichen Ort gibt, an dem
der Name und das Wort Gottes seine Wohnstätte hat, den jeder,
wenn er wollte, hier und jetzt aufsuchen kann, wird dies das Verhältnis der Menschen, die in der Nachbarschaft leben, zu ihm
nachhaltig verändern. Sie werden ihn sehr viel mehr als »ihren«
Ort begreifen, auch wenn sie der Gemeinde gar nicht (mehr) an-
gehören werden und schon allein deswegen, weil sie Nachbarn
sind.[93] Berührungsängste und Schwellen dürften dann deutlich
geringer sein als bei Kirchen, die die meiste Zeit verschlossen
sind. »In jedem Augenblick seines Lebens befindet sich jeder
Mensch in einem Raum, der von der Wirklichkeitsmacht des
Heiligen so oder so erfüllt sein kann und demgemäß verschiedene Möglichkeiten der Beziehung zu dieser Wirklichkeitsmacht
enthält«: Man kann in Vorraum eintreten, sich im Kirchenschiff
niederlassen, sich dem Altarbereich nähern oder ihn und sich
auf diesem zunehmend der »Wirklichkeitsmacht des Heiligen«
aussetzen.[94]

Wer die offene Kirche aufsucht, findet möglicherweise eine
brennende Kerze vor. Er hat die Möglichkeit, selbst an ihr eine
Kerze anzuzünden und auf den Fürbitten-Leuchter zu setzen.
Er kann einen Eintrag in das ausliegende Fürbitten- und Tage-
buch notieren. Er kann im Gesangbuch, in einer Bibel oder in
anderen bereitliegenden Schriften oder Büchern lesen. Etwas zu

93 »Die Schar derer wird wachsen, die ohne kirchliche Sozialisation zum
     Glauben finden oder außerhalb der landeskirchlichen Organisation im
     Glauben leben […] Gerade in religiöser Hinsicht werden die Lebens-
     läufe sehr viel brüchiger werden, und zwar in die Richtung negativer
     wie positiver Entwicklung.« (MANFRED JOSUTTIS, Die Einführung in
     das Leben. Pastoraltheologie zwischen Phänomenologie und Spirirua-
     lität, 1996, Seite 83)
94 Ebd.– Es bleibt aber festzuhalten, dass solche Orte nicht aus sich heilig
     sind, sondern durch den Gebrauch – als Ort der Begegnung zwischen
     Gott und Mensch – geheiligt werden.

trinken oder zu knabbern, zu essen steht bereit. Er kann eine
Spende in den Opferstock ein einlegen. Er kann irgendwo in
den Kirchenbänken Platz nehmen, um zu schweigen, zu beten, zu meditieren oder zu lesen. Niemand wird dabei gestört
werden. Es ist immer eine Person anwesend, die ggf. auch ansprechbar ist, die aber von sich aus die die Kirchen aufsuchen-
den Menschen in Ruhe lässt. Zu bestimmten Stunden kann die
Kantorin ein kurzes Orgelspiel zu Gehör bringen. Eine Kirche
ist also nicht allein dadurch schon offen, indem lediglich die Tür
aufgeschlossen wird.[95] »Unsere geöffneten Kirchen werden nur
in dem Maße zu spirituellen Wegführern, wie sich die Spiritualität der Pfarrer und hauptamtlichen Mitarbeiter, der Kirchenvorstände und Mitarbeiterkreise verlebendigt und vertieft und
diese Personen selbst in dieser Kirche auch leben und dort Zeit
verbringen, auch persönliche Gebetszeit, und zwar abgesehen
vom Gottesdienst!«[96]

95 »Kerzen oder ein Gebetslicht gehören dazu; Kerzen haben ja eine ei-
   gentümlich tiefe Wirkung – sowohl für die Bezeichnung eines sakralen
   Bereichs als in ihrer Wirkung auf das menschliche Gemüt! Vielleicht
   wäre in dieser Gebetsecke auch ein Bild hilfreich. Bitte nicht eine ganze Kirche voller Bilder, aber doch eins, das meinen Blick anzieht. Vor
   allen Dingen will ich nicht auf vier Misereor-Hungertücher gleichzeitig blicken, von denen drei schon erheblich in die Jahre gekommen sind. Und ich will auch nicht ohne Bestellung alle Namen aller
   Konfirmanden samt Passbild nahegelegt bekommen. Und auch keine Girlande mit Wachsstiftbildern von der letzten Kinderbibelwoche
   quer hinter dem Altar! Ich brauche wirklich nur ganz wenig: Schönes
   Licht, eine kleine Ecke, die irgendwie ein bisschen »heilig« ist, ein Gesangbuch oder wenigstens einen schönen Gebetstext – und vielleicht
   auch ein wenig leise Musik. Meinetwegen auch einen schönen Duft;
   also überhaupt etwas für meine Sinne [...]« (WOLFGANG VORLÄNDER,
   a. a. O., Seite 4).
96 Ebd., Seite 7.

Manfred Josuttis spricht in diesem Zusammenhang von der »Zone des Heiligen, die immer verborgen war, die aber in der modernen Gesellschaft verboten ist, weil diese Macht die einzig reale Alternative gegenüber den destruktiven Tendenzen des Mammonismus darstellt«.[97] Die Annäherung an diesen Ort der Begegnung zwischen Gott und Mensch ist allerdings alles andere als harmlos oder nur verheißungsvoll, sondern möglicherweise hoch gefährlich. Es kann nämlich gut sein, dass man Gott nicht antrifft und die Stelle, an der man ihn vermutet, leer bleibt; dass sich unerwartet die Frage stellt, ob es ihn überhaupt gibt, und sich statt göttlicher Fülle nur entsetzliche Leere auftut. Das ist vielleicht der Grund, warum sich vor »Spiritualität« viele scheuen. Auf der Suche nach Gott ereilen sie Erfahrungen, die sich mit den Begriffen Gottverlassenheit, Gottlosigkeit, Verlorenheit oder Tod Gottes umschreiben lassen. Was ist, wenn hinter allem kein sinnvoller und liebender Wille, sondern nur gleichgültiger, kalter Zufall steht? Sie fühlen sich von Gott allein gelassen, missachtet oder gar verletzt. Menschen, die so etwas erleben, können in diesem Augenblick nicht wissen, dass sie in Wirklichkeit dem Evangelium sehr nahe sind. Die Heilige Schrift verschweigt ja solche Erlebnisse nicht, wenn sie zum Beispiel von Hiob oder vom sterbenden Christus – mit Psalm 22,2 auf den Lippen – erzählt. Wir stoßen hier auf das Herzstück unserer Volkskirche, auf jenes Geschehen, dass wir mit der Formel »Wort und Sakrament« zusammenfassen, dessen Herzstück wir wiederum in der Formel »Kreuz und Auferstehung« zum Ausdruck bringen. Mit dem »Kreuz« werden die oben schon angedeuteten Erfahrungen des verborgenen oder abwesenden Gottes mit dem Hinweis aufgegriffen, dass Jesus selbst ihnen bis zum bitteren Ende ausgesetzt war: Er wurde von Gott verlassen und ist daran zerbro-

---

97 JOSUTTIS, a. a. O., Seite 20.

chen.[98] Was das Wort vom Kreuz zum Evangelium macht, ist, dass es nicht das letzte Wort ist und dass die Nachricht von der Auferweckung Jesu mitten in das Unverständnis, die Verbitterung und die Angst der Jüngerinnen und Jünger hineinplatzt und der Geschichte eine völlig unerwartete Wendung gibt. Daran immer wieder neu zu erinnern ist notwendig, weil sonst der tiefe Sinn des Christentums – und damit auf Dauer auch das Christentum selbst – verloren geht. Darin liegt, für viele verborgen, der tiefe Sinn des Sonntags, der ihn zu einem festen und wohl unaufgebbaren Bestandteil im Rhythmus unserer Kultur macht. Kreuz und Auferstehung bilden das Herzstück von Wort und Sakrament, Wort und Sakrament stehen im Zentrum des Gottesdienstes und der Gottesdienst macht den Kern des Sonntags aus. Sonntag und Gottesdienst gehören zum Fundament unserer Kultur – geht der Gottesdienst verloren, wird irgendwann auch der Sonntag verloren gehen. Diese Feststellung bietet die Gelegenheit, mit einem weit verbreiteten Missverständnis aufzuräumen:

Jedes Mal, wenn die Medien Statistiken zum Gottesdienstbesuch zum Thema machen, fällt meist und fast schon stereotyp die Feststellung, dass die Gottesdienste angeblich »immer leerer« werden. Dass der reguläre Sonntagsgottesdienst ohne besonderen Anlass nie wirklich voll war, dass dürfte nie anders gewesen sein und Zahlen, die darüber hinaus einen leichten Rückgang zeigen lassen sich gut erklären. Viel wichtiger aber ist eine ande-

---

98 Es ist wenig hilfreich, diese zugegebenermaßen zugespitzte Aussage mit dem Hinweis abzumildern, Gott habe Jesus ja »nicht wirklich« verlassen und Jesus habe auch »nicht wirklich« sein Vertrauen in ihm verloren, wie man es häufig in Passions- und Karfreitagspredigten hören kann. Gerade dieser fast unerträgliche Widerspruch zwischen »Kreuz« und »Auferstehung« gehört zum Kern evangelischer öffentlicher Predigt.

re Beobachtung: Dass so gut wie nie ein Gottesdienst ausfallen muss, weil niemand kommt. Es sind jedes Mal so viele da, dass der Gottesdienst stattfinden kann und damit das Wort Gottes in der Gesellschaft präsent bleibt. Die zum Gottesdienst kommen, tun das nicht nur, um sich selbst etwas Gutes zu tun – sie leisten damit einen unaufgebbaren Dienst, indem sie die Feier des Gottesdienstes ermöglichen. Es gibt viel Grund zur Dankbarkeit, dass das Evangelium in dieser Weise noch immer und reichlich präsent ist. Denen, die dies bis zum heutigen Tag ermöglichen, gebührt großer Respekt.

Das große Problem des gewöhnlichen evangelischen Gottesdienstes ist aber, dass sein Geschehen sich häufig auf eine verbale, abstrakt-allgemeine Ebene beschränkt und auf die Innerlichkeit des Einzelnen bezieht. Was aber ausschließlich in der Innerlichkeit der einzelnen Person passiert, ist auch für diese selbst ein nur sehr diffuser, flüchtiger, schnell vergessener und bald von anderen Inhalten überlagerter oder verdrängter Vorgang, der sich nur auf dem Wege der Dauerreflexion im Bewusstsein halten lässt und weitgehend ohne Äußerung oder Wirkung bleibt. Die Folge davon ist, dass der Gottesdienst und die, die an ihm teilnehmen, kaum ausstrahlen, was sie bewegt oder bewegen soll und die dort herrschende Atmosphäre die Anwesenden weitgehend unberührt lässt.[99] Noch einmal Manfred Josuttis: »Die

---

99 Den Zusammenhang zwischen Atmosphäre, Habitus und Ausstrahlung habe ich in dem Essay »Die Rolle der Glaubens-Bildung in Kirche und Gemeinde« reflektiert, in: QUATEMBER 85 (2021), 187–194. In diesem Zusammenhang erinnere ich mich gerne an die Gottesdienste der »Presbyterian Church of Ghana«, die zunächst in der Düsseldorfer Christuskirche, später in der dortigen Bruderkirche gefeiert wurden und nun in der Lutherkirche ihre Heimat haben und die ich viele Jahre lang neben anderen begleitet habe. Diese kleine, aber sehr verbindliche Migrantengemeinde hat keinen eigenen Pfarrer. Die gottesdienstlichen Aufgaben werden auf etliche Personen

exklusive Konzentration auf das Wort führt zu einer Reduktion der religiösen Praxis. Sie wird sprachorientiert und tendenziell bewusstseinsorientiert [...] Die Inkarnation, die durch das geschichtliche Denken ernst genommen werden will, wird anthropologisch [...] verengt. Der Logos ist ja nicht nur Kopf und Mund, sondern er ist Fleisch geworden und hat damit Leiblichkeit insgesamt zum Medium seines Wirkens gemacht.«[100] Diese Aufspaltung von Wirklichkeit und Innerlichkeit führt schließlich zur »De-Inkarnation«, zur Entleiblichung und Entwirklichung des Glaubens.[101]

De Sinn des Gottesdienstes liegt aber darin, dass er zum Ort der »Präsenz Gottes [...], lebensförderlich und« – siehe oben – »lebensgefährlich (zugleich)« wird;[102] der Ort der »Syntopie und Synchronie zwischen Göttlichem und Menschlichem«[103], der Gleichzeitigkeit der eigenen Geschichte und der Gottesgeschichte; *jetzt* ereignen sich Schöpfung und Bundesschluss, die Christusgeschichte in Geburt, Kreuzigung und Auferstehung, Ausgießung des Heiligen Geistes, *jetzt* haben die Anwesenden Anteil an dieser Geschichte und werden zu ihren Zeugen.

Als Beispiel für einen Gottesdienst, der die in der Bibel dokumentierte Geschichte vergegenwärtigt, verleiblicht, verwirklicht, sei hier etwas ausführlicher die Thomasmesse dargestellt,

aufgeteilt, so dass ein großer Teil der Gemeindeglieder aktiv an der Gottesdienstgestaltung beteiligt ist. Schon allein dadurch herrscht in diesem Gottesdienst eine andere Atmosphäre als in unseren Gottesdiensten, und man kann mit guten Recht hier von einer gottesdienstlichen »Verleiblichung« oder »Inkarnation« Christi sprechen.

100 Manfred Josuttis, Der Weg in das Leben, 2002, Seite 25.

101 Ebd., Seite 26.

102 Ebd., Seite 77.

103 Josuttis 1991, 71 (u. ö.).

die aus Finnland stammt, also einem Land, dass ebenso wie viele andere europäische Länder Säkularisierungsprozesse erlebt hat. Auch hier zeigt sich eine zunehmende Entfremdung zwischen Volkskirche und Kirchenvolk. So stellte sich in den Achtziger-Jahren des vorigen Jahrhunderts die Frage, inwieweit der volkskirchliche Gottesdienst noch seine Funktion erfüllt. »Die Teilnahme am Gottesdienst der eigenen Kirchengemeinde hat nicht immer ein Gefühl der Zusammengehörigkeit mit der Gemeinschaft vermitteln können. In dieser Situation hat sich die Frage gestellt, wie man einen am christlichen Glauben interessierten Suchenden oder einen Nächsten, der in eine Krisensituation des Lebens geraten ist, in die Gemeinschaft der Gemeinde leiten und an einen Platz geistigen Wachstums führen könne.«[104]

Nach einer großen Evangelisation mit Billy Graham 1987 und unter dem Einfluss von in Taizé gesammelten Erfahrungen[105] wuchs der Wunsch nach der Schaffung einer neuen »Gottesdienstgemeinschaft in der Hauptstadtregion«[106]. Dazu musste ein Gottesdienst geschaffen werden, der mehrere Bedingungen erfüllte: Die Gemeindeglieder sollten nicht nur als Zuschauer oder Zuhörer am Gottesdienst teilnehmen; sie sollten sich an *allen* Aufgaben des Gottesdienstes beteiligen können; es sollte die Möglichkeit zur persönlichen Beichte gegeben sein, ein vielseitiges persönliches Fürbittengebet, Meditationen und Gebetsstationen sollten ebenfalls wichtige Elemente des Gottesdienstes sein, ebenso die Musik in neuen Stilrichtungen und mit neuen Instrumenten; das Abendmahl sollte Höhepunkt und Zentrum des Gottesdienstes sein. Schon durch den großen

---

104 KOTILA 1999, 70.
105 HABERER 2002., 71.
106 Ebd., 71f.

Aufwand, den die Vorbereitung einer Thomasmesse erforderte,
die sonntagabends im Dom oder der Agricola-Kirche gefeiert
wurde, wurde ein beachtlicher kybernetischer Effekt hervorge-
rufen. »Die Thomasmesse ist wie die Spitze des Eisberges. Obwohl in jeder Messe etwa 50–60 freiwillige Helfer mitwirken,
bleibt der größte Teil der Vorbereitungs- und Organisationar-
beit den Mitfeiernden verborgen.« Verantwortung und Aufgaben sollten möglichst breit verteilt werden; nicht nur einzelne
liturgische Spitzenkräfte, sondern die Gemeinde trägt die Verantwortung für den Gottesdienst. Die Gemeindeglieder »sind
nicht mehr nur Konsumenten geistlicher Dienstleistungen,
sondern Produzenten«[107]. Das wirkt sich entscheidend auf die
Atmosphäre aus, die in der Thomasmesse anzutreffen ist: »Ein
lebendiger Gottesdienst wächst von unten: aus der Präsenz
wirklicher menschlicher Lebenssituationen, aus der Freiheit
des Seins und aus dem Erlebnis, akzeptiert zu werden […] Der
Schlüssel zur Erneuerung liegt in einer Veränderung in der allgemeinen Erfahrung der Messe, nicht in der technischen Verbesserung ihrer Einzelheiten. Bereits die Erwartungen von Menschen
haben einen Einfluss auf die Entstehung der Atmosphäre einer
Messe.[108] Die Thomasmessen in Finnland sind gleichwohl stark
an der hochkirchlichen Tradition der nordeuropäischen lutheri-
schen Kirchen orientiert; die traditionellen liturgischen Stücke
und Wechselsprüche werden gesungen, Nizänum oder Aposto-
likum werden gesprochen, die klassische Predigt hat ihren Ort.
Im Zentrum aber steht das gemeinsame Gebet, dessen Elemente
Gebetsaltäre, Gebetszettel, Salbung im Chorraum, vorgetragene
Gebetswünsche und Zwischengesänge sind. Die Menschen können sich in dieser Phase des Gottesdienstes frei bewegen, in der

107 Ebd., 84.
108 Ebd.

Kirche herumgehen und unter den angebotenen Gebetsformen auswählen oder einfach nur in der Kirche schweigen. Typisch für diesen Gottesdienst ist, dass sich hier die unterschiedlichen – charismatischen, hochkirchlichen, pietistischen, traditionellen, an Taizé orientierten – Frömmigkeitstraditionen niederschlagen können. »Die Thomasmesse ist eine Bewegung sich frei bewegender Menschen. Sie unterscheidet sich von der traditionellen finnischen Erweckungsbewegung, da man jetzt ganz öffentlich in Verschiedenheit und Pluralität lebt; man trauert nicht mehr einer Einheitskultur nach. Die Thomasmesse ist ein Ausdruck der Unterschiedlichkeit und Vielfalt, und sie lebt von ihr.«[109]

Das Geschehen des Gottesdienstes ist nicht abhängig von der jeweiligen Einstellung der Teilnehmenden. Es ist ein gewissermaßen objektives Geschehen, zu dem sich die Teilnehmenden frei verhalten können und sollen. Die »Objektivität« der Thomasmesse wird auch daran erkennbar, dass das Rad nicht jedes Mal neu erfunden werden muss. Nachdem die Tradition der Thomasmesse einmal in Gang gesetzt worden ist, ist für jeden unzweideutig klar, was eine Thomasmesse ist, und man muss sie sich nicht jedes Mal neu ausdenken und neu erfinden. Der Sinn von gottesdienstlicher Tradition ist es auch, die Verantwortlichen zu entlasten. Was die Thomasmesse jedoch braucht, ist ein hohes Maß an Achtsamkeit und Sorgfalt, aber man muss nicht jedes Mal mit der Frage in sich gehen: »Was wollen wir eigentlich machen?« Die Rituale, Texte, Gepflogenheiten liegen fest, und sie sind der Rahmen, der die freie und spontane Initiative ermöglicht, ohne dass davon das Gelingen des Gottesdienstes abhängig wäre. »Diese Vorgehensweise ist die einzige, die es ermöglicht, jede Woche einen Gottesdienst zu veranstalten. Das ist ja wohl auch der Sinn von Liturgie: Der Gottesdienst muss

109 Ebd., 83.

eben *nicht* jedes Mal von Neuem erfunden werden, sondern es gibt ein verlässliches Geländer, an dem entlang sich der Gottesdienst entwickelt. Für die Teilnehmenden bietet diese feste, wiedererkennbare Liturgie zudem eine gewisse Sicherheit, ein bergendes Ritual.«[110] Es lässt ihnen zugleich große Freiheit und verzichtet auf jegliche Bevormundung: »Es gibt heutzutage viele Menschen, die sich als Christen verstehen, aber Haltungen und Überzeugungen oder Praktiken pflegen, die beispielsweise esoterischen oder freireligiösen Ursprungs sind. Es gibt viele, die an Reinkarnation und Karma glauben oder Yoga oder Zen-Meditation üben. Es gibt manche, die schamanische Praktiken anwenden, pendeln, Tarotkarten legen – und das alles aus ihrer subjektiven Sicht sehr gut mit ihrem christlichen Glauben vereinbaren können. Gerade im Kontext der Thomasmesse kann die erste Frage nicht die nach Abgrenzung sein, kann es nicht um Ausgrenzungen oder gar Verurteilungen gehen. Wir sind alle miteinander auf dem Weg und suchen nach dem rechten Verständnis. Allerdings gibt es auch keine absolut bedingungslose Zusammenarbeit. Wer bei der Thomasmesse, die ja in ihrem Selbstverständnis ein christlicher Gottesdienst ist, mitarbeiten und Verantwortung übernehmen will, wird sich nach seinem Verhältnis zu Christus fragen lassen müssen. Wer aber seine Gaben, Praktiken und Überzeugungen bewusst in den Dienst Christi stellt, ist als Mitarbeiter willkommen – und Gästen würde ich tatsächlich die bedingungslose Einladung aussprechen.«[111] Ein Mann, »der eher aus ›Zufall‹ (wenn es denn Zufälle gibt) in die Thomasmesse geraten ist, sich segnen lässt, ohne genau zu wissen, weshalb, und der auf die Frage nach seinem Anliegen mit einem verlegenen ›Einfach so‹ antwortet. Genau die-

110 Ebd., 68.
111 Ebd., 123.

se Haltung ist es, die in der Thomasmesse als der Glaube der
Zweifelnden angesehen und willkommen geheißen wird [...]
Es gibt keinen »korrekten« Glauben, es gibt keinen Kanon, den
jemand nur unterschreiben muss, um als Glaubender akzeptiert
zu werden. Es genügt die Sehnsucht, ja die Sehnsucht nach der
Sehnsucht, um dabei zu sein.«[112] Es ist die große Freiheit, die
diesen Gottesdienst kennzeichnet, die das Subjekt des Einzelnen
entlastet, weil er keinen Standpunkt beziehen, kein Bekenntnis
ablegen, keine Einstellung vornehmen muss, sondern einfach
nur zuschauen kann, aber auch nicht gehindert ist, sich ggf.
auch spontan zu beteiligen. Dazu muss der Gottesdienst aber
ein Geschehen sein, das sich nicht in einer Innerlichkeit oder
Subjektivität, abspielt nicht nur gedacht, behauptet oder proklamiert wird, sondern aus der Subjektivität heraus in ein objektives, wirkliches, tatsächliches Geschehen verlagert wird. Es gibt
etwas zu sehen und zu hören, zu berühren und zu schmecken.

Ein solcher Gottesdienst wie die Thomasmesse nimmt die Inkarnation ebenso ernst wie die Freiheit und Mündigkeit der
Zeitgenossen. Dass tut er, indem er sich, tatsächlich oder vir-
tuell, mit einem »déambulatoire« umgibt. Dieser Begriff stammt
aus Taizé. Wenn man dort die Versöhnungskirche betritt, befindet man sich noch nicht im eigentlichen Kirchenraum, sondern im »déambulatoire«, einem das eigentliche Kirchenschiff
umgebenden, etwas erhöhten Umgang. »Das déambulatoire hat
vor allem eine Aufgabe: Es soll allen Menschen, hauptsächlich
aber den Nichtchristen, die zu den Gottesdiensten in diese Kirche kommen, einen ›Raum der Freiheit‹ erhalten. Hier können
sie verweilen und aus einer gewissen Distanz dem Gottesdienst
zuhören und zuschauen. Sie sind nicht gezwungen, direkt am

112 Ebd., 164.

Gottesdienst teilzunehmen […] Sie brauchen sich nicht selbst
aufzugeben, indem sie sich unfreiwillig den fremden Gebräu-
chen der Gemeinde anschließen. Ebenso unbemerkt von der
Gemeinde, wie sie die Kirche betreten haben, können sie sie
wieder verlassen. Niemand stört sie, niemand wird von ihnen
gestört.«[113] Dass der gewöhnliche evangelische Sonntagsgottesdienst von einem solchen »déambulatoire« umgeben wird, ist
schlechterdings undenkbar. Wer daran teilnehmen will, muss
eine *Einstellung* vornehmen. Der Gottesdienst eignet sich nicht,
um ihm aus der (unentschiedenen) Beobachterperspektive zu-
zuschauen – es gibt ja nichts zu sehen, zu spüren, zu fühlen,
zu schmecken… sondern nur zustimmend, verneinend oder
abwägend gedanklich nachzuvollziehen. Nur für den, der zu
der erforderlichen Dauerreflexion bereit ist, um sich die in der
Predigt beschriebenen Tatbestände bewusst zu halten, hat er einen Sinn. Das bedeutet aber für die Mehrheit der Zeitgenossen
schlicht eine Überforderung, und warum sollten sie sich die
antun?

Erst dieser die Inkarnation bzw. die Freiheit und Mündigkeit
ernstnehmende Gottesdienst macht möglich, was Josuttis in seinem Volkskirchenbuch beschreibt:

»Man kann das Kirchengebäude von außen betrachten; man
kann in den Vorraum eintreten; man kann sich im Kirchenschiff niederlassen; unter bestimmten Umständen kann man
sogar in das sakrale Zentrum, den Altarraum, das Allerheiligste
vordringen. In der ersten Position bleibt man gegenüber dem
Heiligen in einer beträchtlichen Distanz, die durch eine einfach Körperdrehung noch verstärkt werden kann. Beim Eintritt
in den Vorraum wagt man einen Schritt in das Innere, ohne
sich jedoch auf das eigentliche Handlungs- und Erfahrungsfeld

113   ANDREAS STÖKL, Taizé, 1975, Seite 132.

schon einzulassen. Wer im Kirchenschiff Platz nimmt, legt sich auf der Verhaltensebene schon stärker fest und setzt sich auf der Eintstellungsebene dem Einfluss verbaler Attacken im Namen des Heiligen aus. Der Gang zum Altar endlich, der etwa beim Abendmahlsritual erfolgt, schließt zum Abschluss einer langwierigen Präparation die inkorporative Vereinigung mit dem Heiligen ein [...] In jedem Augenblick seines Lebens befindet sich jeder Mensch in einer dieser vier Positionen: Er steht draußen, dem Heiligen zugewandt oder abgewandt; er schaut schon mal neugierig hinein; er wagt, etwa weil durch Gewohnheit gegenüber dem Zugriff der Macht immunisiert, sich in ihrem Wirkungsfeld niederzulassen; für kurze Zeit sind Menschen sogar befugt, der Macht des Heiligen durch intensive Körpererfahrungen zu begegnen. Aus den Bewegungen zwischen diesen vier Positionen ergibt sich im Lauf eines Lebens die Linie einer religiösen Biographie.«[114]

Selber »Stellung« zu nehmen, selber die Position zu beziehen, selber die Beziehung zu jenem Geschehen zu definieren, in dem Gott und Mensch sich begegnen – dies zu ermöglichen, wäre ein Kennzeichen gelingender Volkskirche. Genau das scheint vielen Zeitgenossen nur schwer möglich zu sein, weil sie das kirchliche Geschehen selbst nicht einschätzen können. Das können sie nicht, weil sie nicht zuschauen, nicht die Beobachterposition einnehmen können. An die Stelle der Inkarnation, der Vergegenwärtigung der biblischen Geschichte, der Verleiblichung Christi tritt die *Einstellung*, die vorgenommen werden soll und die Reflexion wie Gedankenarbeit erfordert, worauf die Predigt in aller Regel abzielt. Dass ein solches Verständnis von Gottes-

---

114 Manfred Josuttis, »Unsere Volkskirche« und die Gemeinde der Heiligen. Erinnerung an die Zukunft der Kirche, 1997, Seite 92f.

dienst mit einem volkskirchlichen Selbstverständnis auf Dauer nicht vereinbar sein kann, schlägt sich in den anhaltenden Kirchenaustritten nieder, die in diesem Sinne nur konsequent sind.

Eine Schwachstelle in der bis hierhin dargestellten eindrucksvollen und eigentümlichen Argumentation von Manfred Josuttis lässt sich nicht leugnen, und auf sie macht Isolde Karle aufmerksam. Nach seiner Auffassung sind es Pfarrerinnen und Pfarrer, die Menschen »in die verborgene und verbotene Zone des Heiligen« führen. Damit sind sie aber völlig überfordert. »Das Konzept vom Pfarrer als Führer bzw. der Pfarrerin als Führerin in das Heilige verlangt eine totale Verschmelzung von Person und Amt [...]« Dies »geschieht um den Preis einer realistischen Einschätzung ihrer beruflichen Möglichkeiten und Grenzen. Unhintergehbar soziale Prozesse werden extrem personalisiert und Pfarrerinnen und Pfarrer in eine Sonderstellung hineinmanövriert [...] Überforderung und eine stark idealisierte und narzisstische Selbstüberhöhung sind diesem Ansatz gleichsam inhärent, insofern er von Pfarrerinnen und Pfarrern nicht nur verlangt, ein Leben zu führen, das dem christlichen Glauben nicht widerspricht, sondern sie zu »Nachahmern Gottes« und »Führern ins Heilige« stilisiert.«[115]

Gegenüber Josuttis' Thesen ist in diesem Sinne festzuhalten: Nicht die einzelne Pfarrperson, sondern die Kerngemeinde, die aus Christinnen und Christen besteht, die das allgemeine Priestertum wahrnehmen, ist die Führerin in die verborgene und verbotene Zone des Heiligen bzw. an den Ort, wo Gott und Mensch sich begegnen und die biblische Geschichte vergegenwärtigt und verleiblicht wird. Josuttis hat das allgemeine Priestertum nirgendwo im Blick. Aber schon die Beschreibung der Thomasmesse hat gezeigt, dass Gottesdienste ihre Funktion

115 KARLE, Pfarrberuf, Seite 317–319.

kaum erfüllen können, wenn sie nur von einer einzelnen (Pfarr-) Person »gehalten« wird. Gottesdienste sind Anliegen eines ganzen Teams, dessen Mitglieder gerade damit im eigentlichen Sinn eine priesterliche Funktion ausüben.

Neben der Rechtfertigung des Sünders allein aus Gnade war das allgemeine Priestertum das zentrale Thema und zugleich die revolutionäre Entdeckung Martin Luthers. Vor allem in den drei großen Reformschriften des Jahres 1520 hat er sie entfaltet. Aber schon fünf, sechs Jahre später stößt er damit angesichts des Bauernaufstandes, der Schwärmer und des massiven Desinteresses daran an seine Grenzen.[116] In seiner Gottesdienstschrift, der Vorrede zur Deutschen Messe, muss er einräumen, dass er schlicht die Leute nicht hat, um die Kirche in diesem Sinne neu zu gestalten. Der spätere Luther ist dann nur noch gelegentlich auf die Idee zu sprechen gekommen, auch wenn er sie nicht aufgegeben und seine Anschauung dazu nicht geändert hat. Trotz der Reformbestrebungen Philipp Jakob Speners und Johann Hinrich Wicherns ist es in der evangelischen Kirche nie wirklich zu einer umfassenden Realisierung des allgemeinen Priestertums gekommen.[117] In der vom Meldewesen, vom »neuen kirchlichen Finanzwesen« und der Kundendienstorientierung geprägten Evangelischen Kirche der Gegenwart ist es so gut wie völlig in Vergessenheit geraten und man muss sich fragen, was sie, nicht nur in Beziehung auf die katholische Kirche, nun noch ausmacht. Volkskirche wird die Evangelische Kirche nur sein können, wenn das allgemeine Priestertum auf breiter Basis, vielleicht zum ersten Mal in ihrer Geschichte, verwirklicht wird.

---

116   Hans-Martin Barth, Einander Priester sein. Allgemeines Priestertum in ökumenischer Perspektive, 1990, Seite 48.

117   Ebd., Seiten 54–78 und 79–103.

Das allgemeine Priestertum macht das Pfarramt nicht überflüssig, sondern erfordert im Gegenteil ein starkes, selbstbewusstes
und handlungsfähiges Pfarramt. Pfarrerinnen und Pfarrer sind,
wie gesagt, nicht diejenigen, die in die »verborgene und verbotene Zone des Heiligen«, oder besser: an den Ort der Gottesbe-
gegnung, führen, sondern sie werden es sein, die die Getauften
als Priesterinnen und Priester, deren Aufgabe dies ist, entdecken,
vorbereiten, ausbilden, trösten, ermutigen, entlasten und begleiten. Eine solche Funktion des Pfarramtes erfordert bestimmte
Voraussetzungen:

- Pfarrerinnen und Pfarrer sind in ihrer Tätigkeit frei und nicht
  an Weisungen gebunden. Sie sind vor allem nicht Funktio-
  närinnen oder Funktionäre höherer kirchlicher Leitungsebenen. Sie ergreifen selbst die Initiative und entscheiden, wie
  sie ihr Pfarramt führen.
- Gleichwohl können die Pfarrämter auf der kreis- oder landeskirchlichen Ebene angesiedelt sein und müssen nicht als
  »Gemeindepfarrämter« mit fester Bindung an eine Ortsgemeinde definiert werden, im Blick auf die Tatsache, dass
  Gemeinden ihr Leben in gewissen Situationen auch ohne
  Betreuung durch eine Pfarrperson führen können oder dass
  Pfarrerinnen und Pfarrer mehrere Gemeinden betreuen.
- Pfarrerinnen und Pfarrer vertreten die Gesamtkirche – im
  Sinne von Landeskirche und Ökumene – gegenüber der Gemeinde; sie vertreten aber nicht die Gemeinde gegenüber
  der Öffentlichkeit. Sie haben ein »Amt der Einheit« inne,
  d. h. sie sollen mit ihrem Dienst dazu beitragen, dass das
  Leben der von ihnen betreuten Gemeinde(n) in die Einheit
  der Kirche – nicht nur in synchroner, sondern auch in dia-
  chroner Hinsicht – integriert und eingebunden wird und
  bleibt.

- Dementsprechend sind Pfarrerinnen und Pfarrer von Leitungs- und Verwaltungsaufgaben weitestgehend freizuhalten und können allenfalls beratend zur Gemeindeleitung hinzugezogen werden.
- Pfarrerinnen und Pfarrer sollen jedoch Rechenschaft über ihren Dienst ablegen, und die Gemeinden haben das Recht, über ihren Dienst zu urteilen, z. B. darüber, ob sie in ihrer Verkündigung das Wort Gottes hören.[118]
- Verschwiegenheit und Beichtgeheimnis sowie Präsenz, Ansprechbarkeit und Erreichbarkeit bleiben wesentliche Merkmale. Das gilt ebenso für die eigene spirituelle Praxis wie für die kontinuierliche theologische Fortbildung.

Die Möglichkeit, bewährte, lebenserfahrene und (nicht nur) theologisch gründlich ausgebildete Personen von anderen beruflichen Verpflichtungen freihalten zu können, damit sie für Verkündigung, Bildung, Beratung, Seelsorge, Theologie und Spiritualität zur Verfügung stehen, ist ein hohes, nicht zu unterschätzendes und wohl zu bewahrendes Gut. Sie dürfen mindestens im Normalfall nicht mit leitungs- und verwaltungsbezogenen Funktionen belastet werden. Das wird in Sondergemeinden wie im Krankenhaus, bei der JVA, bei Bundeswehr, Polizei und Feuerwehr oder in Auslandsgemeinden so nicht realisierbar sein, doch auch hier sollte, soweit das möglich ist, sich selbst ver-

---

118 »Sehr nachdrücklich weist Luther darauf hin, dass die Gemeinde bei Verlust des Heils (!) auch die *Pflicht* habe, alle Predigt und alle Lehre zu beurteilen.« (KARLE, Pfarrberuf, Seite 144, mit Bezug auf Luthers Schriften »Dass eine christliche Versammlung [...]« und »Wie man Kirchen wählen und einsetzen soll.«; Herv. im Original) Damit ist jedoch *nicht* die Möglichkeit gemeint, eine »nachhaltige Störung in der Wahrnehmung des Dienstes« laut Artikel 87 und 88 des Pfarrdienstgesetzes festzustellen, durch die die Freiheit des Pfarramtes (im Sinne von Artikel 54 der Kirchenordnung) obsolet wird.

antwortende Gemeinde gebildet werden. Dass Pfarrerinnen und Pfarrer als Christenmenschen, die wie alle anderen ihre Schwestern und Brüder brauchen, selbst irgendwo im Leben einer Gemeinde integriert sind, sollte selbstverständlich sein.

Neben dem Pfarramt ist die Ortsgemeinde, die verlässliche Versammlung der Christinnen und Christen am gleichen Ort, eine unabdingbare Voraussetzung für die Wahrnehmung des allgemeinen Priestertums. Die Corona-Krise, die über größere Zeiträume hinweg die Zusammenkünfte der Gemeinde verhinderte, hat erfahrbar gemacht, dass die persönliche Begegnung am gleichen Ort zur selben Zeit durch nichts ersetzt werden kann. Zwar haben die Kirchengemeinden und andere kirchliche Institutionen eine enorme Kreativität entfaltet, um Begegnung und Gemeinschaft im Rahmen von Zoom-Meetings und den Foren sozialer Medien möglich zu machen; auch Fernseh-Gottesdienste riefen in dieser Zeit großes Interesse vor und hatten durchweg einen guten Ruf. Aber gerade das hat spürbar gemacht, dass das Gemeindeleben sich auf Dauer nicht ins Internet, in die sozialen bzw. Massen-Medien oder in den digitalen Raum verlegen lässt. In gleicher Weise ist es – mit Recht – auch still geworden um Themen wie »Regionale Kirchenentwicklung« oder »Mission in der Region«. Dahinter stand die Idee, an Stelle einer »zu kleinteilige[n] Gemeindestruktur«, in der die »Kirchenvorstände zu klein, die Ortsgemeinden pro Pfarrerin oder Pfarrer zu zahlreich, die Gottesdienstgemeinden zu schwach, die Wege zu weit und die Zahl der Mitarbeiter und Mitarbeiterinnen zu gering werden [...] geistliche Zentren« zu schaffen, »in denen der christliche Glaube beispielhaft erfahren werden kann«. An die Stelle der Quantität sollte die Qualität treten. »Solche Zentren können die geistliche Fülle evangelischen Christseins zum Ausdruck bringen. Dadurch entsteht missionarische Ausstrahlung. Sie lebt davon, dass Gottesdienste, Amtshandlungen, Seelsorge, Bildungsangebote und diakonische Arbeit gelingen.« Unterstützt durch ein »regionales Zusammengehörigkeitsgefühl« sollten »herausgehobene Begegnungsorte entstehen« und »vertraute Arbeitsfelder, überkommene Strukturen und auch gewachsene Zuständigkeiten in gemeinsame Vorhaben« überführt werden. Das setzt »Teamfähigkeit und die Bereitschaft zur Revision langjähriger Gewohnheiten« voraus. »Für jeden derartigen Begegnungsort ist eine umsichtige Führungskraft nötig, die einen zentralen Begegnungsort in einer Region verwirklichen und prägen kann.«[119] Der Preis einer solchen Regionalisierung ist hoch: Die angedeutete Teamfähigkeit entspricht keinesfalls einem praktizierten allgemeinen Priestertum (hier unterschwellig als zu revidierende »langjährige Gewohnheiten« gewertet), sondern bedeutet die Unterordnung unter eine straff geführte Organisation (»umsichtige Führungskraft«). Aus der Gemeinde wird ein Publikum, dass sich z. B. der an diesen Zentren gebotenen »Kirchenmusik [...] in ihren künstlerisch konzertanten Hochformen ebenso wie in ihrer populären Gestalt« erfreut, und aus Gemeindegliedern werden Dienstleistungsempfänger, die etwa »gastfreundliche Herbergen« oder »akademieartige Angebote« u. a. m. in Anspruch nehmen. Sobald sich die Beteiligten in Anbieter und Nachfragende aufgliedern lassen, wird aus der Gemeinde ein kirchliches »Angebot«. Überschätzt wird dabei das »Zusammengehörigkeitsgefühl« der Region, das eine weit geringere Rolle spielen dürfte als der Bezug zum heimatlichen Wohnort, wie auch die Bereitschaft, die dafür notwendige Mobilität in Kauf zu nehmen.

119   Alle Zitate dieses Absatzes aus: Kirche der Freiheit (3. Leuchtfeuer), 2006, Seite 6of.

Gemeinden dürfen sehr klein sein und sollten eine gewisse Größe nicht überschreiten. Wenn nicht mehr die ganze Gemeinde sich zum Gottesdienst treffen kann, ist sie schon zu groß.[120] Nach Mt 18,20 vergegenwärtigt »Christus [...] sich selbst in der konkreten Versammlung der Gemeinde [...] Der Heilige Geist teils sich demnach nicht privat oder in direkter Einzeloffenbarung dem einsamen Individuum in der Kammer mit, sondern entfaltet seine Wirksamkeit primär in der *öffentlichen*, interaktiven Gemeinschaft.«[121] »Es ist das Wiedererkennen des Konkreten der vertraute Ort, die heimatliche Kirche, das bekannte Gesicht, das viel überzeugender als jedes Rollenbild Vertrauen und Orientierung vermittelt und die Erwartungsbildung lenkt [...] Die lokale Kirchengemeinde vermittelt inmitten der Differenziertheit und Unübersichtlichkeit, der Anonymität und Auf-

---

120 Die auch bisher schon übliche Praxis, »Gemeinden« aus mehreren Gemeindebezirken mit je eigenem Zentrum und (Teil-)Pfarramt zu bilden, ist schon Regionalisierung und damit eine Fehlentwicklung, die aber als solche erst angesichts der gegenwärtigen Regionalisierungsversuche als solche auszumachen ist. Als Gemeinde verstehe ich hier jene Gruppe von Menschen, die sich sonntäglich zum Gottesdienst zu treffen in der Lage ist. Dabei muss nicht jede Gemeinde in diesem Sinne eine eigene (Teil-) Pfarrstelle haben. Dass Pfarrerinnen und Pfarrer mehrere Gemeinden betreuen, wird vermutlich zur Normalität werden und ist der Wahrnehmung des Pfarrdienstes nicht abträglich.

121 KARLE, Pfarrberuf, Seite 65f.; Herv. im Original. »Eine Zuhörerin beteiligt sich *aktiv* an der Verkündigung, wenn durch ihre Ergriffenheit ihr Banknachbar, der diese Ergriffenheit wahrnimmt, affiziert und berührt wird. Der Banknachbar wird in diesem Fall eher durch den *wahrnehmbaren* Glauben der Zuhörerin neben sich in seinem Glauben gestärkt als durch die Predigt selbst. Schleiermacher bezeichnet dieses emergente und prozesshafte Geschehen im Gottesdienst als *Zirkulation* des religiösen Bewusstseins«. (Seite 67; Herv. im Original)

splitterung modernen Lebens eine basale *Vertrautheit*.«[122] Gerade
für die der Kirche weniger Verbundenen spielt das eine wichtige
Rolle: »Die parochiale Struktur des Gemeindelebens [...] er-
leichtert vor allem denjenigen Kirchenmitgliedern den Kontakt
zur Kirche, die sich der Kirche nicht besonders eng verbunden
fühlen und von sich aus keine weiten Wege auf sich nehmen
würden, um mit ihrer Kirche in Verbindung zu treten.«[123]

Eine Gemeinde ist ein Netzwerk aus persönlichen Beziehungen und Interaktionen. Glauben ist nur möglich in der Gemeinschaft und im Austausch mit anderen Glaubenden. Nur
geteilter Glaube lebt. Das setzt die gleichzeitige Anwesenheit
am selben Ort und interaktive Kommunikation voraus. »Interaktive Kommunikation ist die älteste menschliche Kommuni-
kationsform, weil sie ohne Medien auskommt. Bei der Interaktion wird das Gegenüber direkt, von Angesicht zu Angesicht
wahrgenommen. Die Kommunikation reicht damit allerdings
nur so weit wie die menschliche Stimme. Interaktion ist nur mit
einer begrenzten Anzahl von Personen und über sehr geringe
Entfernungen hinweg möglich. [...] Religiöse Kommunikation
lebt ganz wesentlich vom Vertrauen in die Glaubwürdigkeit der
Kommunikationspartner. [...] Allen gemeinsam ist aber, dass
es sich um Personen handelt, die interaktiv erlebbar sind und

---

122 Ebd., Seite 243f.; Herv. im Original.
123 Ebd., Seite 244; Herv. im Original. Zu bedenken dabei ist allerdings,
dass sich die »Orts«-Gemeinde auf den Ort ihrer Zusammenkünfte
bezieht, nicht auf das Gebiet, in dem laut kirchlichem Meldewesen
die Gemeindeglieder ihren Wohnsitz haben. Es ist demnach nicht
die Parochie, die Ortsgemeinde an sich, die den damit verbundenen
enormen Verwaltungsaufwand nötig macht, sondern die Tatsache,
dass, von Ausnahmen abgesehen, die Mitgliedschaft in der Ortsgemeinde vom zufälligen Wohnsitz abhängt und nicht von der persönlichen Entscheidung, ihr anzugehören.

zu denen eine persönliche, vertrauensvolle Beziehung besteht. Der beobachtete Glaube anderer Personen weckt und stabilisiert den eigenen Glauben und dieser wirkt wiederum auf den Glauben der anderen verstärkend zurück. Der Glaube gewinnt Plausibilität und Kraft in der Beobachtung des Glaubens anderer Personen.«[124] Diese interaktive Kommunikation bewirkt Vertrauensbildung. Sie bildet das Herzstück des Gemeindelebens. »Das Ziel von Gemeindeaufbau heißt Vertrauensbildung; und umgekehrt: wo sollte Vertrauensbildung in der Welt ihren Ort und Anfang nehmen können, wenn nicht im Gemeindeaufbau? [...] In diese Bewegung gehört mit hinein, dass Vertrauen nicht beschränkt bleiben kann auf den inneren Freundeskreis oder die geschlossene Gemeinschaft. Wer solches Vertrauen erlebt und gelernt hat, wird es ausbreiten. Er geht missionarisch mit ihm um.«[125] Das findet im allgemeinen Priestertum seinen Ausdruck. Nur dort, wo es praktiziert wird, ist gewährleistet, dass die Gemeinde, die Kirche als Ort der Begegnung zwischen Gott und Mensch für jeden öffentlich zugänglich ist. Wo es nicht ausgeübt wird, wo interaktive Kommunikation und Vertrauensbildung ausfallen, bleibt die Kirche auch dann verschlossen, wenn die Kirchentüren selbst nicht abgeschlossen sind. In der Volkskirche haben das allgemeine Priestertum und die, die es wahrnehmen, den Auftrag, die Kirche für jeden öffentlich zugänglich und offen

---

124   Christoph Dinkel, Facetime – Chancen direkter Begegnung, in: Deutsches Pfarrerblatt 107 (2007), 76–81, https://www.pfarrerverband.de/pfarrerblatt/archiv?tx_pvpfarrerblatt_pi1%5Baction%5D=show&tx_pvpfarrerblatt_pi1%5Bcontroller%5D=Item&tx_pvpfarrerblatt_pi1%5Bitem%5D=2053&cHash=42a46d125f7ec3b4eb735555370434c9 (gel. am 7. Juli 2021)

125   Reiner Strunk, Vertrauen, 1985, 10 und 16 (zu einer Meditation Dietrich Bonhoeffers von 1941)

zu halten. Solange das geschieht, bleibt die Kirche Volkskirche, unabhängig davon, wie groß oder klein sie ist oder ob sie Mehrheits- oder Minderheitskirche ist.

Jedes Mitglied der Gemeinde, das sein Priestertum wahrnimmt und an der interaktiven Kommunikation der Gemeinde mitwirkt, ist mündig und trägt selbst die Verantwortung für seinen Teil daran. Die ganze Gemeinde hat die Verantwortung für das, was an Vertrauensbildung in ihr geschieht. Diese Verantwortung kann ihr niemand abnehmen. Wird der Versuch gemacht, von einer höheren kirchlichen Leitungsebene, sei es eine Synode oder die Kirchenleitung, mit Berufung auf angebliche gesamtkirchliche Notwendigkeiten in die Gemeinde hineinzuregieren und ihr die Verantwortung für sich selbst abzunehmen, ist das gleichbedeutend mit Bevormundung, die sich mit der Mündigkeit und der Freiheit eines Christenmenschen nicht verträgt.[126] Gemeinden und Gemeindeglieder werden dann nicht daran gemessen werden, inwieweit sie ihre Verantwortung und ihr Priestertum wahrnehmen, als vielmehr, inwieweit sie sich den von Synoden und Kirchenleitungen auferlegten Maßgaben und Verhaltensregeln fügen und diese verinnerlicht haben. Es liegt auf der Hand, dass solche Bevormundungs- und Vereinnahmungsversuche das Leben der evangelischen Kirche eher lähmen und blockieren als fördern und voranbringen. Eine zukünftige Volkskirche wird nur dann eine Chance haben, wenn sie die Autonomie und Selbstverantwortung jeder Ortsgemeinde wiederherstellt und wahrt.

---

126   Man vergleiche nur etwa die Passagen aus »Kirche der Freiheit«, die das »Kirchturm-Denken« (etwa auf den Seiten 38, 50 und 60) in den Gemeinden anprangern. Der Versuch, eine vermeintliche gesamtkirchliche Verantwortung gegen die Autonomie der Gemeinde vor Ort auszuspielen, ist vielleicht der zentrale Sündenfall all jener Reformversuche, die den Geist von »Kirche der Freiheit« atmen.

Die Taufe hat in diesem Zusammenhang doppelte Bedeutung, zum einen gewissermaßen als »Ordination« zum allgemeinen Priestertum (weswegen die Rede vom »Priestertum der Getauften« angemessen ist), zum anderen als Vergewisserung, dass die Getauften mit Gott versöhnt und damit Glieder am Leibe Christi und Angehörige des neuen Gottesvolkes sind. Es ist darum schon aus diesen dogmatischen Gründen mehr als fragwürdig, die Kirchensteuerzahlung als Basis und Kennzeichen der Kirchenmitgliedschaft zu machen. Wenn es denn richtig ist, einem Säugling, der darüber selbst noch nicht befinden kann, zuzusprechen, dass er Glied am Leibe Christi und damit Kirchenmitglied ist, dann sind wir nicht ermächtigt, ihm das, aus welchen Gründen auch immer, wieder abzusprechen. Wenn ein Mensch durch die Taufe Kirchenmitglied wird, bleibt er dies auch dann, wenn er selbst daran kein Interesse hat und dies für sich ablehnt, so wie ein Jude, der den jüdischen Glauben nicht (mehr) teilt, nicht aufhört Jude zu sein (was dieser in aller Regel auch nicht anstreben würde). Die Frage ist hier nicht, wie der Getaufte sich selbst sieht, was ihm überlassen bleibt, sondern wie die Kirche ihn ansieht. Es kann demnach keinen Kirchenaustritt geben. Viele, die austreten, verbinden ihren Austritt nicht mit dem Ende des Evangelischseins; man stößt immer wieder auf die Äußerung, man sei doch evangelisch (getauft), wenn auch aus der Kirche ausgetreten. Was wäre es, wenn die Kirche all diesen Menschen signalisiert: Ihr gehört zu uns, nicht weil ihr Steuern zahlt oder obwohl ihr keine zahlt, sondern weil Ihr getauft seid. Damit tritt sie niemandem zu nahe und bevormundet niemanden – wie wir die Menschen sehen (wollen), entscheiden immer noch wir selbst. Aber die Tür bleibt offen – und es wird nicht wenige geben, die das dankbar annehmen werden. In diesem Sinne ist es überfällig, nicht die Kirchensteuerpflicht, sondern die Taufe zum Kennzeichen der Kirchenzugehörigkeit zu machen.

Jedoch sind solche, die durch die Taufe Mitglied der Kirche sind, noch nicht Mitglied einer Gemeinde. Im Grunde gibt es auch deswegen keine »Kirchenmitgliedschaft«, weil man nur Mitglied einer Gemeinde sein kann – und es sind die Gemeinden, die die Mitglieder der Kirche sind. Hier müssen die Menschen dann doch eine Entscheidung treffen, und zwar, ob sie den Ruf zum allgemeinen Priestertum hören und annehmen und sich damit in das Netz der Gemeinde mit allen Rechten und – auch finanziellen – Pflichten integrieren lassen. Welche Folgen das für die Finanzierbarkeit der Kirche hat und in welcher Weise die Ausstattung von Kirchen und Gemeinden mit den nötigen Finanzmitteln erfolgen soll und ob die Kirchensteuer oder eine andere Form des Beitrages sinnvoll ist, will ich hier nicht weiter erörtern. Nur so viel sei gesagt: Es kann nicht sein, dass Steuerzahlerinnen und -zahler selbst darüber entscheiden, ob sie die Steuer zahlen oder nicht. Das ist stets eine politische, niemals eine individuelle Entscheidung. Es ist den Kirchen gegenüber schlicht unfair, wenn die Bürgerinnen und Bürger vor der Frage stehen: Zahle ich die Steuer oder nicht? – anstatt entscheiden zu müssen: *Wem* soll meine Steuer zugutekommen? Das muss ja nicht die Kirche sein. Es gibt auch andere religiöse, weltanschauliche und wertestützende Körperschaften, die an diese Stelle treten können. Den damit anhebenden Wettbewerb müssen die Kirchen wohl nicht fürchten. – Aber die Möglichkeit, sich überhaupt dieser Verantwortung für das Gemeinwesen (und eben nicht nur für die Kirchen) zu entziehen, ist eine Fehlentwicklung, die nicht schon durch die Gewohnheit zu rechtfertigen ist.

Die vorstehenden Ausführungen sollten deutlich machen, dass die Evangelische Kirche in Deutschland und im Rheinland nur als Volkskirche, als öffentliche Kirche zu denken ist. Anders hat sie schwerlich eine Existenzberechtigung. Schließen möchte ich

mit einer persönlichen Erinnerung, die für mich zum Schlüsselerlebnis meines gesamten kirchlichen Dienstes geworden ist und
die Volkskirche für mich selbst zu einem Herzensanliegen gemacht hat, und zwar an einen Tauferinnerungsgottesdienst am
23. Januar 2008 in der Düsseldorfer Christuskirche. Es waren
nicht viele, die in diesem von einem Team vorbereiteten Gottesdienst anwesend waren, Teilnehmerinnen und Teilnehmer
eines Gemeindeseminares und einige wenige hinzukommende
Interessierte. Gleichwohl war es ein öffentlicher Gottesdienst.
In das Taufbecken haben wir Wasser gegossen. Jeder konnte
ans Taufbecken treten, um der eigenen Taufe zu gedenken. Wer
wollte, konnte die Hand ins Wasser halten und sich mit einem
Kreuzzeichen segnen. Daran schloss sich eine Salbung an. Dieses
Ritual war in diesen Jahren, etwa aufgrund des Engagements
von Rainer Stuhlmann oder Walter Hollenweger, als Gebet um
Heilung im Sinne von Mk 6,13 und Jak 5,14 im evangelischen
Raum entdeckt worden. Wir hatten gesagt: Wenn man unter
Heilung nicht nur die Abwesenheit von Krankheit versteht, sondern die Wiederherstellung der ganzen Person, die ihre Lebens-
kräfte freisetzt und sie fähig macht, ihre Gaben, ihre Charismen
einzubringen und damit auch ihr Priestertum wahrzunehmen,
dann kann man die Salbung auch als Tauferinnerung feiern,
nicht zuletzt auch in Erinnerung daran, dass Christus selbst »der
Gesalbte« ist und sich taufen ließ. Ich war nicht darauf gefasst,
wie tief alle Teilnehmenden, auch ich, in diesem Gottesdienst
und durch dieses Ritual angerührt wurden. Heute sage ich im
Rückblick: Wir haben erlebt, dass Christus mitten unter uns
war. Wir haben ihn sagen hören, was wir aus den Evangelien
kennen: Fürchte dich nicht, glaube nur. Dir sind deine Sünden
vergeben. Steh auf. Dein Glaube hat dir geholfen. Ich bin der
gute Hirte. Ich bin bei euch. Ich bin's, der mit euch redet. Wir
waren etwa 25, in einer Kirche mit 1200 Plätzen. Wir hätten uns

auch im Gemeindehaus oder zu Hause treffen können. Aber wir Wenigen waren bewusst in der riesigen Kirche, vor dem Altar. Die Türen standen offen. Jeder hätte kommen und dabei sein können. Die Menschen draußen wussten nichts von dem, was hier geschah – so wenig wie die Menschen damals mitbekamen, was im Stall von Bethlehem passierte, wie Jesus mit den Jüngern Pessach feierte oder wie die Frauen den Auferstandenen sahen. Aber irgendwann findet, was im Verborgenen geschieht, den Weg in die Öffentlichkeit.

Tafel 5:
Evangelische Hauptkirche St. Michaelis (18. Jh.), Hamburg

Volkskirche – Vielfalt und Verantwortung

Verantwortung für die Gesellschaft

VON REINHARD SCHMIDT-ROST

Volksmärchen, Volkslieder, Volksmusik, Volksweisheit, Volkstheater, Volksmission, Volkswagen! Viele Begriffe, die eine Zusammensetzung mit dem Begriff *Volk* bilden, weisen nicht auf eine Quantität von Beteiligung hin, sondern auf kulturelle Phänomene, die allgemeine Zugänglichkeit (nicht allgemeine faktische Beteiligung!) andeuten. Es ist zweifellos nicht zutreffend, wenn man den Begriff »Volkskirche« so auffasst, als gehörten alle Menschen in einer bestimmten Gesellschaft zu dieser einen Religionsgemeinschaft oder als ließe sich die Zugehörigkeit in Zahlen ausdrücken, es fährt auch nicht jeder Mensch in Deutschland einen VW (Volkswagen) oder besitzt einen.

Bruchrechnung und Bruchlandung. Wer Zähler und Nenner nicht unterscheidet, erleidet bei einer Bruchrechnung schnell eine Bruchlandung.

Wer sich nur auf das Zählen konzentriert (Zähler) und nicht zugleich betrachtet, welchen Wert die Zahlen haben (Nenner), lässt möglicherweise unversehens den Nenner gegen Null gehen, statt ihn gegen 1 zu entwickeln, weil er ihm keine Bedeutung beimisst. Dann kann der Zähler ins Unendliche steigen, sein Wert aber wird nebelhaft bleiben, gleichgültig ob die Zahlen im Zähler groß oder klein sind.

20 oder 40 Millionen Christen in Deutschland bedeuten nichts, wenn man nicht weiß, was ihre Existenz, ihr Leben und Wirken bedeuten.

Um dies zu ermitteln, reicht es nicht zu zählen, man muss vielmehr erzählen, berichten, beschreiben, was sie treibt und was sie treiben, die sich Christen nennen, die sich einer Kirche und der Gesellschaft zugehörig fühlen, wie sich die Gegenwart der Christenheit aus ihrer Vergangenheit entwickelte und aus welcher Vergangenheit, und welche Hoffnung sie bewegt, welche Pläne sie verfolgen. Die christlichen Kirchen, die evangelischen Kirchen zumal, sind keine Zählgemeinschaften, es sind Erzählgemeinschaften.

Die empirische Soziologie liefert seit Jahrzehnten – zumeist im Auftrag kirchlicher oder wissenschaftlicher Institutionen – Berechnungen und Beschreibungen über Kirchen und Religionen in Deutschland und leitet daraus Prognosen ab, aber sie verhält sich wissenschaftlich neutral, soweit das möglich ist, um die Wirklichkeit objektiv darzustellen.

Das Feuilleton hingegen kann es sich leisten, Bedeutungen nach eigenem Geschmack hervorzubringen und damit die öffentliche Meinung zu beeinflussen. Dass es sich dabei auf Sozialdaten beruft, gibt ihm einen Anschein von Seriosität, aber auch nicht mehr als einen Anschein.

Die im Feuilleton seit geraumer Zeit bevorzugte Interpretationsfigur für christliche Kirchen in Deutschland ist das Zahlenspiel von Volkskirche und Minderheitenkirche, wodurch die Orientierung allein an Zahlen weiter in den Mittelpunkt rückt; über den Wert christlicher oder überhaupt religiöser Praxis für die Gesellschaft kann man dann unter Hinweis auf Missbrauchsfälle und Machtmissbrauch von Leitungspersonen naserümpfend hinweggehen.

Solche Zahlenspiele provozieren eine Bruchlandung der Kultur, denn dabei wird der anhaltende Höhenflug christlich geprägten Lebens in der deutschen Gesellschaft geflissentlich übersehen. Man denke aus neuester Zeit und nächster Nähe etwa an

Nachrichten über die Gründung einer evangelischen Gesamt-
schule in Burscheid im Jahr 2014, mit dem ersten Abiturjahr-
gang 2023, womit die Zustimmung der Synode der Rheinischen
Landeskirche zum Fortbestand der evangelischen Schulen besiegelt war; noch vor 20 Jahren standen die sechs evangelischen
Gymnasien im Rheinland samt und sonders auf dem Prüfstand
und die kirchliche Trägerschaft von Kindergärten wurde aus finanziellen Erwägungen in großer Zahl aufgegeben. Die engagierten Diskussionen auf bundesweiten und regionalen Kirchen-
tagen und die Fülle von Jugendlagern christlicher Gemeinden
in den Sommerferien spielen in der öffentlichen Wahrnehmung
nur noch selten eine Rolle, vom produktiven Zusammenwirken
verschiedener religiöser Gemeinschaften zu allgemeinen sozialen
und kulturellen Anliegen wird kaum Notiz genommen.

Im Zusammenleben mit den derzeit 5,3 Mill. Muslimen in
Deutschland werden stets nur auffällig negative Verhaltenswei-
sen hervorgehoben, entweder Phänomene radikaler Ablehnung
von muslimischen Menschen, zumeist Frauen, durch politisch
rechts orientierte Personen oder von radikal auftretenden Muslimen, zumeist männlichen Jugendlichen.

Aktueller Zusatz Ende Juni 2023: Die am 28.6.2023 veröffentlichten Zahlen über die massiven Kirchenaustritte aus der katholischen Kirche verstärken zwar den Eindruck, dass die Kirchen in Deutschland in der Bedeutungslosigkeit versinken.
Andererseits wird nun aber auch von öffentlichen Medien, etwa
vom ZDF, die längst überfällige Frage gestellt, was an kulturellen Werten in Deutschland zu bewahren sei und wie man sie bewahren könne, wenn gleichzeitig der Zulauf zu den politischen
Kräften zunimmt, die sich von einer religionsoffenen Gesellschaft nichts versprechen, vielmehr offen verfassungsfeindliche
Ziele vertreten.

Zur Geschichte des Phänomens und des Begriffs »Volkskirche«. Evangelische Christen gestalten unter Berufung auf und im Anschluss an die Reformation seit nahezu 500 Jahren das kulturelle Leben in Deutschland prägnant mit.

Staat und Kirche waren seit dem Augsburger Religionsfrieden 1555 eng verbunden, die Landesherren hatten in jenem Friedensschluss bischöfliche Autorität zugewiesen bekommen. Deshalb konnte zu jener Zeit der Begriff der Volkskirche politisch noch gar keinen Sinn ergeben, denn das »Volk« war als mögliches Subjekt der Gestaltung öffentlichen Lebens erst seit dem frühen 19. Jahrhundert existent und wirkend.[1]

Der Begriff »Volkskirche« wird im Jahr 2023 überhaupt erst 200 Jahre alt, eine kurze Zeit angesichts einer Kirchengeschichte von fast 2000 Jahren.

Andererseits ist der Einfluss evangelischer Christen auf die Kultur im deutschen Sprachraum seit der Reformation von Anfang an unübersehbar und auch vielfältig beschrieben: Musik, Kunst, Literatur, Publizistik, Wissenschaft u.v.m.

Diese Kultur-Arbeit wurde durchaus auch gefördert von »frommen Fürsten«, Männern und Frauen;[2] zu denken ist auch an Ernst I., den Frommen, von Sachsen-Gotha-Altenburg (1601–1675) und an die Kurfürsten aus der Pfalz, etwa Friedrich III. Man kann aber auch bereits die Gründung der Universität Tübingen 1477 durch den Württembergischen Landesfürsten Graf Eberhard im Bart, angeregt durch dessen Mutter, Mechthild von der Pfalz, als eine kulturelle Großleistung ansehen, die der Reformation den Weg ebnete.

---

1   Vgl. R. PREUL, Was heißt »Volkskirche«? in: ders., Die soziale Gestalt des Glaubens, Leipzig 2008, S. 26–51).

2   Vgl. ein Forschungsprojekt in Münster unter dem Titel »Fromme Fürsten«, 2007–2018.

Besonders die Lieddichtung von Martin Luther über Paul Gerhardt und Matthias Claudius bis hin zu Jochen Klepper hat die geistige Kultur in Deutschland durch Volkslieder tief geprägt, wie auch die Kirchenmusik natürlich vor allem von J. S. Bach, aber auch von Buxtehude über Distler bis Gerhard Schöne und Huub Oosterhuis.

Zur kulturellen Wirksamkeit in der Gesellschaft tragen einstweilen weiterhin musizierende Gemeinschaften wie Kinder-, Kirchen- und Posaunenchöre bei, desgleichen eine bunte Fülle von Haus- und Familiengesprächskreisen.

Mit den jeweils wachsenden technischen Möglichkeiten enstand seit 1700 etwa durch Valentin Ernst Löscher und Nikolaus Graf von Zinzendorf eine publizistische Arbeit, die den Reichtum und die Vielfalt christlicher Praxis in Deutschland abbildet, auch durch sich selbst darstellt und damit zugleich immer wieder erweitert.[3]

Zwei positive und zwei negative »Schicksale« des Begriffs »Volkskirche« sind festzuhalten, die positiven zuerst:

- Seit Johann Hinrich Wichern wird »Volkskirche« als Kirche für das Volk verstanden und praktiziert, daraus hat sich eine Fülle von Initiativen und Einrichtungen ergeben, die die Christenheit in Deutschland als Kulturraum prägen und als vielfältige Akteure im Sozialraum zeigen.
- Christliche Gesamtverantwortung: Die christliche Gemeinde hat von der Tatsache der »Volkskirche« auszugehen, um verstehend darauf einzugehen. Das geschieht u.a. dadurch, dass auch Christen in distanzierter Mitgliedschaft in den Ge-

---

3 Vgl. R. Schmidt-Rost, Verkündigung in evangelischen Zeitschriften, Frankfurt 1982.– R. Rosenstock, Evangelische Presse im 20. Jahrhundert, Stuttgart 2002.

samtsinn des Glaubens mit einbezogen werden.[4] Nicht zum
wenigsten geschieht diese Vermittlung des Gesamtsinns des
christlichen Glaubens im schulischen Religionsunterricht,
der gerade keine Veranstaltung im kirchlichen Auftrag darstellt, sondern vom Staat gewollt ist und verantwortet wird.

Die negativen Schicksale des Begriffs sind teils schnell erklärt, teils kaum wahrzunehmen oder in ihren Folgen noch un-
verstanden:

- Die NS-Verzerrung des Begriffs im völkischen Denken ist als
  Abweg des christlichen Glaubens längst erkannt und ausrei-
  chend kommentiert und dargestellt.[5] »Volkskirche« im Sinne
  der nationalsozialistischen Ideologie stellte den Versuch dar,
  alle »Volksgenossen« in eine Reichskirche zu zwingen.
- Hingegen ist die ökonomisch-soziologische Fehldeutung
  von »Volkskirche« als einer quantitativen Größe längst noch
  nicht überwunden, gerade auch nicht in ihren deprimieren-
  den Konsequenzen (s.o. Bruchlandung)

Biographische Zwischenbemerkung. Nachkriegs-Kinder
sind in eine aufgewühlte, weitgehend zerstörte Kultur
hineingeboren worden. Die weltanschaulichen Auseinandersetzungen, die das Kaiserreich, die Weimarer Republik und der
Nationalsozialismus über Deutschland gebracht hatten, waren
stillgestellt, wenn auch nur für kurze Zeit. So ergaben sich Bio-
graphien, die der folgenden vergleichbar sind:

---

4 Vgl. HEIN / HÜFFMEIER / PREUL, Art. Volkskirche, in: RGG4, Bd. 8,
   Sp. 1184–1187). REINER PREUL, a. a. O., spricht auch von Kirche für das
   Volk, Kirche durch das Volk und öffentliche Kirche.
5 Vgl. das Standardwerk von KLAUS SCHOLDER, Die Kirchen und das
   Dritte Reich, 2 Bde.

Im Juni 1949 in der Stadtkirche von Bad Hersfeld evangelisch getauft (Großvater väterlicherseits Arzt und bekennender Monist, Vater gottgläubig, wie es damals im Ausweis stand, Mutter: Tochter eines evangelischen, aber kaum praktizierenden schwäbischen Konditormeisters, im Orchester des BDM (Bund Deutscher Mädchen) als Geigerin tätig, später vielfältig in der evangelischen Kirchenmusik in Bad Hersfeld, Koblenz und Mainz engagiert), im April 1963 in der Christuskirche in Koblenz konfirmiert, war mein Leben selbstverständlich von den Gegebenheiten der evangelischen Volkskirche in Westdeutschland bestimmt: von einer ungefragten Zugehörigkeit zu einer der großen Konfessionskirchen, von Taufe und Konfirmation nach evangelischem Ritus, von Religionsunterricht in der Schule, sowohl in der Volksschule, die später in Grundschule umbenannt wurde, als auch im katholisch geprägten humanistischen Gymnasium in Koblenz.

Der Gedanke, Theologie zu studieren, kam mir trotzdem oder gerade deshalb erst gegen Ende meiner Schulzeit durch die Begegnung mit einem sehr überzeugenden Schulpfarrer in Koblenz und mit den Schriften und dem Schicksal von Dietrich Bonhoeffer, die mir die schreckliche jüngere Vergangenheit Deutschlands, aber auch die Widerstandskraft des christlichen Glaubens persönlich vermittelten, jenseits von »Mein Kampf«, dem Pflicht-Aufklärungsfilm im Politik-Unterricht in der Oberstufe des Gymnasiums. Das Studium von Theologie und Psychologie war meine Art der Beteiligung am Aufbruch der 68er.

V**olkskirche« als Kulturraum.** Geht man nach diesen Beobachtungen und Interpretationen davon aus, dass der Begriff »Volkskirche« nicht zuerst eine Organisation mit umschriebener Mitgliederzahl und von den Verantwortlichen organisierten Veranstaltungen mit relevanter Teilnehmerzahl bezeichnet, und auch in den Anfängen im späten 18. Jahrhundert gar nicht meinen konnte, dann kann man »Volkskirche« vor allem als einen spezifischen Kulturraum ansehen, in dem ein geistiges Klima gepflegt wird, das dem Wohl aller Menschen in der Gesellschaft verpflichtet ist. Geht man also davon aus, dass nicht vor allem Personen-Zahlen, Kirchtürme, Kindergärten und Schulen, d.h. Organisationsgestalten aller Art, sondern vor allem anderen Guten und Nützlichen grundlegende verbindende Überzeugungen, Traditionen und deren Bewahrung, Überlieferungen und deren zeitgemäße Interpretation das Phänomen »Volkskirche« charakterisieren, dann ergibt sich eine andere Aufgabenstellung für aktiv mitdenkende und mitwirkende Christen/Menschen als die der Bindung von Mitgliedern an eine Organisation, was nicht heißt, dass solche Bindung nicht eine erfreuliche Folge von überzeugendem persönlichen Handeln und Organisationshandeln sein könnte und sich auch immer wieder ergibt.

Aber nicht Mitgliederwerbung und -bindung, sondern die Ausstrahlung und (An-)Bildung einer Welt- und Lebensdeutung standen und stehen im Zentrum der Aktivität christlicher Volkskirchen in Europa. Dass solche Aktivitäten nicht ohne Organisation auskommen, ist selbstverständlich, gerade deshalb aber ist eine differenzierte Untersuchung des Organisationsverständnisses unverzichtbar.[6]

Die christliche Welt- und Lebensdeutung findet sich zwar vielfältig und vielgestaltig in Andachten, Predigten, Vorträgen, Gesprächen, Liedern und anderen kulturellen Phänomenen, vor allem natürlich in Religions- und Konfirmanden-Unterricht im hier in Rede stehenden deutschsprachigen Raum, und sie wird in Mitteleuropa auch wenig behindert, von staatlich offizieller

---

6 Vgl. die Schriften von G. WEGNER, Substanzielles Christentum. Soziotheologische Erkundungen. Leipzig 2022 u.a.m.

Seite bisher vielmehr durchaus gefördert, in Deutschland auch durch die Religionsgesetzgebung. Aber in der in der christlichen Welt- und Lebensdeutung seit der europäischen Aufklärung im 18. Jahrhundert implizit angelegten Tendenz zur Individualisierung ist ein Klima scheinbarer Beliebigkeit entstanden, das die profilierten Optionen des christlichen Glaubens und Lebens zu vernebeln scheint, sofern sie jemals profiliert in der Allgemeinheit verbreitet waren, vielleicht auch gar nicht sein konnten, weil Profil und Individualität in durchaus spannungsvollem Verhältnis stehen. Profilierte Botschaften und Haltungen beanspruchen im Allgemeinen gerade keine mehrheitliche Geltung, sind aber auch keine Privatmeinungen, sondern wollen durch Plausibilität wirken (s.u. Sieben Gewissheiten).

Im Zusammenhang der geopolitischen Auseinandersetzungen der vergangenen drei Jahrzehnte tritt wieder klarer ins Bewusstsein, dass die Grundgedanken des christlichen Glaubens auch in der westlichen Welt keineswegs selbstverständlich mit Anerkennung rechnen können, vielmehr veröffentlicht und verbreitet werden müssen, wenn sie wirken sollen, und dies durchaus im Zusammenwirken mit verwandten Gedanken aus anderen Religionssystemen und Weltanschauungen.[7]

Die Grundtendenz allen Wirkens im Kulturraum der Volkskirche ist die Anerkennung des Verschiedenen als Grundvoraussetzung moderner Gesellschaften.[8]

---

7   N. KERMANI, Jeder soll von da, wo er ist, einen Schritt näher kommen. Fragen nach Gott, München 2022.

8   Vgl. die Beiträge in: HAESE / POHL-PATALONG, Volkskirche weiterdenken. Zukunftsperspektiven der Kirche in einer religiös pluralen Gesellschaft. Fschr. f. R. Preul, Stuttgart 2020, darin insbes. die Beiträge von Wolfgang Grünberg und Kai Hansen über Citykirchenarbeit und Kirche im ländlichen Raum, aber auch die Beiträge von Schweitzer, Nipkow und Haese zur Bildungsarbeit in der Volkskirche.

Grundgedanken des christlichen Glaubens – Sieben Gewissheiten. Die Praxis des christlichen Glaubens hat sich im Wandel der Zeiten flexibel erhalten, weil sie Vorstellungen als Gewissheiten vermittelt, die jedermann plausibel finden kann, auch wenn er sie sich nicht zu eigen machen will.

1. *Geschenkt!* Niemand kann sich sein Leben selbst geben, erarbeiten oder verdienen. Leben wird empfangen, ob als Geschenk oder als Last, bleibt offen. Luthers Erklärung zum ersten Artikel beginnt dementsprechend mit den Worten: »Ich glaube, dass mich Gott geschaffen hat […]«

2. *Geliebt!* Liebe, die mir entgegengebracht wird, berührt mich, lässt mich aufblühen, und sie lässt mich selbst zu einer Quelle von Lebenskraft für andere Menschen werden. Die Ausstrahlung geliebter Menschen ist eine besondere, die Erfahrung entgegenkommender Liebe vermittelt zugleich die Erfahrung von Einmaligkeit: »Ich bin ein Besonderer!« Daraus lässt sich der allgemeine Schluss ziehen: »Jeder Mensch ist ein besonderer Gedanke Gottes.«

3. *Gefährdet!* Schatten! Menschen stellen sich unvermeidlich gegenseitig in den Schatten. Jeder ist selbstbezogen, weil er über den Zug der Selbstbehauptung vergisst, dass das Leben gegeben ist, dass jeder sich Gott verdankt. Diese Selbstbezogenheit nennt die Bibel »Sünde«. Auch die philosophische Weisheit spricht davon: »Seit der Mensch aufrecht geht, ist sein Schatten länger geworden.« (Stanislaw Jerzy Lec, Lauter unfrisierte Gedanken)

4. *Ins Vertrauen gezogen!* Gott vertraut sich den Menschen an, in Jesus Christus zunächst und dann im Nächsten, damit sie von ihrer Selbstbezogenheit befreit werden. Die Plausibilität dieser Vorstellung wird jedermanns Erfahrung zugänglich durch die philosophische Erkenntnis, dass ein Absolutes bzw.

ein unbeobachtbarer Beobachter sich dem menschlichen Geist durch das Paradox des »re-entry« mitteilt und auf den Geist wirkt: das Absolute kann nicht absolut bleiben, wirkt vielmehr, vom Geist erfasst, auf diesen ein. Diese logische Figur des »re-entry«, des unvermeidlichen Wiedereintritts des Absoluten in den menschlichen Geist, hat in der Lehre des Christentums zur Ausbildung der Lehre von der Deszendenz beziehungsweise der Inkarnation Christi geführt.

5. *Das Kreuz mit dem Kreuz!* Das Entgegenkommen Gottes macht den Menschen Angst, weil sie sich von ihrer Selbstzentrierung und Selbstbehauptung lösen müssten. Deshalb ist Jesus von Nazareth hingerichtet worden, als Ruhestörer, der Gott den Menschen näherbrachte, als sie es aushalten konnten.

Das Kreuz ist weiterhin das Zeichen, dass sich jeder Mensch gegen einen Einbruch des Absoluten in seine Lebensordnung zur Wehr setzt. Diese Lebensdeutung ist spezifisch christlich, sie ist aber auch für Nichtchristen leicht einzusehen, auch in ihrer herausfordernden Besonderheit. Die Liebe, die den Menschen aus seiner Eigenmächtigkeit zu lösen versucht, wirkt wohltuend und verunsichert zugleich, deshalb wird sie so begrüßt wie abgelehnt. Das gilt auch für die Vergebung, die die wichtigste Gestalt ist, in der sich die Liebe Gottes zu den Menschen zeigt. Die Vergebung ist eine schlechthin riskante Praxis, weil sie die Ordnung der Selbstbehauptung flexibilisiert und dadurch stört. Das Entgegenkommen Gottes kann nicht mit Gewalt, es kann nur gewaltlos wirken, es übt natürlich einen Einfluss aus, aber dieser Einfluss geschieht mit der Kraft der Liebe und nicht als Überwältigung.

6. *Geleitet!* Von Gottes Liebe beseelt, wirken seine Gebote nicht mehr als beschwerendes Gesetz, sondern als »Geländer der

Liebe« (Th. Askani), das leitet und stützt, aber nicht leiden lässt, das zum Leben beiträgt, es nicht einengt, nicht umbringt; nach Matthäus sagt Jesus: »Ich bin nicht gekommen, das Gesetz aufzulösen, sondern zu erfüllen.« (Mt 5,17) Dem entspricht auch die philosophische Weisheit: »Du sollst nicht töten, ist kein Gebot, sondern eine Entdeckung!«[9]

7. *Frei vereint!* Aus den ersten fünf Gewissheiten folgt eine Hinwendung zu den Mitmenschen, um sich dieser Gewissheiten immer wieder gegenseitig zu versichern. In solchen Gemeinschaften bildet sich ein Geist, der die Einzelnen als die jeweils Besonderen frei vereint. Siehe, ich mache alles neu! Der Geist, der frei vereint, der Geist der Liebe Gottes lässt alles Leben in einem neuen Licht erscheinen. Daraus erwächst Hoffnung, in Zeit und Ewigkeit. Es gibt für den christlichen Glauben keine hoffnungslosen Fälle. Wie Gott in diesen sieben Gewissheiten vorgestellt und in der Bibel in verschiedenen Geschichten beschrieben wird, so liegt er niemals hinter uns, sondern kommt auf uns zu, steht uns noch bevor. »Wir suchen Gott viel zu sehr in der Vergangenheit. Gott ist aber nicht ein Gott der Vergangenheit, sondern der Zukunft. Wir tun so, als sei das Wesentliche passiert. Gott hat zu den Vätern gesprochen, Gott ist in Jesus Christus gekommen; und wir schauen immer zurück. In Wirklichkeit hat Gott die Karten noch gar nicht auf den Tisch gelegt. Die eigentliche Offenbarung seiner Herrlichkeit, das Land, das er uns schenken will, steht noch aus. Er hat seine Verheißungen an Abraham noch nicht eingelöst; die Stunde, in der alle Völker gesegnet sind im Namen Abrahams, liegt noch vor uns. Ob wir Gott nicht am falschen Ende suchen? Wir

---

9   St. Jerzy Lec, Lauter unfrisierte Gedanken, vgl. auch E. Lange: Die zehn großen Freiheiten.

sollen ihn nicht in der Vergangenheit suchen; wenn wir ihn mit der Schrift suchen, müssen wir ihn »vorn« suchen. Deshalb müssen wir auch in dieser Stunde wieder aufbrechen. Wir müssen ausziehen aus unserem bisherigen Denken, aus unseren Bildern von Gott, aus dem, was wir gelernt haben, wie wir es uns als Kinder vorgestellt haben. Wir müssen uns in dieser Stunde neu auf den Weg machen, ob wir 35 oder 65 Jahre alt sind, denn wir haben noch alles vor uns, wir haben ihn noch vor uns.«[10]

Fülle der Formen oder: Markt und Macht der Möglichkeiten. Aus diesen Grundgedanken des Glaubens haben sich in der Begegnung mit der Realität und deren Möglichkeiten Verhaltensmuster und Gestaltungsformen in vielen Variationen entwickelt, Geschichten, Lieder, Gemälde, Gebäude, Gottesdienstformen und Praxisgestalten der Verantwortung für die Gesellschaft (s. u. Zivilgesellschaft). Der Reichtum ist so unübersehbar groß, dass er zumeist unbe(ob)achtet bleibt. Die Alltagspublizistik, die sich zwar säkular fühlt, aber hierzulande natürlich auch aus dem tiefen geistigen Brunnen des Christentums schöpft, nimmt diese Vielfalt nur ganz selektiv wahr.

Teil der Zivilgesellschaft – Dritter Sektor? Man kann es nur historisch verstehen, dass die großen christlichen Konfessionskirchen in Deutschland bisher zögerten, sich als Teil der Zivilgesellschaft zu sehen, obwohl viele Initiativen von Christen zivilgesellschaftliche Praxisformen nicht nur als staatsnah, sondern auch als Akteure in der Zivilgesellschaft begreifen könnten. Der Status einer Körperschaft öffentlichen Rechts eröffnet Frei-

---

10 ROLF ZERFASS, Der andere Gott. Alttestamentliche Predigten, Regensburg 1971, S. 13.

räume, die vereinsrechtlich verfassten Initiativen nicht in gleicher Weise offenstehen.

Bemerkens- und bedenkenswert ist deshalb die Unterscheidung, die Reiner Preul unterstreicht, wenn er bemerkt, dass die Kirchen zu den regulären gesellschaftlichen Institutionen gehören, im Unterschied zu den Institutionen, die sich »momentanem Bürgerengagement« verdanken.[11]

Diese Abgrenzung mag juristisch sinnvoll sein, ist aber mit der Realität kaum noch in Einklang zu bringen, zu groß ist die Vielfalt gemeinsamer sozialdiakonischer und allgemein kultureller Verantwortung in der Gesellschaft der Gegenwart, die für diese unverzichtbar ist, und zu stabil sind zahlreiche zivilgesellschaftliche Institutionen wie etwa:

Amnesty international, Terre des Hommes, Ärzte ohne Grenzen, Oikocredit, Aussätzigen-Hilfswerk, Arbeiter-Samariterbund, care, Cap Anamur, und kirchliche Werke wie Brot für die Welt, Misereor, Adveniat, Gustav-Adolf-Werk, ferner Krankenpflegeorden wie Johanniter und Malteser und Service-Clubs wie Rotary, Lions, Soroptimisten u. a.

V olkskirche und Verantwortung für die Gesellschaft. In der Beteiligung an der Zivilgesellschaft werden auch die christlichen Gemeinden, Kirchen und Werke weiterhin ihre Bedeutung für die Gesellschaft ausgestalten, wenn auch vermutlich mit geringeren Mitteln.

Vor dem Hintergrund der christlichen Botschaft von der Liebe Gottes zu allen Menschen ist es aber vollkommen undenkbar, dass sich Christen als einzelne und auch als Gemein-

---

11   R. PREUL, Die soziale Gestalt des Glaubens, Leipzig 2008: vgl. aber WOLFGANG HUBER, Kirche und Zivilgesellschaft, EKD-Schriften 2002.

schaften dieser Verantwortung nicht täglich stellen. Politische Parteien mögen aktuell mehr oder weniger hohe Anerkennung genießen, über ihre Wurzeln reflektieren sie indessen öffentlich selten. Aber auch wenn sie sich liberal, demokratisch und sozial darstellen und proklamieren, mit den Herausforderungen des christlichen Glaubens, dem Umgang mit Unterschieden und mit Schuld werden auch sie sich unvermeidlich und unausgesetzt zu beschäftigen haben, von Ewigkeit zu Ewigkeit.

Tafel 6:
Emmanuelkirche (1988 eingeweiht), Köln-Rondorf

Literatur

ASSMANN, JAN: Das kulturelle Gedächtnis. Schrift, Erinnerung
und politische Identität in
frühen Hochkulturen, Mün-
chen 1992
DERS.: Unsichtbare Religion und
kulturelles Gedächtnis, in:
DERS., Religion und kulturelles Gedächtnis, München
2000 (⁵2018)
BARRENSTEIN, PETER F.: Stärkere
Orientierung am Kunden.
Ein Gespräch mit McKinsey-
Direktor Peter F. Barrenstein,
in: *Amtsblatt der Pommerschen Kirche* Nr. 6/7, 1998,
https://www.kirchenrecht-
nordkirche.de/kabl/26290.
pdf
DERS.: Was die Kirche von
der Wirtschaft lernen sollte, in: *Süddeutsche Zeitung*
vom 8. März 2002 (http://
altarchiv.hospitalkirche-hof.
de/thema/oekonomisierung.
htm#Es%20kann%20oder)
BARTH, HANS-MARTIN: Einander Priester sein. Allgemeines
Priestertum in ökumenischer
Perspektive, Göttingen 1990
BEIER, PETER: Am Morgen der
Freiheit. Eine Streitschrift,
Neukirchen-Vluyn 1995
BEILE, MARKUS: Vom Of-
fenbarungsanspruch zur
Deutungsperspektive. Ein
notwendiger Paradigmen-
wechsel in der Theologie, in:
*Deutsches Pfarrerinnen- und
Pfarrerblatt* [DPfBl], 122.
Jahrgang, Ausgabe 10/2022,
S. 608–612
BENZ, ALBRECHT: Volkskirche im
Dilemma. Nüchternes Fazit
eines lebenslangen Pastoren-
dienstes, in: *DPfBl* 7/2022,
S. 407ff.
BERGNER, CHRISTOPH: Das De-
saster oder: ›Wir sind auf
gutem Weg‹. Über offensicht-
liche Probleme und heimliche
Strategien bei der Einführung der Doppik, in: *DPfBl*
2/2021, S. 87–92
BESIER, GERHARD: Konzern Kirche, Neuhausen – Stuttgart
1997
BOHREN, RUDOLF: Das Gebet 1,
hg. v. Manfred Josuttis, edi-
tion bohren, Band 2, Waltrop
2003
DERS.: Daß Gott schön werde.
Praktische Theologie als theologische Ästhetik, München
1975
DERS.: Ekklesiologie. Von der
Schwierigkeit zu sagen, was
Kirche sei, hgg. u. bearbeitet
von Harald Grün-Rath, Waltrop 2005
DERS.: Predigtlehre, 4. veränd. u.
erw. Auflage, München 1980
DERS.: Prophetie und Seelsorge.
Eduard Thurneysen, Neukir-
chen-Vluyn 1982
BOHREN, URSULA / MÖLLER,
CHRISTIAN/SCHWIER, HEL-
MUT (HGG.): Predigtlehre –

Lehre zur Freude. Gedenken an Rudolf Bohren anlässlich seines 100. Geburtstages, Göttingen 2022

BONHOEFFER, DIETRICH: Das Wesen der Kirche. Vorlesung im Sommersemester 1932 (Mitschrift), in: Dietrich Bonhoeffer Werke, hg. v. Eberhard Bethge u.a., Elfter Band, München 1994, S. 239–303.

CAPUS, ALEX: Susanna. Roman, München 2022

DAHM, KARL-WILHELM: Beruf Pfarrer. Empirische Aspekte, München 1971

DIETRICH, HANS-EBERHARD: Geschichte der Versetzung von Geistlichen gegen ihren Willen. Unter Mitwirkung von Gisela Kittel und Friedrich Reitzig und mit Beiträgen weiterer Autoren, Herne 2022

DINKEL, CHRISTOPH: Einspruch zu ›Elf Leitsätze für eine aufgeschlossene Kirche‹, in: Forum Nr. 90, Dezember 2020. Mitteilungsblatt der Vereine der Pastorinnen und Pastoren im Bereich der Nordkirche, S. 10ff.

DERS.: Facetime – Chancen direkter Begegnung, in: DPfBl 107 (2007), 76–81

EHRENSPERGER, WOLFGANG: Kirche auf dem Prüfstand, https://www.welt.de/print-welt/article653828/Kirche-auf-dem-Pruefstand.html

EKD-SYNODE: »Hinaus ins Weite – Kirche auf gutem Grund« –

Zwölf Leitsätze zur Zukunft einer aufgeschlossenen Kirche, 2020 https://www.ekd.de/zwoelf-leitsaetze-zur-zukunft-einer-aufgeschlossenen-kirche-60102.htm

EVANGELISCHE KIRCHE IN DEUTSCHLAND (EKD) (HG.): Die Bedeutung der Bibel für kirchenleitende Entscheidungen. Ein Grundlagentext des Rates der Evangelischen Kirche in Deutschland, Leipzig 2021

EVANGELISCHER KIRCHENKREIS DÜSSELDORF: Standortplanung 2020, Standortplanung 2020/ PDF Free Download (docplayer.org)

EVANGELISCHE KIRCHE VON WESTFALEN: Kurze Zusammenfassung des Textes »Kirche der Freiheit. Perspektiven für die Evangelische Kirche im 21. Jahrhundert«, http://www.gemeindepaedagogik-westfalen.de/fileadmin/sites/gemeindepaedagogik/dokumente/Kurzfassung_Kirche_der_Freiheit.pdf

EVANGELISCHER PFARRVEREIN IM RHEINLAND E.V.: Entwurf eines offenen Briefes zum Reformationsfest 2020 […], in: Info-Brief Nr. 29 / 2020

FECHTNER, KRISTIAN: Den Zeitgenossen Kirche sein. Plädoyer für eine offene Volkskirche, in: DPfBl 96, 5/1996, S. 235ff.

FISCHER, JOHANNES: Kirche als Gesinnungsmilieu? Eine kritische Anfrage in Erinnerung an Dietrich Bonhoeffer, in: *DPfBl* 4/2020, S. 201ff.

FISCHER-BARNICOL, HANS A.: »Stern-Artikel« 13 (1967), zitiert bei KUPHAL 1979, 215

GÄRTNER, FLORIAN / SCHMITT, GUNTER: Kirchliche Veränderungskultur – Narrative der Veränderung, in: *Pfälzisches Pfarrerblatt* Nr. 5, Mai 2021, S. 177–187

GARTH, ALEXANDER: Untergehen oder umkehren. Warum der christliche Glaube seine beste Zeit noch vor sich hat, Leipzig 2021

GERSTER, PETRA / NÜRNBERGER, CHRISTIAN: Vermintes Gelände. Wie der Krieg um Wörter unsere Gesellschaft verändert. Die Folgen der Identitätspolitik, München 2021

GOES, ALBRECHT: Kanzelholz, Siebenstern-Taschenbuch 163, Hamburg 1971

GOLLWITZER, HELMUT: Befreiung zur Solidarität. Einführung in die evangelische Theologie, München 1978

GRAF, FRIEDRICH WILHELM: Kirchendämmerung. Wie die Kirchen unser Vertrauen verspielen, Beck Tb 1950, München 2011²

GRUBER, MONIKA / HOCK, ANDREAS: Und erlöse uns von den Blöden. Vom Menschenverstand in hysterischen Zeiten, München 2020

HABERER, TILMANN: Die Thomasmesse. Ein Gottesdienst für Ungläubige, Zweifler und andere gute Christen, 2002

HAN, BYUNG-CHUL: Die Krise der Narration. Fröhliche Wissenschaft 217, Berlin 2023

HANSELMANN, JOHANNES / HILD, HELMUT / LOHSE, EDUARD (HG.): Was wird aus der Kirche? Ergebnisse der zweiten EKD-Umfrage über die Kirchenmitgliedschaft, Gütersloh 1984

HANSEN, DÖRTE: Zur See. Roman, München 2022

HARARI, YUVAL NOAH: Homo Deus. Eine Geschichte von morgen, München ²2017

HAUSCHILDT, EBERHARD: Organisation der Freiheit. Evangelisch Kirche sein verändert sich, Referat vor der EKD-Synode, https://www.ekd.de/synoden_assets/download/07–11–19-Hauschildt_Organisation_der_Freiheit_(2).pdf (2007) (abgerufen am 22.3.2021)

DERS. / POHL-PATALONG, UTA: Kirche. Lehrbuch Praktische Theologie, Gütersloh 2013

HERBST, MICHAEL: Missionarischer Gemeindeaufbau in der Volkskirche, Göttingen 1987

HOLLENBACH, MICHAEL / GUNDLACH, THIES: Mit viel Pathos falsche Ziele gesetzt? Zehn Jahre Impulspapier »Kirche der Freiheit«: Interview des Deutschlandfunks mit Thies Gundlach am 26. Juni 2016, https://www.deutschlandfunkkultur.de/

zehn-jahre-impulspapier-kirche-der-freiheit-mit-viel-pathos.1278.de.html? dram:article_id= 358310

HUBER, WOLFGANG: Welche Volkskirche meinen wir? Über Herkunft und Zukunft eines Begriffes, in: *Lutherische Monatshefte* 14, 1975, 481–486

DERS.: Kirche (Bibliothek Themen der Theologie, Ergänzungsband), Stuttgart / Berlin 1979

DERS: Kirche und Zivilgesellschaft, EKD-Texte, 2.7.2002

JOSUTTIS, MANFRED: Der Pfarrer ist anders. Aspekte einer zeitgenössischen Pastoraltheologie, München 1982

DERS.: Der Weg in das Leben. Eine Einführung in den Gottesdienst auf verhaltenswissenschaftlicher Grundlage, Gütersloh 1991

DERS.: Die Einführung in das Leben. Pastoraltheologie zwischen Phänomenologie und Spiritualität, Gütersloh 1996

DERS.: »Unsere Volkskirche« und die Gemeinde der Heiligen. Erinnerung an die Zukunft der Kirche, Gütersloh 1997

KALLINGER, EVA-MARIA / KRISCHER, MARKUS: Hat Gott die Kirche verlassen? Massenhafter sexueller Missbrauch, Vertrauensverlust, keine Reformen – Die katholische Kirche verliert Gläubige, Autorität und Bedeutung: Kann nur noch ein Wunder das Haus des Christentums vor dem

Verfall retten?, in: FOCUS Nr. 16 vom 16. April 2022, S. 44ff.

KAMINSKY, UWE: Die Evangelische Kirche im Rheinland 1918 bis 1989 – eine Übersicht, in: Evangelisch am Rhein. Werden und Wesen einer Landeskirche, hgg. v. Ausschuss für Rheinische Kirchengeschichte, Düsseldorf 2007

KARLE, ISOLDE: Der Pfarrberuf als Profession. Eine Berufstheorie im Kontext der modernen Gesellschaft, Freiburg 2001

KITTEL, GISELA: Luthers reformatorische Entdeckung und ihre Folgen für das evangelische Kirchenverständnis. Vortrag beim Pfarrerinnen- und Pfarrertag in Hannover am 13.3.2007

DIES.: Die Kirche der Zukunft ist Gemeindekirche. Impuls zu einer grundlegenden Diskussion über den Weg unserer Kirche, in: Die mündige Gemeinde. Eine protestantische Zeitung, 7 / 2018, S. 3ff.

DIES.: Die Anrufung des Namens Gottes inmitten einer gottvergessenen Welt. Warum manche Reform des Gottesdienstes in die falsche Richtung führt, in: *DtPfBl* 4 / 2020, S. 217ff.

DIES. / MECHELS, EBERHARD (HG.): Kirche der Reformation? Erfahrungen mit dem Reformprozess und die Notwendigkeit der Umkehr, Göttingen 2016

KOTILA, HEIKKI: Die Thomasmesse. Eine finnische Erneuerungsbewegung zur Erneuerung des gottesdienstlichen Lebens, in: Jahrbuch für Liturgik und Hymnologie 38 (1999), 65–87

KRABBE, HANS-GERD: Die Konsequenzen tragen die Opfer. Mobbing und Unrecht in Kirche und Diakonie, in: *DPfBl* 7 / 2022, S. 403ff.

KUPHAL, ARMIN: Abschied von der Kirche. Traditionsabbruch in der Volkskirche, zugleich ein Beitrag zur Soziologie des kollektiven Verhaltens, Gelnhausen – Berlin – Stein 1979

LANDESSYNODE DER EKiR: Lobbyistin der Gottoffenheit, Beschlussvorlag 2021, https://landessynode.ekir.de/wp-content/uploads/sites/2/2020/12/LS2021_74-DS08-Lobbyistin-Gottoffenheit.pdf

DIES.: E.K.I.R. 2030 – Wie gestalten wir ›evangelisch rheinisch‹ zukunftsfähig? Beschlussvorlage 2022, https://landessynode.ekir.de/beitrag/e-k-i-r-2030-wir-gestalten-evangelisch-rheinisch-zukunftsfaehig/

LOHFINK, GERHARD: Wie hat Jesus Gemeinde gewollt? Kirche im Kontrast, Katholisches Bibelwerk, Stuttgart 2015

LUCKMANN, THOMAS: Die unsichtbare Religion, Frankfurt [9]2020

LÜCK, WOLFGANG: Praxis Kirchengemeinde, Stuttgart 1978

LUTHER, MARTIN: Deutsche Messe und Ordnung des Gottesdiensts, Wittenberg 1526

MARSCH, WOLF DIETER: Institution im Übergang. Evangelische Kirche zwischen Tradition und Reform, Göttingen 1970

MATTHIES, HELMUT: Gott kann auch anders. Erfahrungen meines Lebens, Basel 2019

MAURER, FRIEDHELM: Volkskirche – was ist das eigentlich? Gemeindevortrag, eingereicht zum 2. Theologischen Examen, Düsseldorf 1983 [Manuskript]

DERS. / SCHMIDT-ROST, REINHARD (HG.): Mit allem Freimut zu reden dein Wort. Hundert Jahre Evangelischer Pfarrverein im Rheinland 1901–2001 (Dokumente aus Theologie und Kirche 2), Rheinbach 2001

DERS.: Herzensstärke. Predigten aus drei Jahrzehnten, Rheinbach 2020

McCARTEN, ANTHONY: Going Zero. Roman, Zürich 2023

MENNE, GÜNTER A.: »Misch dich ein. Die Kommunikationskampagne des Stadtkirchenverbands Köln«, http://docplayer.org/22545558–1993–4-misch-dich-ein.html, 1998 (abgerufen am 24.3.2021)

MICHAELIS, MARTIN: Soll das Lob Gottes wegen der Infektionsgefahr digitalisiert werden?, in: Mitteilungen aus dem Thüringer Pfarrverein, Nr. 1/11. Jahrgang 2021, 6–13

MIEGEL, MEINHARD: Die deformierte Gesellschaft. Wie die Deutschen ihre Wirklichkeit verdrängen, Berlin/München 2002

DERS.: Epochenwende. Gewinnt der Westen die Zukunft?, Berlin 2005

DERS.: Exit. Wohlstand ohne Wachstum, Berlin 2010

MÖCKEL, RUDOLF / NESTVOGEL, WOLFGANG (HG.): Volkskirche am Abgrund?, Neuhausen – Stuttgart 1996

MÖLLER, CHRISTIAN: Lehre vom Gemeindeaufbau, Band 1: Konzepte, Programme, Wege, Göttingen 1987

DERS.: Trost und Trotz. Bausteine für eine seelsorgliche Kirche, Kamen 2021

MOLTMANN, JÜRGEN: Kirche in der Kraft des Geistes. Ein Beitrag zur messianischen Ekklesiologie, München 1975

MÜLHAUPT, ERWIN: Rheinische Kirchengeschichte. Von den Anfängen bis 1945, Düsseldorf 1970

MÜLLER, HANFRIED: Evangelische Dogmatik im Überblick, Berlin 1978

PAQUÉ, KARL-HEINZ / SCHRÖDER, RICHARD: Gespaltene Nation? Einspruch! 30 Jahre Deutsche Einheit, Basel 2020

Pastoraltheologie, Jg. 84, Heft 12/1995: »Modernisierung der Volkskirche«

POHL-PATALONG, UTA: Es geht nur exemplarisch. Warum die traditionelle Ortsgemeinde keine Zukunft hat, in: *Zeitzeichen* 2023, H. 5, S. 8–11

DIES.: Kirche gestalten. Wie die Zukunft gelingen kann, Gütersloh 2021

POSTMAN, NEIL: Keine Götter mehr. Das Ende der Erziehung, Berlin 1995

PREUL, REINER: Kirchentheorie. Wesen, Gestalt und Funktionen der Evangelischen Kirche, Berlin 1997

DERS.: Die soziale Gestalt des Glaubens. Aufsätze zur Kirchentheorie, Leipzig 2008

V. RAD, GERHARD: Weisheit in Israel, Neukirchen-Vluyn 1970

RAMM, HANS-JOACHIM: Kirchengemeinde: unerwünscht? EKD: Kirche auf gutem Grund. Elf Leitsätze für eine aufgeschlossene Kirche, in: *Forum* Nr. 90. Dezember 2020. Mitteilungsblatt der Vereine der Pastorinnen und Pastoren im Bereich der Nordkirche, S. 8ff.

RICŒUR, PAUL / JÜNGEL, EBERHARD: Metapher. Zur Hermeneutik religiöser Sprache (Sonderheft Evangelische Theologie), München 1974

RIESS, RICHARD: Der Saum der Zukunft. Kirche in säkularer Zeit, in: *DtPfBl*, 123. Jahrgang, Ausgabe 2/2023, S. 92–97

VON SCHIRACH, FERDINAND / KLUGE, ALEXANDER: Trotzdem, München 2020

SCHMITZ-ROST, REINHARD: Vom Nutzen des Evangeliums, Infobrief d. Ev. Pfarrvereins im Rheinland 29 (2020)

SCHNEIDER, WOLF: Deutsch für Profs, Hamburg 1982

SCHREIBER, CONSTANTIN: Die Kandidatin. Roman, Hamburg 2021

SCHWARK, CHRISTIAN: Was ist der Auftrag der Kirche?, in: IDEA Nr. 8 vom 24. 2. 2021, S. 15ff.

(?) MISSION – DER VORNEHMSTE AUFTRAG DER KIRCHE, IN: IDEA Nr. 9 vom 3. 3. 2021, S. 9f.

SEEWALD, PETER: Benedikt XVI. Ein Leben, München 2020

SLOTERDIJK, PETER: Den Himmel zum Sprechen bringen. Über Theopoesie, Berlin 2020

STEFFENSKY, FULBERT: Feier des Lebens. Spiritualität im Alltag, Stuttgart 1984

DERS.: Wo der Glaube wohnen kann, Stuttgart 1989

STICHELLING, STEPHAN: Taufvergesslichkeit. Am Beispiel eines Positionspapieres der Rheinischen Landeskirche, in: Quatember – Vierteljahreshefte für die Erneuerung und Einheit der Kirche, 2022 (1), S. 47ff.

DERS.: Die Rolle der Glaubens-Bildung in Kirche und Gemeinde, in: Quatember 85 (2021), 187–194

STÖKL, ANDREAS: Taizé. Geschichte und Leben der Brüder von Taizé, Hamburg 1975

STRUNK, REINER: Vertrauen. Grundzüge einer Theologie des Gemeindeaufbaus, Stuttgart 1985

THEISSEN, GERD: Tradition und Entscheidung, in: JAN ASSMANN / TONIO HÖLSCHER (Hg.), Kultur und Gedächtnis, Frankfurt / M. 1988

THUMANN, MICHAEL: Der neue Nationalismus. Die Wiederkehr einer totgeglaubten Ideologie, Berlin 2020

TIETZ, CHRISTIANE: Gott – um Gottes willen interessant. Zur Aktualität einer zentralen Überzeugung Eberhard Jüngels (Skript des Vortrages beim Gedenkakt für Eberhard Jüngel am 5. Dezember 2022 im Evangelischen Stift Tübingen)

TRACK, JOACHIM: Volkskirche – quo vadis? Überlegungen zu Auftrag und Gestalt der Kirche in unserer Zeit, in: Pastoraltheologie 77, 1988 / 4, S. 148ff.

VOLK, HANS-JÜRGEN: Kirche in der Krise. Anmerkungen zum Zustand der Evangelischen Kirche im Rheinland, in: Info-Brief des Evangelischen Pfarrvereins im Rheinland Nr. 30 / 2021, S. 36ff.

VORLÄNDER, WOLFGANG: »Offene Kirchen – Orte der Einkehr, der Stille und des Gebetes«, Vortrag auf dem 1. Kongress zur Initiative »Offene Kirchen« in der Ev. Kirche von Westfalen am 27. Oktober

2007 in Minden (https://www
.amd-westfalen.de/fileadmin/
dateien/dateien_isenburg/
OK/Vortrag_Vorlaender_OK
_271007.pdf),
WENTORF, RUDOLF: Der Fall des
Pfarrers Paul Schneider. Eine
biographische Dokumentation, Neukirchen-Vluyn 1989
WOLFF, HANS WALTER: Zur Thematik der elohistischen Fragmente im Pentateuch, in:

EvTh 29, 1969, S. 63ff.
WORONOWICZ, ULRICH: Sozialis-
mus als Heilslehre, Bergisch
Gladbach 1999
WIKIPEDIA: »Tradition«: https://
de.wikipedia.org/wiki/Tradi-
tion (abgerufen am 22.3.2021)
ZEH, JULI: Über Menschen. Ro-
man, München 2021
DIES. / URBAN, SIMON: Zwischen
Welten. Roman, München
2023

Autorenverzeichnis

Foto: Privat

Foto: Privat

Arnulf Linden, Jg. 1950; 1969–1974 Studium der ev. Theologie in Bonn, Wien und Berlin; 1974–1976 Assistent an der Kirchlichen Hochschule Wuppertal; 1976–1977 Pastor im Hilfsdienst in Köln-Rodenkirchen; 1977–1990 Gemeindepfarrer in Bad Honnef; 1991–2003 Militärdekan in Köln-Wahn; 2003–2015 Gefängnispfarrer in Euskirchen; im Nebenamt ab 2013 bis heute: Lehrkraft für Berufsethik bei der Bundespolizei; Mitglied des Vorstands des Rheinischen Pfarrvereins von 2017 bis 2023.

Friedhelm Maurer, Jg. 1955; 1982–1983 Vikariat in Saarlouis und von 1983–1984 als Assistent an der Kirchlichen Hochschule in Wuppertal, 1985–1991 Pfarrer in Saarbrücken, 1991–2021 Pfarrer in den Landgemeinden Gemünden und Kellenbach (Hunsrück). Über drei Jahrzehnte Synodalbeauftragter für Kirchlichen Unterricht und für Umwelt. Seit 1999 Vorsitzender im Vorstand des Evangelischen Pfarrvereins im Rheinland. 2011–2023 Mitglied des Vorstandes des Verbandes evangelischer Pfarrerinnen und Pfarrer in Deutschland.

Foto: © Schafgans DGPh

Foto: Privat

Reinhard Schmidt-Rost, Jg. 1949, Dr. theol., Dipl. Psych., neun Jahre Pfarrdienst in Württemberg, 1986 Habilitation im Fach Praktische Theologie in Tübingen, Prof. für Praktische Theologie in Kiel (1992–1999), 1999–2016 in Bonn, jeweils zugleich Universitätsprediger; Fachgebiete: Homiletik, Seelsorge, Christliche Publizistik; 1995–2010 Leiter des Pastoralkollegs der VELKD; Mitarbeiter beim Ökumenischen Predigtpreis Bonn. Seit 2013 im Vorstand des Evangelischen Pfarrvereins im Rheinland.

Stephan Sticherling, Jg. 1956; 1977–1983 Studium der Ev. Theologie in Wuppertal, Göttingen und Erlangen, anschließend Vikariat in Brauweiler bei Köln. 1985–1986 Mitwirkung in der Öffentlichkeitsarbeit des Kirchenkreises An der Agger. 1987–1992 Pastor im Sonderdienst für Volksmission im Kirchenkreis Köln-Nord, danach Pfarrer an der Christuskirche Düsseldorf. Im Februar 2008 Abberufung auf eigenen Wunsch nach dem Vorwurf des ungedeihlichen Wirkens, danach Wartestand, der mit ehrenamtlichen Aktivitäten in Kirche und SPD sowie mit theologischen Studien genutzt wurde. 2012 bis 2018 Pastor mit besonderem Auftrag am Altenberger Dom, danach bis zum Eintritt in den Ruhestand 2020 Vakanzvertretung in Solingen-Ketzberg. Seit 2011 im Vorstand des Evangelischen Pfarrvereins im Rheinland, Schriftleiter und stellvertretender Vorsitzender.

Abbildungsverzeichnis

Bad Urach: Evangelische Kirche St. Amandus (15. Jh.) (196)

Berlin-Neukölln: Martin-Luther-Kirche (1909) (26)

Bischmisheim (Saarbrücken): Evangelische Kirche (1823 / 1824), Achteckkirche; Entwurf (1821) von Karl Friedrich Schinkel (Foto: Drucone, Wikimedia Commons CC BY-SA 4.0 Deed) (20)

Bonn-Bad Godesberg: Evangelische Christuskirche (1954) (6)

Dickenschied / Hunsrück: Evang. Pfarrkirche (1914–1918) (Foto: Friedhelm Maurer, Gemünden) (U 1)

Dresden: Frauenkirche (1726–1743 erbaut) (Foto: Netopyr, Wikimedia Commons CC BY-SA 3.0 Deed) (146)

Gemünden / Hunsrück: Evangelische Kirche (1905 / 06) mit spätgotischem Chor (Foto: Friedhelm Maurer) (8)

Görlitz: Evangelische Peterskirche (15. Jh.) (38)

Halle / Saale: Evangelische Marktkirche (16. Jh.) (217)

Hamburg: Evangelische Hauptkirche St. Michaelis (18. Jh.) (256)

Heidelberg: Heiliggeistkirche (1398–1515 errichtet) (51)

Hückeswagen: Evangelische Pauluskirche (18. Jh.) (117)

Kellenbach / Hunsrück: Evangelische Kirche (15. Jh.)
(Foto: Friedhelm Maurer) (166)

Köln-Rondorf: Emmanuelkirche (1988 eingeweiht)
(Foto: © Schafgans DGPh) (274)

Nordstrand: Evangelisch-lutherische Kirche St. Vinzenz (13.
Jh.) (Foto: Matthias Süßen, Wikimedia Commons CC
BY-SA 4.0 Deed) (86)

Ravensburg: Evangelische Stadtkirche (1382 geweiht) (59)

Schüttorf: Evangelisch-reformierte Kirche St. Laurentius
(14. Jh.) (76)

Wahlrod / Westerwald: Evangelische Pfarrkirche (1851) (185)

Fotos (sofern nicht anders angegeben):
© 2013–2023 Winrich C.-W. Clasen, Rheinbach

Bibelstellenregister

Eigentlich ist von Gott zu reden unmöglich

Friedhelm Maurer
Herzensstärke
Predigten aus drei Jahrzehnten

248 Seiten mit 33 Fotos vom Hunsrück, 13,5 × 21 cm
ISBN 978-3-87062-337-1

Wem eine Sammlung von Predigten unzeitgemäß erscheint, darf sich hier überraschen lassen. Die Qualität der Predigten von Friedhelm Maurer zeigt sich in der Konstanz, stets das wirklich Neue anzusprechen. Diese Predigten sind im besten Sinne nachhaltig. Auch beim Wiederlesen verbrauchen sie sich nicht.

Glaubensgrundlagen erklärt

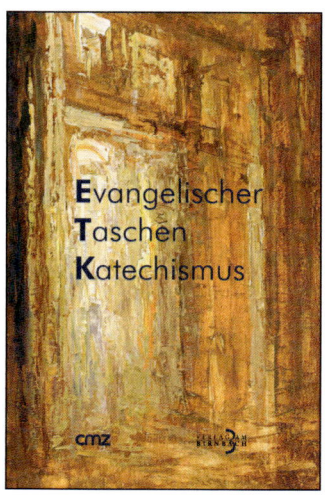

Michael Meyer-Blanck / Joachim Gerhardt (Hg.)

Evangelischer Taschenkatechimus

400 Seiten mit 12 Farbtafeln, 13,5 × 21 cm, frz. Broschur
ISBN 978-3-87062-135-3

Der ETK führt in neun Kapiteln mit mehr als 60 Stichwör-
tern in Alltagssprache in Glauben und Leben der evangelischen Kirche ein. Auf den »Gelben Seiten« sind zusätzlich
die wichtigsten Texte der Bibel, Luthers *Kleiner Katechismus*,
Lieder, Gebete u.a. zu finden.